Lernberatung statt Beurteilung

Begleitete Selbsteinschätzung -
ein möglicher Weg zu eigenständigen Leistungen im Lehrberuf

von

Christa Karner

Tectum Verlag
Marburg 2004

Die vorliegende Arbeit wurde im November 2003 als Dissertation an der Universität Innsbruck eingereicht. Der Originaltitel lautet: Integrative Beurteilungsprozesse in den „Schulpraktischen Studien" der Pädagogischen Akademie.

Karner, Christa:
Lernberatung statt Beurteilung.
Begleitete Selbsteinschätzung - ein möglicher Weg zu eigenständigen Leistungen im Lehrberuf.
/ von Christa Karner
- Marburg : Tectum Verlag, 2004
Zugl.: Innsbruck, Univ. Diss. 2003
ISBN 978-3-8288-8757-2

© Tectum Verlag

Tectum Verlag
Marburg 2004

Inhalt

Vorwort	1
Einleitung	3

1 Methodologische Vorbemerkungen 4
1.1 Die Überwindung des Paradigmenstreites 4
1.2 Der Aktionsforschungsansatz 7
1.3 Messprobleme in der qualitativen Forschung 11
1.4 Die eigene Forschungsposition 15
1.5 Forschungsstand 18
1.6 Leitsätze und Forschungsziele 21

2 Konstruktivistische Grundpositionen 26
2.1 Wurzeln des Konstruktivismus 27
2.2 Konstruktivismus - interdisziplinär betrachtet 28
2.2.1 Die Neurobiologen Maturana und Varela 28
2.2.2 Der Kybernetiker Heinz von Foerster 29
2.2.3 Der Erkenntnistheoretiker Ernst von Glasersfeld 30
2.2.4 Der Entwicklungspsychologe und Pädagoge Hans Aebli 32
2.3 Pädagogische Konsequenzen 33

3 Beurteilen im Spannungsfeld von Selektion und Förderung 36
3.1 Schulisches Beurteilen 36
3.2 Beurteilungsdefinitionen 38
3.3 Beurteilungsfunktionen mit themenrelevanten Verknüpfungen 41
3.4 Konventionelle Beurteilung durch Notengebung 43
3.5 Beurteilungsprozesse in den Praxisteams der "Schulpraktischen Studien" 46
3.5.1 Beurteilung als Lernberatung 47
3.5.2 Beurteilungsprozesse als Anregung zur Selbsteinschätzung 50
3.6 Einflussfaktoren beim Beurteilen 55
3.6.1 Einflussfaktoren in Richtung Beurteilende 55
3.6.2 Einflussfaktoren in Richtung Beurteilte 61
3.7 Beurteilungsperspektiven für die schulpraktische Arbeit 63
3.7.1 Ein veränderter pädagogischer Leistungsbegriff 63
3.7.2 Leistungen der Studierenden 66
3.7.3 Kompetenzerwerb durch Bewertungsprozesse? 67

4 Beraten zwischen Selbst- und Fremdbestimmung 71
4.1 Grundlagen pädagogischer Beratung 72
4.2 Durchführungskonzept für die Praxisberatung 73
4.3 Leitende Perspektiven in der Praxisberatung 76
4.4 Beraten als Lehr- und Lernprozess 80
4.4.1 Lehr- und Lernprozesse - die Position Deweys 85
4.4.2 Lehr- und Lernprozesse - die Position Piagets 88

4.4.3	Lehr- und Lernprozesse - die Position von Hentigs	90
4.4.4	Konstruktivistische Sichtweise von Lehr- und Lernprozessen in den „Schulpraktischen Studien"	92

5 Kompetenzen als Ziel einer Potentialentwicklung 96

5.1	Der Begriff *Kompetenz* - Definitionen und Abgrenzungen	96
5.2	Kompetenzen aus der Perspektive der Theorie der *Multiplen Intelligenz*	98
5.3	Kompetenzen lernen	100
5.3.1	Autonomes Lernen nach Aebli	102
5.3.2	Kompetenzverständnis nach Beck	103
5.4	Kompetenzen bewerten und vermitteln	105
5.5	Kompetenzen umsetzen	107
5.5.1	Kompetenzstrukturen	108
5.5.2	Prioritätensetzung bei pädagogischen Kompetenzen	110
5.6	Kompetenzen aus der Sicht der Arbeitspsychologie	114
5.6.1	Perspektive zielorientierter Handlungsprozesse	116
5.6.2	Zielbildung und Zielwirkung	120
5.7	Der Umsetzungsprozess: Vom Ziel zur Leistung - die Zielsetzungstheorie von Locke/Latham	122
5.7.1	Mediatoren von Zielsetzungen	126
5.7.2	Moderatoren von Zielsetzungen	127

6 Der Forschungsprozess der vorliegenden Arbeit im Überblick 133

6.1	Problemstellung und Handlungsidee	134
6.2	Ausgangssituation	139
6.2.1	Die Beteiligten und ihre Situation	140
6.2.2	Rechtliche Grundlagen und praktische Umsetzungssituation	142
6.3	Handlungsplan	143
6.4	Gesetzte Handlungen	145
6.4.1	Umsetzungsschritt 1: Erstellen eines Beurteilungsrahmens	145
6.4.2	Umsetzungsschritt 2: Dokumentation von Vereinbarungen	146
6.4.3	Umsetzungsschritt 3: Arbeit mit dem Formblatt	149
6.4.4	Umsetzungsschritt 4: Beobachtung der schulpraktischen Arbeit	153
6.4.5	Umsetzungsschritt 5: Selbstbewertung der Studierenden	156
6.4.6	Umsetzungsschritt 6: Fremdbeurteilung durch die Ausbildungslehrerin	157
6.4.7	Umsetzungsschritt 7: Zusammenführung der Ergebnisse aus Selbst- und Fremdeinschätzung	157
6.5	Rückmeldungen	161
6.6	Die Rückmeldungen der einzelnen Akteure	163
6.6.1	Zusammenfassung der Ergebnisse der Rückmeldeblätter der Studierenden	163
6.6.2	Zusammenfassung der Ergebnisse der Rückmeldeblätter der AusbildungslehrerInnen	165
6.7	Alternative Perspektiven	169
6.7.1	Der Fragebogen	171
6.7.2	Ergebnisse der Befragung	173

7	**Resümee und Ausblick**	186
7.1	Resümee aus dem qualitativen Forschungsprozess	186
7.2	Resümee aus dem quantitativen Forschungsvorgehen	190
7.3	Ausblick	192

Literaturverzeichnis	196
Abbildungsverzeichnis	204
Anhangsverzeichnis	205

Vorwort

Als Praxisberaterin an der Pädagogischen Akademie der Diözese Linz bin ich durch einige spezifische Erfahrungen - auf die ich später genauer eingehen werde - dazu gekommen, mich in besonderer Weise mit den Wechselbeziehungen zwischen dem Beurteilen und den schulpraktischen Übungen von Studierenden zu beschäftigen. Dabei ist mir aufgefallen, dass die Frage des Beurteilens sowohl im Denken der Studierenden, als auch im Denken der PraxisberaterInnen und AusbildungslehrerInnen einen hohen Stellenwert einnimmt. Mit den Auswirkungen von Beurteilen - seien sie jetzt positiver bzw. negativer Art - hat man sich jedoch bisher kaum intensiv beschäftigt. Wenn nun versucht wurde, mit wissenschaftlichen Instrumenten an diese Frage heranzugehen, so lag für mich die Schwierigkeit dabei in der Auswahl eines angemessenen Konzeptes, um einen Schritt zur Weiterentwicklung in der Praxis zu setzen.

Jenes Wissenschaftsmodell, das darin besteht Hypothesen aufzustellen um sie zu bestätigen bzw. sie zu verwerfen, habe ich als nicht allein zielführend erkannt. Wesentlich nutzenorientierter erschien mir ein schrittweises Vorgehen, bei dem Interventionen im Bereich des Beurteilens gesetzt werden und ihre Auswirkung auf die Kompetenzentwicklung bei den Studierenden zu prüfen war. Diese Wirkungen sollten an die Beurteiler zurückgemeldet werden und zu neuen verbesserten Aktivitäten führen. Solche fortlaufenden, systematisch gesetzten und dokumentierten Aktivitäten - unter Beachtung der dabei entstehenden Wechselwirkungen - werden in der Wissenschaft als Aktionsforschung (*action research*) bezeichnet. Mein besonderer Ansatz kann als eine Variante dieses Verfahrens angesehen werden, die sich aus der speziellen Situation an der Pädagogischen Akademie ergab. Diese war dadurch charakterisiert, dass wir als Praxisteam unsere eigene berufliche Situation untersuchen und weiterentwickeln wollten, indem wir unser Handeln und Reflektieren immer wieder aufeinander bezogen. Im spezifischen Bereich *Beurteilen* wurde versucht, die herkömmliche Notengebung zu verbessern und sie in einem Interventionsprozess weiter zu entwickeln. Dabei kann schon einleitend die Richtung dieser Veränderung bestimmt werden:

- Beurteilen wird als partnerschaftlicher Prozess aller Beteiligten aufgewertet.
- Beurteilen ist ein Wechselwirkungsprozess der die Rückmeldungen der Beurteilten benützt, um das Lernen zu intensivieren.

- Beurteilen wird als kontinuierliche Arbeit und integrierter Bestandteil des gesamten Lernprozesses verstanden und nicht als einmalige, punktuell gesetzte Handlung.
- Beurteilen in diesem Sinne soll die Selbstverantwortung und professionelle Weiterentwicklung bei allen Beteiligten steigern.

Damit wird deutlich, dass *Beurteilen als Prozess* - über die übliche Vorgangsweise an unserer Akademie hinaus - von den Beteiligten neue Elemente einforderte. Bis hierher könnte man das Vorgehen auch als innovativen Schritt bezeichnen. Zum wissenschaftlichen Vorgehen wurde es erst, als die Frage auftauchte, welche Ergebnisse damit erzielt werden sollten. Es entwickelte sich die Hypothese, dass durch Beurteilen *zugleich* auch Lern- und Lehrprozesse gefördert werden können. Dies ist in der vorliegenden Arbeit zu beweisen. Wiederum etwas genauer bedeutet dies, dass ein im obigen Sinne erweiterter Beurteilungsprozess auch einen ganz bestimmten Kompetenzerwerb - in erster Linie bei den Beurteilten, aber auch bei den BeurteilerInnen - bewirkt. Die Vorannahme für die BeurteilerInnen war, dass sie ihre didaktischen und methodischen Angebote besser auf den eigentlichen Bedarf der Studierenden ausrichten würden. Damit würde auch eine stärkere Individualisierung, wie man sie auch im Schulunterricht generell als wünschenswert erachtet, erreicht werden. Für die Studierenden war die Vorannahme, dass die einzelnen Kompetenzen des selbstständigen Lehrens und Lernens erweitert, verbessert und vertieft würden.

Da ich meine Rolle an der Pädagogischen Akademie auf diesem Gebiet weitgehend als die einer Probierenden und Experimentierenden verstand, wurden die einzelnen Schritte jeweils partnerschaftlich zwischen Studierenden, AusbildungslehrerInnen und mir als Praxisberaterin gesetzt. Wir hatten zwar unbewusst vielleicht bereits Hypothesen im Kopf, aber wir fanden den Prozess viel zu spannend, um ihn durch explizite Hypothesenbildung einschränken zu wollen. Erst im Nachhinein sollte durch die Zusammenfassung der Ergebnisse und durch das Studium der durchlaufenen Prozesse versucht werden, über den Forschungsbereich gültige Aussagen zu formulieren. Das theoretische Konzept dieses Vorgehens kann grundsätzlich in die Aktionsforschung eingeordnet werden, ist aber gleichzeitig ein eigenständiger Weg an der Pädagogischen Akademie, für den - wie für jeden Aktionsforschungsprozess - ein eingeschränktes Maß an Möglichkeiten gilt.

Einleitung

In der vorliegende Arbeit wird davon ausgegangen, dass in der Ausbildungsphase von LehrerInnen ein Angebot geschaffen werden soll, durch welches für Studierende die Möglichkeit besteht, in der Schulpraxis nach subjektiven Vorstellungen über die Qualität ihres Unterrichtens handeln zu können. Diese Handlungen sind im Kontext der Praxisberatung systematisch zu reflektieren und zu evaluieren. Dies soll eine *prozessuale Entwicklung von Kompetenzen* zukünftiger LehrerInnen auf *selbst gestalteten Lernwegen* ermöglichen.

Die Beurteilung der schulpraktischen Arbeit in Form der herkömmlichen fünfteiligen Notenskala, ist zwar eine gegebene, gesetzliche Forderung, zugleich stellt diese Art der Beurteilung aber ein wenig aussagekräftiges Instrumentarium dar (z. B. Weiss 1989, Ingenkamp 1977). Diese Unzureichlichkeit stellt den Ausgangspunkt der vorliegenden Arbeit dar. Sie beschreibt die gesetzten praktischen Forschungsaktivitäten (Kapitel 6) und verbindet und begründet diese mit theoretischen Annahmen und Ansätzen. Dieser Versuch der Herstellung einer Verbindung zwischen Theorie und Praxis weist zugleich auf bereits begonnene Veränderungsprozesse in der Schul- und Unterrichtsforschung hin, bei der insgesamt eine Verlagerung von der abstrakten Ebene hin zu pragmatischeren Sichtweisen zu beobachten ist (vgl. Schratz 2001a, 431). Durch schulbezogene Entwicklungsarbeit und durch eine intensive Zusammenarbeit zwischen ForscherInnen und PraktikerInnen werden Impulse gesetzt, welche zu einer Kompetenzsteigerung bei allen Beteiligten führen sollen. Auf diese Art und Weise kommt es zu einer intensiven Auseinandersetzung im Spannungsfeld Wissenschaft und Praxis, womit auch der Forderung nach „*einer wissenschaftlich fundierten und praxisorientierten Berufsbildung auf Hochschulniveau*" *(AStG)* an den Akademien bzw. künftigen Pädagogischen Hochschulen nachgegangen werden soll (vgl. Schratz 2001, 19). Die Ergebnisse dieses über zwei Jahre dauernden Prozesses werden nicht als Endprodukte betrachtet, sondern dienen als Anknüpfungs- und Verbindungsstelle für weitere Entwicklungen und Veränderungen in der LehrerInnenbildung.

Anmerkung:
Bezüglich geschlechtsspezifischer Ausdrucksweise wurde grundsätzlich die Schreibweise mit „*-Innen*" gewählt, welche für beiderlei Geschlechter gilt. Es gibt jedoch Ausnahmen, bei denen diese Linie unterbrochen wird, sei es um einen guten Lesefluss zu gewährleisten, oder weil damit etwas pointierter ausgedrückt werden kann.

1 Methodologische Vorbemerkungen

1.1 Die Überwindung des Paradigmenstreites

Im methodologischen Teil werden die Abhängigkeiten zwischen Praxisfeld, Theorie und Methode beschrieben. Im Gegensatz zum Alltag, in welchem Wahrnehmung und Orientierung selbstverständlich und natürlich ohne bewusste Steuerung passieren, geschieht dies in wissenschaftlichen Auseinandersetzungen systematisch und mit Hilfe von speziell entwickelten und gezielt eingesetzten Forschungsstrategien. Dadurch werden Erklärungsmöglichkeiten und Lösungsansätze für das jeweils relevante Forschungsobjekt gesucht. Dabei geht es nicht um subjektiv plausible, sondern um möglichst objektivierte Ergebnisse. Wissenschaftler sind auf der Suche nach Wahrheit.

„Wissenschaft ist Wahrheitssuche; und es ist durchaus möglich, dass manche unserer Theorien in der Tat wahr sind. Aber auch wenn sie wahr sind, so können wir das niemals sicher wissen." (Popper 1997, 50) Als bedeutsam bei dieser Wahrheitssuche erscheint das Prinzip, Regeln für die Prüfbarkeit wissenschaftlicher Aussagen zu entwickeln und aufzustellen. Sie bilden den Rahmen für kritische Diskussionen hinsichtlich der Erkenntnisgrenzen. Solche Regeln existieren sowohl in quantitativen als auch in qualitativen Forschungsbereichen von Wissenschaft.

Eine wie oben durch Popper ausgedrückte Haltung gegenüber Wissenschaft, welche einen vorläufigen und interpretativen Charakter von Wissen allgemein in den Mittelpunkt rückt, kann dazu beitragen, disziplinäre und kontraproduktive Polarisierungen zwischen quantitativen und qualitativen Forschungsansätzen, zwischen Grundlagenforschung und handlungsorientierten Forschungsansätzen, zu überwinden. Wesentlich erscheinen vielmehr eine präzise Angabe der jeweils eingenommenen Perspektive und das Aufzeigen ihrer Möglichkeiten und Begrenzungen. Jede theoretisch und methodisch eingenommene Position eröffnet stets eine spezifische Weltsicht, welche durch sorgfältige und kritische Reflexion die Aussagefähigkeit ihrer Erkenntnisse zu überprüfen hat. Erkenntnismöglichkeiten aus unterschiedlichen Forschungsstandpunkten sind unter Berücksichtigung der wissenschaftstheoretischen Grundlagen prinzipiell als gleichwertig zu erachten, wobei die von ihnen ausgehenden Erkenntnischancen bestmöglich zu nutzen sind.

Qualitativ ausgerichtete Forschung orientiert sich an Zielen, welche eine möglichst gegenstandsnahe Erfassung von ganzheitlichen, kontextgebundenen Besonderheiten und Eigenschaften sozialer Felder anstreben. Qualitative Forschungsarbeiten gehen von Fragestellungen aus, welche darauf ausgerichtet sind, einen möglichst unmittelbaren Zugang zum jeweiligen Forschungsfeld zu eröffnen. Dabei stehen vor allem die Weltsichten und Beschreibungen der dort Agierenden und ihre unmittelbaren Erfahrungen im Zentrum. Zu den zentralen Wesenszügen und Prinzipien qualitativer Forschung gehören:

- Prinzipielle Offenheit des Forschers gegenüber Untersuchungssituationen, Untersuchungspersonen und Untersuchungsmethoden.
- Beachtung von Kommunikationsregeln im Forschungsprozess, mit der Begründung, dass empirische Forschung immer auch mit Kommunikation gleichzusetzen ist.
- Empirisch-qualitative Forschung ist durch ihren Prozesscharakter stets veränderbar.
- Empirisch-qualitative Forschung ist sowohl in Gegenstand und Analyse als auch in der Sinnzuweisung von Handlungen reflexiv.
- Einzelne Untersuchungsschritte sind zu explizieren, um den kommunikativen Nachvollzug zu ermöglichen.
- Empirisch-qualitative Forschung hat im gesamten Forschungsprozess eine hohe Flexibilität bezüglich sich verändernder Situationen, Bedingungen, bezüglich den Konstellationen, bezüglich der Relation zwischen Forscher und Erforschten und bezüglich des Einsatzes des Instrumentariums, aufzuweisen. (Vgl. Lamnek 1988, 21-30)

Die Bedeutung qualitativer Forschung hat sich in den vergangenen Jahren in unterschiedlichen pädagogischen Arbeitsfeldern zunehmend erhöht. Qualitative Forschungsmethoden bieten in der Erziehungswissenschaft zahlreiche Möglichkeiten, komplexe soziale Lebens- und Lernzusammenhänge sowie umfassende Bildungs- und Erziehungsprozesse systematisch zu behandeln.

Quantitativ-empirische Forschung orientiert sich an Zielen, welche eine streng theorie- und hypothesengeleitete Quantifizierung von Ereignissen, Abläufen und Zusammenhängen und deren Zergliederung und Messung in bestimmten sozialen Feldern anstreben. Quantitative Forschungsprojekte arbeiten ihre Fragestellungen zu einem System von Hypothesen aus, ordnen diesen variable, veränderliche Größen zu und setzen Instrumente der Datenerhebung ein, welche die jeweilige Ausprägung eines Merkmals möglichst numerisch abbilden. (Vgl. Terhart 1997, 27-30) Trotz dieser unterschiedlichen Vorgehensweisen stehen beide Forschungsrichtungen gleichermaßen vor der Frage, wie sie die Geltung und die Verallgemeinerung ihrer jeweiligen Erkenntnisse bestimmen sollen. Diese Frage ist jene nach allgemein verbindlichen Kriterien - den Gütekriterien, auf die im Punkt 1.3 genauer eingegangen wird.

Historisch lässt sich feststellen, dass qualitative Forschungsmethoden in einer ersten Phase ihrer Rezeption in den 70er Jahren von einer Konfrontationshaltung gegenüber quantitativen Methoden geprägt waren. Eine Gegenüberstellung und ein Vergleich der auf beiden Seiten angewandten wissenschaftlichen Methoden und die Diskussion ihrer Güte erscheinen so geradezu als natürliche Begleiterscheinung. Nach einer zweiten Phase der internen Ausdifferenzierung des qualitativen Methodenspektrums ist die dritte Phase des einstigen Außenseiters *qualitative Forschung* nun geprägt durch zunehmende Akzeptanz und Etablierung. Terhart spricht davon, dass sich kontroverse Diskussionen nicht mehr an der Trennlinie quantitativ-qualitativ bewegen, sondern klugerweise entlang der Unterscheidung zwischen *„guter Forschung"* bzw. *„schlechter Forschung"* (vgl. Terhart 1997, 33). Trotzdem bleiben kritische Rückfragen bezüglich des Wahrheitsgehaltes der Resultate qualitativer Forschung kontinuierlich erhalten und erzeugen einen gewissen Legitimationsdruck. Falls dieser jedoch in einer konstruktiven Art und Weise ausgeübt und reflektiert wird, darf er durchaus als entwicklungsfördernd angesehen werden.

Zusammenfassend kann festgehalten werden, dass sich Alltagshandeln und wissenschaftliches Forschen durch Begrenzungen in der Art des Denkens unterscheiden. Wissenschaftliches Denken wird umfassend durch zentrale Fragestellungen und durch ein bestimmtes methodisches Vorgehen explizit gemacht. Durch Belegung und Widerlegung von Thesen werden Ergebnisse und Lösungen angestrebt, die jedoch für eine Revidierung offen sein müssen. Dies wird erst durch eine nachvollziehbare Dokumentation des gesamten Forschungsvorganges möglich. (Vgl. Heinze/Krambrock 2001, 61-62) Diese Denkweise entspricht insgesamt der *„normalen Wissenschaft"* bei Kuhn (vgl. Kuhn 1976, 38). Franck verlangt für die Erfüllung von Wissenschaftlichkeit vier Kriterien:

- Begründungen, weshalb eine bestimmte Vorgehensweise gewählt wird,

- Erklärungen von Zusammenhängen,
- Bezugnahme zum vorhandenen Wissensbestand und
- Reflexion des eigenen Standpunktes und der eigenen Perspektive. (Vgl. Franck 1998, 19-28)

Für die vorliegende Arbeit wurden diese Kriterien von Wissenschaftlichkeit handlungsleitend herangezogen.

1.2 Der Aktionsforschungsansatz

Aktionsforschung ist dadurch charakterisiert, dass Menschen ihre eigene Praxis untersuchen und weiterentwickeln, indem sie ihr Handeln und Reflektieren immer wieder aufeinander beziehen (vgl. Altrichter/Lobenwein/Welte 1997, 640). In Altrichter/Posch wird Aktionsforschung als *systematische Untersuchung der beruflichen Situationen*, die von Lehrerinnen und Lehrern *selbst durchgeführt* wird, in der *Absicht*, diese zu *verbessern*, beschrieben (vgl. Altrichter/Posch 1990, 11). Dabei ist die Weiterentwicklung der erziehungswissenschaftlichen Forschung ein explizites Ziel.

Eine kurze historische Rückblende führt uns an die Wurzeln der Aktionsforschung. Kurt Lewin wird am häufigsten als Vater der Aktionsforschung genannt. Er sieht Aktionsforschung als eine vergleichende Erforschung der Bedingungen und Wirkungen verschiedener Formen des sozialen Handelns und als eine zu sozialem Handeln führende Forschung. In Veränderungsexperimenten sollen Gruppen unter Begleitung eines externen Beraters lernen, eine distanzierte Forscherhaltung einzunehmen und selbst die Grundlagen der eigenen Vorurteilsbildung zu untersuchen. (Vgl. Lewin 1953, 278-298) Lewins Aktionsforschung wurde sehr rasch im nordamerikanischen Bildungswesen aufgenommen. Im Verlauf der fünfziger und sechziger Jahre trat Aktionsforschung jedoch allgemein wieder in den Hintergrund. Da für die Lösung pädagogisch-praktischer Problematiken stets auch wissenschaftliche Begleitung angestrebt wurde, ist es nahe liegend, dass die Erziehungswissenschaft Aktionsforschung in Verbindung mit einer professionalisierten pädagogischen Praxis daher auch thematisiert hat. Speziell die Aktionsforschung der siebziger Jahre des vergangenen Jahrhunderts ist gegen die damalig vorherrschende empirisch-analytische Forschung angetreten, um so den Bezug zwischen Praxis und Forschung herzustellen. Der englisch Erziehungswissenschaftler Lawrence Stenhouse griff die Idee - durch die Erforschung der eigenen Praxis die Qualität des Handelns in der Praxis zu verbessern - wieder auf. Er ging davon aus, dass sich eine Theorie erst allmählich aus der Überprüfung von gesammelten Beobachtungsdaten entwickelt. Sie ist demnach fragmentarischer Natur. Ebenso strebt sie nicht die Generalisierung einer Erkenntnis an, sondern zeigt das Charakteristische und Einmalige bestimmter Situationen. (Vgl. Stenhouse, 1975, 124) John Elliot (Mitarbeiter von Stenhouse) führte zahlreiche innovative theoretische und forschungspraktische Arbeiten durch, baute ein gut organisiertes Netzwerk auf und verhalf so der Praktikerforschung zu internationaler Anerkennung. (Vgl. Elliot 1985, 231-250). Trotz massiver Kritik seitens der klassischen empirischen Forschung bestand Aktionsforschung auf einer engen Verbindung von Forschung und Praxis. Theorie sollte Praxis informieren, diese ihrerseits sich wiederum auf die Theorie beziehen und auf diese zurückwirken, wodurch eine gegenseitige Befruchtung die Folge sein sollte. Ein grundlegendes Ziel von Aktionsforschung bestand darin, parallel zur Überprüfung theoretischer Aussagen, praktisch verändernd in gesellschaftliche Zusammenhänge einzugreifen. (Vgl. Moser 2001, 314) Diesen Bestrebungen war ein Paradigmenwechsel in der Erziehungswissenschaft vorausgegangen.

Paradigma kann im herkömmlichen Sinn als beispielgebendes Muster verstanden werden. In einer Wissenschaft ist ein Paradigma „... *ein Objekt für weitere Artikulierung und Spezifizierung unter neuen oder strengeren Voraussetzungen"* (Kuhn 1976, 37). Durch Konzentration der Aufmerksamkeit auf bestimmte, kleine Bereiche zwingt das Paradigma die Wissenschaftler zu sehr genauen und vertieften Untersuchungen. Paradigmen erlangen ihren Status, weil sie bei der Lösung von bestimmten Problemen erfolgreicher funktionieren als andere. Funktioniert das herrschende Paradigma nicht mehr, beginnen die Wissenschaftler *„sich anders zu verhalten"* und *„das Wesen ihrer Forschungsprobleme ändert sich"* (Kuhn 1976, 39). Der in der Erziehungswissenschaft stattgefundene Paradigmenwechsel wird auch als sogenannte realistische Wende bezeichnet. Es sollte bei erziehungswissenschaftlichen Arbeiten die Forschungslogik der Hypothesenprüfung eingeführt werden. *„Erziehungswissenschaft werde"* - so Heinrich Roth - *„mehr als die Pädagogik dies je tat und tun konnte, das, was Bildungsideale und Erziehungsziele geheißen haben, auf* *angemessene und nachkontrollierbare Wissensformen und Verhaltensweisen hin umsetzen."* (Roth 1966, 77) Aktionsforschung setzte dem Wertfreiheitspostulat der empirisch-analytischen Forschung einen Positivismusverdacht entgegen. Wenn sie die gegebene Realität als solche (positiv) voraussetzt, sei Wertfreiheit daher selbst ein Vorurteil. *"Akzeptiere man jedoch, dass Forschung letztlich auf einem Wertfundament beruht, so sei es Aufgabe der Wissenschaft, sich in den Dienst der Aufklärung zu stellen, also Realität mittels Forschung kritisch zu reflektieren und Verbesserungsmöglichkeiten aufzuzeigen."* (Moser 2001, 315) Im Zentrum der damaligen Aktionsforscher stand die Intention, Praxis mit wissenschaftlichen Mitteln zu verändern. Die Wissenschaftlichkeit der Ergebnisse wurde angezweifelt, weil sie nicht mit Mitteln der quantitativen Forschung zu überprüfen waren, und es auch an systematisch angelegten qualitativen Methoden fehlte. Aus diesen ersten Umsetzungserfahrungen mit Aktionsforschung in den siebziger Jahren zieht Moser den Schluss, dass es nicht möglich erscheint, *"die Ziele und Intentionen der Wissenschaft linear auf die Praxis zu übertragen, wie umgekehrt auch die Anliegen der Praxis oft von der Wissenschaft weder begriffen noch aufgenommen wurden"* (Moser 2001, 316).

Anfang der neunziger Jahre wurde aus dem angelsächsischen Raum eine neue Form der Aktionsforschung - *action research* - als Lehrerforschung importiert. Die ungelöste Schnittstellenproblematik zwischen Forschung und Praxis der frühen Aktionsforschung war jedoch noch immer relevant. In der Konsequenz trat man dafür ein, nun noch mehr als bisher zu fordern, dass der Fokus der Aktionsforschung stärker in der Praxis selbst liegen sollte. Diese Forderung hatte zur Folge, *"Systemleistungen neu zu definieren und der an Universitäten etablierten Wissenschaft eine neue Form institutionalisierter Forschung entgegenzusetzen, die in der Praxis selbst ihren Ort hat, um Praktiker anzuleiten, das Feld der Schule zu reflektieren und auf eigene Faust zu verbessern."* (Moser 2001, 319) Trotz dieser neuen Bestrebungen blieb Aktionsforschung von etablierten Vertretern der Erziehungswissenschaft aus dem wissenschaftlichen System externalisiert und wurde den vorwissenschaftlichen Erfahrungen zugeordnet (vgl. Moser 2001, 319). Kroath vertritt hingegen die Meinung, dass sich der Aktionsforschungsansatz im Bildungs- und Sozialbereich als erfolgreiches Konzept professioneller Fort- und Weiterbildung etabliert hat und dass er auch in die universitäre Forschung als gleichberechtigtes Forschungsparadigma eingegangen ist (vgl. Kroath 2002, 81).

In der praxisorientierten Forschung bezeichnet man die Beteiligten einmal als *researcher* und einmal als *reflective practitioner*. Dabei kann davon ausgegangen werden, dass beide Bezeichnungen im Grunde für dasselbe Vorgehen verwendet werden.

Lawrence Stenhouse (1975) prägte eine alternative Konzeption der Curriculumentwicklung, bei der er die PraktikerInnen an der Entwicklungsarbeit teilhaben ließ. Er bezog sie als diejenigen mit ein, die eine Curriculumidee in konkreten Interaktionen mit den SchülerInnen erst zum Leben bringen. Ihre pragmatische Skepsis, ihr Genauer-Wissen-Wollen, ihr Weiterentwickeln-Wollen sah er als Impulse für die Forschung. *„ The mistake is to see the classroom as a place to apply laboratory findings rather than as a place to refute or confirm them"* (Stenhouse 1975, 26). Der Implementierungsprozess des Curriculums, orientiert sich an einem vordefinierten Konzept. Der Umsetzungsprozess ist jedoch Gegenstand der Forschung und Entwicklung.

Donald Schöns (1983) Erkenntnisse im Hinblick auf das professionelle Handeln in der Praxis sind gerade für diese vorliegende Arbeit von besonderer Relevanz, weil sich seine Fragestellungen auf qualitätsvolle Handlungen in komplexen Situationen beziehen. Schön untersuchte praktische, hoch qualifizierte, erfolgreiche Tätigkeiten in realen pädagogischen Situationen und ist zur Erkenntnis gekommen, dass diese bestimmte Merkmale aufweisen.

- *Problemdefinition:* Wissen kann von PraktikerInnen in komplexen Situationen gar nicht einfach angewendet werden, weil das Problem als solches ebenso nicht einfach vorliegt. *„In real-world practice, problems do not present themselves to the practitioner as given"* (Schön 1983, 40). Es muss erst durch den Prozess der Problemdefinition geschaffen werden. Dieser Prozess selbst schafft erst die Voraussetzung für das Wirksamwerden allgemeinen Wissens.
- *Vorläufigkeit, Prozesshaftigkeit, Weiterentwicklung:* Erfolgreiche Praktiker-Innen beobachten ihre Handlungen jedoch auch immer wieder im Hinblick auf das Zutreffen der Problemdefinition. *„Problem setting is a process in which, interactively, we name the things to which we will attend and frame the context ..."* (Schön 1983, 40). So wird die Problemdefinition durch die Reflexion der Handlungserfahrungen weiterentwickelt.
- *Entwicklung lokalen Wissens:* Konkrete Probleme sind nicht immer Fälle, bei deren Lösung auf eine schon bekannte Theorie zurückgegriffen werden kann.

Gerade erfolgreiche PraktikerInnen haben aber - nach Schöns Untersuchungen - die Fähigkeit, aus ihren Handlungserfahrungen lokales Wissen abzuleiten. Ihnen steht ein spezieller Erfahrungsschatz zur Verfügung, auf dem sie aufbauen und der ihnen hilft, auf Probleme ihres Berufsbereiches kompetent und situationsbezogen zu reagieren. *"Indeed, practitioners themselves often reveal a capacity for reflection on their intuitive knowing in the midst of action ..."* (Schön 1983, 39 – 41).

1.3 Messprobleme in der qualitativen Forschung

Aus Gründen der Erfassbarkeit, der Vergleichbarkeit und der Feststellung der Qualität des Weges einer wissenschaftlichen Erkenntnisgewinnung sind generell anwendbare Kriterien nötig. Die Gütekriterien *Objektivität*, *Reliabilität* und *Validität* werden in der quantitativen Forschung weitgehend als allgemein gültige und geeignete Kriterien zur Bewertung von Forschungsarbeiten anerkannt. In der qualitativen Forschung hingegen werden diese klassischen Gütekriterien noch grundsätzlicher und differenzierter diskutiert und gehandhabt. Durch Gütekontrollen sollen im Zuge der Prüfung der Forschungsmethoden gleichzeitig Anhaltspunkte für den Wahrheitsgehalt und die Gültigkeitsdauer von Aussagen mitgeliefert werden. Geht man jedoch von einem Wissenschaftsverständnis im Sinne von *Annäherung an die Wahrheit* aus, so fällt wissenschaftlichen Ergebnissen auch kein absoluter Richtigkeitsanspruch zu, oder um es mit Köckeis-Stangl auszudrücken: *„Wenn man soziale Realität als einen dauernd vor sich gehenden Konstruktionsprozess ansieht, an dem alle Gesellschaftsmitglieder in größerem oder kleinerem Maße mitwirken, dann kann man nicht damit rechnen, daß es überhaupt eine Forschungsmethode gibt, die es gestattet, völlig eindeutig, längerfristig gültige, unwiderlegbare, zweifelsfrei wahre Aussagen über Elemente und Relationen der sozialen Realität zu machen."* (Köckeis-Stangl 1980, 363) Diese Aussage enthält insofern eine dynamische und flexible Forschungshaltung, als sie indirekt darauf hinweist, dass aus jeder gewonnenen Einsicht ständig neue Zweifel erwachsen müssen.

Auch im qualitativen Forschungsparadigma geht es darum, die Verlässlichkeit, die Prägnanz und die Relevanz von Aussagen und Befunden unter Beweis zu stellen bzw. diese zu steigern. Da sich qualitative Forschungsansätze jedoch auch in Absetzung von quantitativen Forschungsansätzen entwickelt haben, müssen sie sich einerseits auch von den traditionellen Gütekriterien lösen. Andererseits ist für sie der Bezug auf diese für die eigene Wissenschaftlichkeit von Bedeutung. Es bedarf der Aufstellung allgemeiner und allgemeinverbindlicher Kriterien und Vorgehensweisen. Diese Vorgehensweisen unterscheiden sich jedoch in qualitativer und quantitativer Forschung. Dem zu Folge stellt sich auch die Frage, inwiefern sich auch die dazugehörigen Gütekriterien unterscheiden, unterscheiden sollen, unterscheiden müssen. Werden Kommunikation, Interaktion, Interpretation und subjektive Deutungen nicht als negative, eher störende Begleiterscheinungen im Forschungsprozess angesehen, sondern als Stärken und als geradezu bestimmende Momente, so wird deutlich, dass der Kanon quantitativer Gütekriterien kritisch zu hinterfragen bzw. weiterzuentwickeln ist.

Eine *veränderte* Reliabilität

Zuverlässigkeit, definiert als das Ausmaß in dem die wiederholte Anwendung eines Messinstruments gleiche Ergebnisse liefert, kann einfach nicht identisch sein mit dem Reabilitätsbegriff eines Forschers, der seine Arbeit als sequenziellen Analysefortschritt betrachtet, bei der Analysebestandteile bewusst erst im Laufe der Datenerhebung und von dieser abhängig, entwickelt werden. Die Vorstellung von Reliabilität weicht in der qualitativen Forschung deutlich von der naturwissenschaftlichen Ausrichtung ab. Es ist geradezu ein konstitutives, feststehendes Moment der qualitativen Forschung, dass der Zugang zur sozialen Wirklichkeit berücksichtigt wird, Intersubjektivität erscheint so als gewünscht. Dabei werden genau jene Operationen, die Zuverlässigkeit gewährleisten sollen, als standardisierende, isolierende und von realen Bedingungen abdriftende Situationen eher gemieden. Der Einfluss der Erhebungssituation bleibt daher notwendigerweise unkontrollierbar. (Vgl. Volmerg 1983, 126)

Eine *veränderte* Validität

Das klassische Gütekriterium Validität erfährt ebenfalls eine Reformulierung. Validität als Maß für die Übereinstimmung des durch ein Messverfahren Erfassten, mit dem theoretisch gemeinten Objektbereich, erfährt im qualitativen Paradigma eine Veränderung vom Messtechnischen hin zum *Interpretativ-Kommunikativen*. Es wird eine Einbeziehung der untersuchten Subjekte oder Gruppen in den fortlaufenden Forschungsprozess angepeilt. Kommunikative Validierung bedeutet beispielsweise, dass Interpretationsergebnisse durch wiederholtes und erneutes Erforschen bzw. Befragen bestätigt werden. *„Der Dialog ist somit ein Mittel, die Variationsmöglichkeiten der Wesenserfassung zu erweitern"* (Danner 1979, 145). Bei Flick (2001) wird Validierung als soziale Konstruktion von Wissen bezeichnet. Diese Konstruktion bedarf jedoch einer prozessualen Entwicklung. Sie entsteht, indem wir Behauptungen über die Vertrauenswürdigkeit berichteter Beobachtungen, Interpretationen und Verallgemeinerungen aufstellen und diese bewerten. Wird Validierung als ein Prozess sozialer Diskurse, in denen Vertrauenswürdigkeit erzeugt wird, verstanden, rücken konventionelle Kriterien wie Reliabilität und Objektivität gezwungenermaßen in den Hintergrund. (Vgl. Flick 2001, 111)

Eine *veränderte* Objektivität

Objektivität stellt eine Basiskategorie jeglicher Forschungstätigkeiten dar, wird jedoch allzu leicht assoziiert mit endgültiger Wahrheit, welche zwar angestrebt, aber bei empirischer Forschung kaum jeweils erreicht werden kann. Für die qualitative Forschung erscheint ein Objektivitätsbegriff von Kleining als besonders treffend. Kleining geht von einem emergentistischen Objektivitätsbegriff aus und stellt fest: *„Objektivität entsteht aus der Subjektivität durch den Prozess der Analyse"* (Kleining 1982, 246). Subjektive Betrachtungsweisen von Forschern transformieren sich im Analyseprozess sukzessive zu intersubjektiv nachvollziehbaren Betrachtungen. Durch intersubjektiven, kommunikativen Austausch kommt es zu einer Verdichtung der Interpretation, die Intersubjektivität verbürgt. Objektivität als Begriff wird daher immer stärker durch die Begrifflichkeit der *interindividuellen Zuverlässigkeit* abgelöst (vgl. Lamnek 1988, 165). Der oben angeführte emergentistische Objektivitätsbegriff enthält demnach auch schon den Begriff der *Intersubjektivität* (siehe auch Schratz 1996, 141), weil Kleining davon ausgeht, dass subjektive Betrachtungsweisen als Teilkenntnisse der Objekte immer schon enthalten sind. Soziale Realität wird in der qualitativen Forschung daher nicht als *die* Realität schlechthin angesehen, sondern stets als eine - auf Grund unserer Wahrnehmung - interpretierte. In einer selbst von der Wissenschaft so dargestellten Realität, in der prinzipiell von subjektiv gefärbten Konstruktionen ausgegangen wird, stellt sich demnach auch die Frage nach der Konstruktion von Objektivität, in einem wesentlich anderen Licht. Zwar ist es in der Wissenschaft immer Thema wie Erkenntnisse objektiviert und in der Theorie stabilisiert werden können, qualitative Forschungsabsichten schlagen jedoch bei ihren Bemühungen um Objektivität einen etwas anderen Weg ein. Dieser stellt sich diametral zu quantitativen Forderungen dar, welche vor allem möglichst invariante Standardsituationen anstreben. Ein Ausschalten alles Subjektiven, aller unkontrollierter Einflüsse soll bei quantitativen Methoden zu einer wissenschaftlichen Objektivität führen. Bei Überlegungen dieser Art ist jedoch in erster Linie zu berücksichtigen, dass keine empirische Arbeit absoluten Wahrheitsanspruch geltend machen kann, Befunde immer nur als vorläufig gelten können. Bezüglich Objektivität äußert Wilson: *„Der springende Punkt ist der, daß objektive Erkenntnis nicht aus Aussagen mit verbrieftem Wahrheitsanspruch besteht, sondern aus dem, was eine gegebene wissenschaftliche oder gelehrte Gemeinde ihren Mitgliedern als ernstzunehmende Ausgangspunkte für ihre eigene Arbeit zumutet"* (Wilson 1982, 502).

Geht man ferner von der Vorstellung aus, dass es bei der Forschung in den Sozial- und Geisteswissenschaften prinzipiell nicht wie in den Naturwissenschaften um das Erklären, sondern um das Verstehen geht, so kann man daran anschließen, dass Verstehen möglich ist, weil den Handelnden und Verstehenden über eine gemeinsame Sprache hinaus, auch ein Repertoire von Motiven, Bedürfnissen und Intentionen von Handlungen zur Verfügung steht. Decken sich Handlungen und Verstehen, könnte man demnach von einer richtigen, objektiven, allgemeingültigen Erkenntnis sprechen, aber: *„Was der allgemeingültigen Erkenntnis entgegensteht, ist die Singularität des zu Verstehenden, was der Objektivität der Erkenntnis entgegensteht ist die Subjektivität des Verstehenden"* (Konegen/Sondergeld 1985, 100).

Die Bedeutung von Objektivität, Reliabilität und Validität wird von der qualitativen Forschungsperspektive aus nicht negiert, die Vorstellungen über Inhalte dieser Begrifflichkeiten sind jedoch im Vergleich zu quantitativen Forschungsperspektiven differenziert. Zentrales Anliegen der qualitativen Forschung ist nicht eine statistische Überprüfung und Sicherung ihrer Ergebnisse, sondern die Analyse vorläufiger Ergebnisse schon während des Forschungsprozesses, um so Kategorien, Dimensionen und Thesen ständig an der Wirklichkeit zu überprüfen. Nicht so sehr Exaktheit und Vergleichbarkeit spielen eine entscheidende Rolle, sondern vielmehr fallgerechte Beschreibungen, Plausibilität, Glaubwürdigkeit und Interaktion, Anwendbarkeit und Fruchtbarkeit (vgl. Lamnek 1988, 171).

Zusammenfassend kann festgehalten werden, dass bei der Reformulierung der klassischen Gütekriterien verstärkt die erforschten Subjekte und der Diskurs ihrer subjektiven Theorien Beachtung finden. Dies deckt sich auch mit vermehrt aufgestellten Qualitätsforderungen einzelner Bildungsinstitutionen (beispielsweise auch bei Pädagogischen Akademien auf dem Weg zu Pädagogischen Hochschulen), bei denen ebenfalls verstärkt die in Bildungsprozessen Involvierten hervorgehoben werden. Ihr Wissen über Vorgänge in pädagogischen Handlungsfeldern und ihre Aussagen über relevante Kompetenzanforderungen, stellen einen wesentlichen Beitrag zu einer reflexiven, evaluativen Entwicklung der jeweiligen Institution dar. Von ihnen beigestelltes Handlungswissen kann in wissenschaftliche Forschung einfließen und so als wesentlicher, innenpositionierter Beitrag verstanden werden. Qualitativ hochwertige Forschungsprozesse sollen demnach gekennzeichnet sein von einer Forschungsarbeit, bei der ForscherInnen und Erforschte sich gegenseitig ergänzen und überprüfen.

1.4 Die eigene Forschungsposition

Der in dieser Arbeit vorgestellte Forschungsprozess erstreckte sich über zwei Jahre. Insgesamt liegen der Gesamtkonzeption der Forschungsarbeit Überlegungen zugrunde, welche ihren Ursprung im später noch genauer beschriebenen *„Qualifikationslehrgang für AusbildungslehrerInnen"* haben. Die Erstellung der vorliegenden Forschungskonzeption, sowie die Ausarbeitung und der Einsatz der Forschungsinstrumente wurden jedoch von der Verfasserin initiiert und durchgeführt, wodurch eine systematisch-forschende Begleitung zur Thematik Beratung und Beurteilung im Kontext des Kompetenzerwerbes in der Schulpraxis erst möglich gemacht wurde. Die Auswertung bzw. die Interpretation relevanter Daten erfolgte prozessbegleitend und ist im Kapitel 6 dargestellt.

Der gesamte Forschungsprozess kann aus zwei Blickwinkeln gesehen werden. Erstens aus einer Metaperspektive, bei der der Fokus auf ein Element - die „Schulpraktischen Studien" - des gesamten Studienbetriebes der Pädagogischen Akademie gerichtet wird. Zweitens aus der Perspektive von Einzelpersonen (Studierende, AusbildungslehrerInnen), bei der reflektierte Sichtweisen über persönliches pädagogisches Handeln sehr bewusst evaluiert werden.

Aufgrund des Tätigkeitsfeldes und des Arbeitsbereiches der Verfasserin agierte diese im Forschungsgeschehen der vorliegenden Arbeit in differenzierten Positionen - einerseits in der Position als *Forscherin* der Institution *Pädagogische Akademie* (Metaperspektive), andererseits in der Position als *Praxisberaterin* und *Lehrende*, also direkt Involvierte. Grundsätzlich fungieren PraxisberaterInnen als Bindeglied zwischen der Institution *Pädagogische Akademie* und der jeweiligen Praxisschule, indem sie die Studierenden, gemeinsam mit den AusbildungslehrerInnen in der Schulpraxis beratend begleiten. Diese Funktion wurde von der Verfasserin auch während des Forschungsprozesses neben dem Agieren als Forscherin erfüllt. Es muss daher klar zwischen diesen zwei Positionen unterschieden werden: Die Metaperspektive, wird durch das Einnehmen der *dissoziierten* Forschungsposition wahrgenommen, bei der das Forschungsinteresse der Qualitätsentwicklung der gesamten Institution der Pädagogischen Akademie gilt. Diese Position verlangte eine fallweise Trennung von der unmittelbar getätigten Arbeit in der Schulpraxis als Teammitglied. Bei jenem Teil der Forschungsarbeit, in welchem das Praxisteam, (Studierende, AusbildungslehrerInnen, Praxisberaterin) die Teilbeurteilungsprozesse gemeinsam vorantrieben, wurde hingegen von der Verfasserin als Teil dieses Teamsystems die *assoziierte* Forschungsposition eingenommen. Assoziativ wird hier im Sinne von verbinden, vereinigen, zusammenschließen zu gegenseitiger Unterstützung verstanden. Diese Position erlaubte der Verfasserin aktiv am Prozessgeschehen der Praxis teilzunehmen und ermöglichte in der Konsequenz auch erst die vertiefte Forschungstätigkeit.

Die hier sehr genau differenzierten Forschungspositionen werden von der Verfasserin im Verlauf der Arbeit, bedingt durch die Entwicklung des Forschungsgeschehens, mehrfach gewechselt. Ob nun die assoziative oder dissoziative Forschungsposition eingenommen wird, ergibt sich aus der jeweiligen Texturierung und Beschreibung des konkreten Forschungsschrittes, wird daher nicht immer unbedingt wieder neu und dezitiert angegeben. Bei einem Wechsel der Positionen ist mit zu bedenken, dass dieser lediglich den Blickwinkel auf einen Realitätsausschnitt verändert, nicht aber die grundgelegte Struktur des Forschungsschwerpunktes und seiner Inhalte. Will man die oben beschriebenen Positionen und die damit verbundenen möglichen Perspektiven eingebettet in die institutionelle Gesamtstruktur bildlich abstrahieren, ergibt sich eine Darstellung, wie sie in Abbildung 1 ersichtlich ist.

BU = Beurteilung
TBU = Teilbeurteilungsprozesse

Assoziierte Position:

F = Forscher/in innerhalb
(„Praxisforscherin", Praxisberaterin)

Dissoziierte Position:

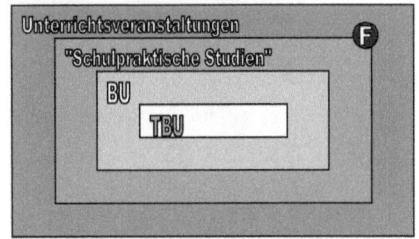

F = Forscher/in außerhalb
(Einbeziehung mehrerer Perspektiven)

Abb. 1: Differenzierte Forschungspositionen in der institutionellen Gesamtstruktur

Die Darstellung der Gesamtstruktur der Institution Pädagogische Akademie zeigt im Kern die Teilbeurteilungsprozesse (TBU), die zu einer Gesamtbeurteilung (BU) führen. Der Rahmen in dem sie stattfinden, sind die „Schulpraktischen Studien", die ein Teil aller Unterrichtsveranstaltungen sind. Die assoziierte und dissoziierte Position zeigt deutlich den jeweils eingenommenen Standort der Forscherin (F).

1.5 Forschungsstand

Durch die Komplexität und Vielschichtigkeit der Thematik dieser Arbeit (Beurteilen, Beraten, Kompetenzerwerb) sind die hierfür jeweils relevanten wissenschaftlichen Erkenntnisse ebenfalls entsprechend differenziert. Sie fließen in die jeweiligen Kapitel ein und werden dort durch die Literaturangaben dokumentiert. An dieser Stelle werden zusätzlich exemplarisch einige Forschungsergebnisse angeführt, die einen weiteren Einblick in den Forschungsstand gewähren.

Insgesamt ist festzuhalten, dass die Erforschung der Beurteilungsthematik vor allem hinsichtlich der Zensurengebung von SchülerInnen schon relativ umfangreich erfolgte, beispielsweise bei Kleber (1992), Ingenkamp (1977), Sacher (1994) und Weiss (1989). Ein jüngeres Gebiet stellt die Erforschung von prozessorientierten Vorgehensweisen und alternativen Formen des Beurteilens dar. Aber auch hier richten sich die Interessen vielfach auf Beurteilungsprozesse bei SchülerInnen, wie beispielsweise bei Jäger (2000), Jürgens (1999), Vierlinger (1999), Stern (1996) und Schratz (1996) und weniger auf Beurteilungsprozesse bei Lehramtsstudierenden. Es fehlen vor allem Forschungen, die das *Verhältnis von Wissen und Handeln* in pädagogischen Tätigkeitsfeldern erkunden. Hier bieten beispielsweise Arbeiten von Neuweg (2002a, 2003) neuere Erkenntnisse an, welche auch in der vorliegenden Arbeit Beachtung finden.

Es wird zwar generell mehr Praxis in der Ausbildung gefordert, aber: *„Welche Praxiserfahrungen in welchen Umgebungen und wie aufgearbeitet aber wirklich wirksam sind - darüber weiß man fast nichts."* (Baer 2001, 79) Der Wert von Praktika wird allerdings als sehr hoch eingeschätzt. Praktika ermöglichen

Unterrichtserfahrungen, bieten ein geschütztes Experimentierfeld, ermöglichen die Einsichten in verschiedene Perspektiven und wirken motivierend im Studium (vgl. etwa Bommes 1995). Bei Untersuchungen zu Lernprozessen durch schulpraktische Erfahrungen werden allgemein zwei Hauptlinien verfolgt. Einerseits Studien zur Verhaltensveränderung und zur Entwicklung beruflicher Kompetenzen von Studierenden (vgl. etwa Kramis 1991) und andererseits Studien zu Einstellungen, Meinungen und zum Wissen von Studierenden (vgl.etwa Shulman 1986).

Die vorliegende Forschungsarbeit wurde so konzipiert, dass der thematische Fokus sich zwar auf den Bereich Beurteilen richtet, aus dieser intensiven Auseinandersetzung aber auch Erkenntnisse gewonnen werden sollen, welche zugleich auch Aufschlüsse über individuelle Vorgehensweisen und Zusammenhänge beim Kompetenzerwerb von Studierenden geben können. Als das Neue dieser Forschungsarbeit ist daher *der systematische Versuch* zu bezeichnen, *Prozesse des Beurteilens mit Prozessen eines professionellen Kompetenzerwerbes zu verbinden*. Durch die freie Wahl von Teilbereichen werden vor allem jene professionellen Fähigkeiten forciert, die von den Studierenden selbst als bedeutsam erachtet werden und welche im Schulalltag ein erfolgreiches Agieren unter Bedingungen von situativen Zwängen ermöglichen sollen. Es geht daher um den Erwerb einer konkreten *Umsetzungskompetenz* (siehe 5.5). Bezüglich Umsetzungskompetenz kann hier eine Verbindungslinie zu der von Oser und Oelkers geforderten Handlungskompetenz gezogen werden. Sie bezeichnen allgemein Kompetenzen als Standards, und zwar dann, wenn deren Erfüllung eine Form annimmt, dass jemand ohne eine professionelle Ausbildung nicht in der Lage ist, diese zufriedenstellend zu realisieren (vgl. Oelkers/Oser 2000, 57). Auf die hier angesprochenen Standards wird in der Arbeit nicht eingegangen, mitgedacht wird jedoch die - auch bei ihnen angestrebte - Handlungskompetenz, welche dann erreicht ist, wenn auf verschiedensten Ebenen analytisch, theoretisch und praktisch selbsttätig gehandelt werden kann, also die Kompetenz im Feld aktualisiert wird. Hinsichtlich der Aneignung erforderlicher Kompetenzen erscheinen die *„Befunde zur Bedeutung der Lernwege und der Bearbeitungstiefe"* (Mayr 2002) für diese Arbeit als interessante Herausforderung. Im Beitrag *„Sich Standards aneignen"* (Mayr 2002) wird bei zukünftigen Erhebungen eine Ergänzung durch intersubjektiv überprüfbare Angaben, vor allem auch zur Handlungskompetenz, als wünschenswert angesehen. Die vorliegende Arbeit ist der Versuch mit derartigen methodischen Problemen erfolgreich umzugehen.

Als zusätzlicher, in der Arbeit mitgedachter Anknüpfungspunkt, vor allem im Hinblick auf die konstruktivistische Grundphilosophie, sei auf einen Artikel von Klement/Teml (2001) hingewiesen, in welchem „Schulpraktische Studien" als Anstoß für Konstruktionsleistungen gesehen und behandelt werden. Ebenso lieferten die Ergebnisse der Studie *„Studienzufriedenheit an Pädagogischen Akademien"* von Mayrhofer & Mayr (1996) weitere Anschlussmöglichkeiten. In diesen wird in den *Kommentaren zum Angebot* festgestellt, dass die Studierenden die Möglichkeiten, ihre speziellen Fähigkeiten einzusetzen bzw. weiterzuentwickeln (Kompetenzförderung) in den einzelnen Ausbildungsbereichen unterschiedlich sehen. *„Am häufigsten - in 14% der Kommentare - wird dabei die Schulpraxis als ein Ort erwähnt, an dem die persönlichen Fähigkeiten entfaltet werden können."* (Mayrhofer/Mayr 1996, 37) Davon abgesehen bemerkt jedoch auch ein großer Prozentsatz der Studierenden, dass die Entfaltung individueller Potentiale an der Pädagogischen Akademie schwer möglich ist. Begründet wird dies durch zeitliche, organisatorische, fachliche und persönliche Bedingungen. Beispiele: *„Praxis bietet 100prozentige Gelegenheit dazu". „Ist abhängig von der Toleranz der Praxislehrer". „Ausbildungslehrer fordern Anpassung".* (Mayrhofer/Mayr 1996, 37) Bei den *Kommentaren zu den eigenen Leistungen* wird in 43 Prozent die Zufriedenheit mit Leistungen von den Studierenden durch Erfolgserlebnisse in der Praxis begründet. Dabei werden einerseits sowohl die Möglichkeit des Erprobens eigenständiger Arten des Unterrichtens, andererseits aber auch die Abhängigkeit der Leistungen von den jeweiligen AusbildungslehrerInnen, betont (vgl. Mayrhofer/Mayr 1996, 39). Beispiele: *„Ich versuche Anpassung zu vermeiden und meinen Lehrertyp zu fördern." „Verunsichert, keine konkrete Hilfe."* (Mayrhofer/Mayr 1996, 39) In der Zusammenfassung und Diskussion der Studie wird betont, dass eine standortbezogene Ausgestaltung der Freiräume die Entwicklung einer Organisationskultur gewährleisten soll, welche eigenverantwortliches Lehren und Lernen fördert. Ferner wird angeführt, dass eine maßvolle *„Verschwierigung"* des Studiums durchaus angemessen erscheint, wobei eine Steigerung des Anspruchsniveaus nicht nur im intellektuellen Bereich angesiedelt werden müsste, sondern sich auch im berufspraktischem Handeln erhöhte Anforderungen - etwa mit Methoden der Aktionsforschung - anbieten würden. Im Resümee der aufgezeigten Entwicklungsperspektiven wird festgehalten, dass eine Weiterführung und Weiterentwicklung von bereits früher in der Akademiegeschichte durchlaufenen

Ansätzen, durch diese Befragungsergebnisse neue Impulse bekommen könnten. (Vgl. Mayrhofer/Mayr 1996, 40-41).

1.6 Leitsätze und Forschungsziele

Auf Grund der Komplexität der Thematik und der damit verbundenen Forschungsinteressen werden vorerst Gruppen von Leitsätzen gebildet, welche auf die zentrale Intention der Arbeit ausgerichtet sind. Durch das Bestreben, Beurteilen *und* Kompetenzerwerb hinsichtlich didaktisch-methodischer Fähigkeiten insofern zu verbinden, als Prozesse des Beurteilens durch entsprechende Beratung gleichzeitig einen individuellen Kompetenzerwerb unterstützen sollen, erfolgt aus dieser hier in der Forschungsarbeit neu hergestellten Verbindung auch eine Zielverschmelzung, welche in den folgenden Leitsätzen abgedeckt wird. Sie umfassen die Themenbereiche *Beurteilen, Beraten* und *Kompetenzerwerb*. Gleichzeitig werden durch sie auch schon Perspektiven für eine mögliche Umsetzung in den „Schulpraktischen Studien" aufgezeigt.

Beurteilen von Leistungen

- *Innensteuerung vor Außensteuerung*

Individuelles Leistungsverhalten muss von einem Leistungsverständnis getragen werden, bei dem die Innensteuerung des Einzelnen stärker betont wird als die Außensteuerung durch die Institution bzw. durch gesetzliche Vorgaben. Ein solches Leistungsverständnis führt zu einer veränderten Leistungskultur, die auch eine veränderte Leistungsbeurteilung verlangt.

- *Veränderte Leistungsbeurteilung*

Diesbezügliche Gestaltungsvorschläge der Leistungsbeurteilung existieren zwar in individuellen Formen in den Praxisteams, eine vertiefte und den Beurteilungsprozess von Studierenden an der Pädagogischen Akademie der Diözese Linz über einen längeren Zeitraum begleitende Dokumentation, ist bis dato nicht in der vorliegenden umfangreichen Form durchgeführt bzw. offen gelegt worden.

- *Gemeinsames als Voraussetzung für das Anerkennen von Individualleistungen*

Gemeinsame Erfahrungen und gemeinsames Wissen aus Theorie und Praxis fließen durch ständigen dialogischen Austausch im Praxisteam in die Beurteilungsarbeit ein und bilden so den Nährboden für gemeinsames Vorgehen unter der bestmöglichen Beachtung persönlicher Leistungen der Studierenden. Die Betonung individueller Leistungen von Studierenden ist eine wesentliche Voraussetzung für deren angestrebte Selbstbeurteilung.

- *Veränderte Dokumentationen und intensive Erprobungsphasen*

Das in der Selbstbeurteilung von Studierenden liegende Potential eröffnet neue Wege für die Weiterentwicklung in Bezug auf Leistungsdokumentationen und Dokumentationen erreichter Kompetenzen. Dies zieht jedoch auch die Forderung nach intensiven Erprobungsphasen von prozessorientierten Leistungsbeurteilungen nach sich.

Prozesse des Beurteilens

- *Grundhaltungen, Rahmenbedingungen und Transparenz*

In Beurteilungsprozessen kommt es darauf an, dass die individuellen Grundhaltungen (Werte, Normen, Einstellungen) der Praxisteammitglieder ehrlich und offen kommuniziert werden können. Um dies zu ermöglichen, bedarf es im Team einer gemeinsamen Festlegung und in der Folge auch der Verankerung der dazupassenden Rahmenbedingungen. Durch die Schaffung eines *Beurteilungsrahmens* (6.4) und dessen Ausschöpfung bei vorhandenen individuellen und rechtlichen Möglichkeiten wird der Beurteilungsprozess gelenkt und unterstützt.

- *Perspektivenaustausch und Perspektivenwechsel*

Unterschiedliche - von den Teammitgliedern eingenommene - Perspektiven, unter denen Situationen des Beurteilens betrachtet werden, sind kein beliebiger Begleitumstand, sondern eine wesentliche Vorstrukturierung der Wahrnehmungs-, Denk- und Handlungsmuster. Daher ist der kommunikative Austausch über diese differenzierten Sichtweisen und das Finden eines Konsenses darüber, eine wichtige Voraussetzung für die Kooperation bei Prozessen des Beurteilens im Team.

- *Orientierung an einer gemeinsamen Grundperspektive*

Je nach Hervorhebung fachlicher bzw. persönlicher Sichtweisen ergeben sich dementsprechend ebenso eher fachlich betonte bzw. persönlich betonte Denk- und Handlungsmuster. Werden nun solche perspektivbestimmende Einstellungen im

Praxisteam ausgetauscht, kann durch diesen Austausch auch das Verhalten der Beteiligten in Bewegung geraten. Das darauf folgende Finden und Festhalten einer gemeinsamen Grundperspektive im Team ist ein effektives und effizientes Mittel, um eingenommene Positionen zu rekonstruieren, gegebenenfalls aber auch zu *dekonstruieren*.

- *Von der Beurteilung zur Selbstbewertung*

Allgemein wird als der anspruchsvollere Teil der Beurteilungstätigkeit eine Lernförderung durch Analyse und Rückmeldung angesehen. Werden diese Beurteilungstätigkeiten in Form von Selbstbewertungen auch von Studierenden eingefordert, verlangt dies ein Umdenken für alle am Prozess des Beurteilens Beteiligten und ebenso neue Formen der Durchführung. Gleichzeitig bringen diese Veränderungen aber auch die Stärkung einer eigenverantwortlichen Haltung der Studierenden mit sich. Gegenseitige Rückmeldungen und gemeinsame Analysen bedeuten intensivere, kooperativere Arbeitsformen. Die durch diese Vorgehensweise erlernten Arbeitshaltungen stellen zugleich einen wichtigen Beitrag bezüglich kooperativen Handelns zukünftiger LehrerInnen dar.

- *Synthese von Beurteilungsformen*

Der derzeitige Stand bei Beurteilungen von Studierenden in den „Schulpraktischen Studien" an Pädagogischen Akademien erfordert auf Grund der gegenwärtigen Gesetzeslage noch eine Synthese von traditionellen Beurteilungselementen (Ziffernnote) und innovativen Beurteilungsformen mit prozessualer Ausrichtung. Im Zuge der Hochschulentwicklung werden jedoch auch verstärkt Formen forschender Vorgehensweisen und die dazugehörige Entwicklung von Instrumenten zur Selbsteinschätzung gefordert. Dieser Forderung kommt die von den Studierenden eingebrachte Selbstbewertung ihrer schulpraktischen Tätigkeit nach. Unterstützt wird diese Selbstbewertung durch Gespräche im Praxisteam und durch eine genaue Dokumentation dieses kommunikativen Austausches auf dafür entwickelten *Formblättern* als Instrument. Insgesamt kann diese Form der Selbstbewertung von Studierenden als ein *„Verstehensprozess"* (Schratz 1999, 7) bezeichnet werden, indem unter Einbeziehung aller Beteiligten systematisch vorgegangen wird, um letztendlich die Qualität des Unterrichtes zu erhöhen.

Beraten
- *Professionalisierte Beratung durch berufsbegleitende Weiterbildung*

Durch offensive Weiterbildungsangebote in Form von berufsbegleitenden Qualitätslehrgängen (siehe 6.1) erfolgt eine Verbreitung von Beratungselementen und damit einhergehend eine allgemeine Vertiefung und Professionalisierung der Beratungskultur bei AusbildungslehrerInnen und PraxisberaterInnen. Eine so gewachsene Beratungs- und Vereinbarungskultur stellt eine wesentliche Voraussetzung für eine effiziente Beurteilungsarbeit dar. Eng mit dieser Beratungskultur verbunden ist der bewusste Umgang mit Lernenden in Lehrprozessen. Dadurch wird auch der Aufbau einer veränderten Leistungskultur, vor allem im Hinblick auf den praktischen Kompetenzerwerb der Studierenden, möglich.

Kompetenzerwerb
- *Individuelle Denk- und Handlungsmuster beim Kompetenzerwerb*

Erfolg bei schulpraktischer Arbeit wird nach wie vor zu einem wesentlichen Teil an schriftlich erbrachten Leistungen gemessen und demnach auch bewertet. Im Kontext eines individuellen Kompetenzerwerbes erscheinen jedoch die hinter der konkret durchgeführten schulpraktischen Arbeit verborgenen Denk- und Handlungsmuster der Studierenden als wesentlicher. Dies vor allem bezüglich ihrer Realisierbarkeit und vor allem auch bezüglich ihrer Viabilität (siehe 2.2.3) für den einzelnen Studierenden. Das gegenseitige Kennenlernen und das Offenlegen der individuellen Denk- und Handlungsmuster aller im Praxisteam Agierenden ist demnach eine wichtige Voraussetzung für prozessbegleitende Maßnahmen bei der Realisierung eines professionellen Kompetenzerwerbs.

- *Offenheit gegenüber Teilleistungen*

Der bewusste Umgang mit entwicklungsfähigen und ausbaufähigen Teilleistungen, stellt ein wesentliches Element im Kompetenzerwerb dar. Von Studierenden erbrachte Teilleistungen gelten insbesondere dann als Erfolg, wenn sie von ihnen auch als nicht abgeschlossenes Teilergebnis eines Prozesses erkannt werden und diese Erkenntnis als Basis und Anknüpfungsstelle für die individuelle Weiterarbeit auch genützt wird.

- *Neue Formen der Leistungsdokumentation*

In Verbindung zu neuen Formen der Leistungsdokumentation, beispielsweise Portfolio, wird es hinkünftig unabdingbar sein, strukturierte Kompetenznachweise vorlegen zu können, die in Eigenverantwortung erstellt werden und durch kritisch-reflexive Selbstbeurteilung überprüft werden.

Auf Grund dieser Leitsätze lassen sich zusammengefasst für diese Arbeit drei große Forschungsbereiche erkennen.

- Die Erforschung von Veränderungsmöglichkeiten der *Leistungsbeurteilung* in den „Schulpraktischen Studien".
- Die Erforschung des Ausbaus und der Weiterentwicklung der *Beratungskultur* in den „Schulpraktischen Studien".
- Die Erforschung von möglichen Verbindungen zwischen Beurteilen und Kompetenzerwerb.

Für diese Forschungsbereiche gilt es im Hinblick auf die praktische Umsetzung der Forschungsaktivitäten konkrete Ziele für Studierende und Lehrende aufzustellen. Folgende bieten sich an:

Ziele im Bereich Leistungsbeurteilung

- Leistungen differenziert betrachten.
- Leistungen als Ergebnis folgerichtiger Lernprozesse bewerten.
- Leistungen an Hand gemeinsam gesuchter Kriterien vergleichen.
- Leistungen auf Grund von Indikatoren bewerten.
- Leistungsbeurteilungen als Momentaufnahmen sehen.

Ziele im Bereich Beratungskultur

- Aktiv zuhören lernen.
- Einen Gesprächsfaden aufnehmen und argumentieren.
- Fragetechniken beherrschen und diese gezielt einsetzen.
- Sich bemühen, sich in den Gesprächspartner hineinzuversetzen (Empathie).

Ziele im Bereich Kompetenzerwerb

- Die eigenen Kompetenzen reflektieren und kritisch einschätzen.
- Erfahrungswissen zur Lösung von Problemen einsetzen.
- Sich mit Hilfe von Handlungswissen in komplexen Situationen orientieren.
- Flexibles und situationsbedingtes Handeln auf Erfahrungswissen aufbauen.
- Das Prinzip *Selbstverantwortung* leben lernen.

2 Konstruktivistische Grundpositionen

Ausgehend vom Titel dieser Arbeit - „*Integrative Beurteilungsprozesse* ..." - wird zunächst darauf eingegangen, wie der Terminus *integrativ* hier verstanden wird. Hingewiesen wird dabei vor allem auf die in seiner Wortwurzel steckenden Begriffe *ergänzen* (lat. integratum - *wiederherstellen, ergänzen*) und *berühren* (lat. tangere - *berühren*) (vgl. Kluge 1999, 403). Integrative Beurteilungsprozesse werden in dieser Arbeit als Prozesse dargestellt, in denen sich unterschiedliche Sicht- und Denkweisen der am Beurteilungsprozess Beteiligten *berühren* und einander *ergänzen*. Durch einen intensiven dialogischen Austausch in den Praxisteams werden verschiedenen Denkweisen sichtbar gemacht. Individuelle kognitive Konstrukte berühren sich, werden analysiert und möglicherweise modifiziert bzw. dekonstruiert. Auf diese Art und Weise wird den Studierenden nicht ein Katalog fertiger Konzepte vorgegeben. Es wird vielmehr versucht, ihre eigenen vorhandenen kognitiven Konzepte zu aktivieren bzw. die Entwicklung neuer Konzepte zu unterstützen. Dem eigenständigen Suchen, dem Erproben von eigenen Strategien und dem Beschreiten von eigenen Wegen wird breiter Raum gegeben - kurz ausgedrückt: Konstruktion statt Instruktion.

Interessant erscheint in diesem Zusammenhang vor allem, wie diese unterschiedlichen Sicht- und Denkweisen entstehen, wie sie konstruiert werden. Wie gelangt ein Mensch zu seinem Wissen und zu seiner Sicht der Dinge? Es gibt viele Möglichkeiten diese Fragen zu beantworten. Hier wird versucht, dies durch theoretische Annahmen des Konstruktivismus zu tun, welche auch im Hinblick auf die Lernprozesse der Studierenden als bedeutsam erscheinen.

Der Konstruktivismus „*... formuliert keine Aussagen über die Existenz der Dinge an sich, sondern ist eine Theorie der Genese des Wissens von den Dingen ...* " (Schulmeister 2002, 73). Wissen wird im Akt des Erkennens konstruiert und existiert nicht unabhängig vom Menschen. Konstruktivistische Theorien begreifen menschliches Erkennen - Lernen - prinzipiell als Aneignung durch ein subjektiv-aktives Verhalten gegenüber dem vorhandenen Umfeld. Wissen entsteht dynamisch und im Subjekt selbst und kann deswegen auch nicht einfach an jemanden ohne dessen eigene Rekonstruktion *vermittelt* werden. Durch dieses subjektive Rekonstruieren entstehen laufend neu interpretierte Darstellungsformen des Erkannten, „*...keine statischen,* *erstarrten Symbole, d.h. aber auch, daß es immer mehrere Möglichkeiten der Konstruktion gibt"* (Schulmeister 2002, 74).

Ausgehend von dieser konstruktivistischen Sichtweise werden in dieser Arbeit auch Lehr- und Lernbereiche und die in ihnen stattfindenden Prozesse (so auch die integrativ gestalteten Beurteilungsprozesse) gesehen. Studierende sind aktive Konstrukteure ihres Wissens, es kann nicht einfach an sie weitergegeben werden. Was ihnen angeboten werden kann, ist eine Lernumgebung, die unterschiedliche Konstrukte erlaubt und autonome Lernprozesse fördert. Bei der Gestaltung der integrativen Beurteilungsprozesse in der Schulpraxis wurde daher das Hauptaugenmerk auf autonome Lernprozesse der Studierenden und in einem förderlichen Lernklima gelegt. Prozesse des autonomen Lernens werden jedoch nicht nur in pädagogischen Bereichen beachtet, sondern sind in unterschiedlichen Wissenschaftsgebieten von Interesse. Dadurch sind bei den folgenden Betrachtungen auch die verschiedenen Denkpositionen und Überschneidungen differenzierter Wissenschaftssparten erklärbar, ebenso die vielgestaltigen Anfänge und Richtungen konstruktivistischen Denkens.

2.1 Wurzeln des Konstruktivismus

Der Begriff *Konstruktivismus* scheint bereits beim neapolitanischen Philosophen Giambattista Vico im 18. Jahrhundert auf. Otto (1989) interpretiert Vicos Axiom wie folgt: *„... verum et factum convertuntur, das vom menschlichen Geist erkannte Wahre und das von ihm Gemachte sind miteinander konvertibel oder untereinander austauschbar"* (Otto 1989, 38). Alles was der Mensch durch seine Schöpfungen hervorbringt, ist für ihn selber wahr, *„... insofern und insoweit er selber es hervorgebracht hat"* (vgl. Otto 1989, 39). Vicos Philosphie ist vom Grundsatz der Konvertibilität des *verum* und des *factum* (lat. facere - machen, factum - das Gemachte) geprägt (vgl. Kluge 1999, 246).

Weitere historische Wurzeln stellen unter anderen auch die einflussreichen Arbeiten von Comenius, Kant und James dar, auf die hier jedoch aus Gründen des Umfangreichtums nicht genauer eingegangen wird. Andere Begründer bzw. Vertreter des Konstruktivismus (beispielsweise Piaget) fließen an relevanten Stellen der Arbeit ein. Hier werden im Folgenden grundlegende, konstruktivistische Erkenntisse durch Positionen von Wissenschaftlern aus unterschiedlichen Disziplinen dargestellt, um so auch ein möglichst breites, gedankliches Spektrum an konstruktivistischen Ansichten abzudecken. Insgesamt beeinflusst die konstruktivistisch-erkenntnistheoretische Grundposition das gesamte theoretische Gedankengebäude dieser Arbeit und stellt somit ebenso den tragenden philosphischen Hintergrund im konkret durchgeführten Forschungsprozess dar. Aus diesem Grund erscheint es wesentlich, Grundpositionen des Konstruktivismus und die in ihnen enthaltenen Aussagen aufzuzeigen.

2.2 Konstruktivismus - interdisziplinär betrachtet

2.2.1 Die Neurobiologen Maturana und Varela

Humberto Maturana und Francisco Varela gehen den biologischen Wurzeln des menschlichen Erkennens auf den Grund. Sie versuchen zu belegen, dass das menschliche Gehirn nicht eine objektive Realität repräsentiert, sondern eine eigene Wirklichkeit zum Zweck des Überlebens erfindet und erzeugt. Diese Überlebensdienlichkeit dominiert bei Wahrnehmungs- und Erkenntnisprozessen des Menschen. Sie gehen dabei von der Grundannahme aus, dass lebende Systeme nicht von ihrer Umwelt determiniert werden und auch nicht durch Anpassung an diese bestimmt werden. Sie entwickeln sich autopoietisch als operational geschlossene Systeme (vgl. Maturana/Varela 1987, 75). Der Organismus nimmt zwar Informationen aus der Umwelt auf und verarbeitet diese auch, jedoch nach einer von ihm eigenständig durchgeführten Auswahl und Umwandlung. Als ein Beispiel dieser Selbsterzeugung führen sie die Reproduktion der Zellteilung an. Varela kritisiert rein materialistisch erklärte Repräsentationsmodelle des Denkens und Erkennens, da er Informationsaufnahme und Informationsverarbeitung nicht als passive Abbildungsprozesse erachtet und Kognition so prinzipiell als vorrangig subjektiven Vorgang sieht. Neben dieser Kernthese der *Autopoiese* erscheint bei Varela als weiteres wesentliches Element seines Ansatzes das der *Koevolution* (vgl.Varela/Thompson 1992, 275). Lebende Systeme sind nur in einer mit anderen geteilten Welt überlebensfähig, indem sie miteinander kommunizieren und kooperieren und sich nur so gemeinsam entwickeln können. Sie sind untereinander strukturell gekoppelt, also Teil eines größeren Netzwerkes. Maturana und Varela erachten eine Selbstverwirklichung nur in Verbindung mit Interaktionsprozessen - getragen von soziologischen lebensdienlichen Verhaltensmustern - als möglich. Sie sehen so neurobiologische und soziobiologische Erkenntnisse als parallel laufende Argumentationslinien.

Für die Pädagogik - als eine Wissenschaft, deren Bemühen großteils ja darin besteht, kognitive und interkative Prozesse zu unterstützen - kann dieser Ansatz wertvolle Beiträge liefern. Es geht dabei um die Erforschung von Wegen bei Wissenskonstruktionen, darum, wie Wissen erworben und angewandt wird. (Vgl. Siebert, 1996, 29-35) Die hier angeführten konstruktivistischen Kernaussagen stellen so auch tragende Gedankenstrukturen dieser Arbeit dar.

2.2.2 Der Kybernetiker Heinz von Foerster

Heinz von Foersters wissenschaftlicher Ansatz nimmt seinen Ausgang eigentlich auf dem Gebiet der Physik, hier wiederum besonders im Bereich der Kybernetik. Kybernetik setzt sich speziell mit der Regelung und Steuerung von Systemen auseinander. Foersters Forschungsinteresse betrifft vor allem die bei Steuerungsprozessen ablaufenden Rückkoppelungen - jene rückbezüglichen Vorgänge, die sich auf eigene Erfahrungen im System beziehen und die eine zirkuläre Organisation des Systems unterstützen. *„Das fundamentale Prinzip kybernetischen Denkens ist, so meine ich, die Idee der Zirkularität."* (Foerster 2001, 106) In pädagogischen Bereichen können diese Vorgänge dermaßen zum Verständnis von Lern und Denkprozesse herangezogen werden, als man das menschliche Gehirn eben in der Art eines kybernetischen Systems betrachtet und dementsprechend auch seine Funktionsweise.

Foerster vergleicht weiters den Menschen mit einer *„nicht-trivialen Maschine"* *(Foerster 2001, 54).* Zum Unterschied zu einer trivialen Maschine (beispielsweise ein technischer Apparat) bei der die antreibende Energie berechnet, geregelt und gesteuert werden kann, sind für die nicht-triviale Maschine *Mensch* zusätzlich innere, nicht berechenbare Zustände das charakteristische Merkmal. Der Mensch handelt autopoietisch im Kontext seiner bereits gesammelten Erfahrungen. (Vgl. Siebert, 1996, 35-36) *„Daraus folgt, daß Objekte oder Wider-Stände oder Gegenstände, wie wir sie kurz nennen wollen, keine primären Entitäten sind, sondern subjektabhängige Fertigkeiten, die gelernt werden müssen und die daher auch durch den kulturellen Kontext beeinflusst werden"* (Foerster 1993, 279). Nach dieser Sichtweise lässt sich Lernen als ein rekursiver Prozess beschreiben. Das heißt: eigene Denkergebnisse, eigene Konstrukte werden als Grundlage für weitere Operationen verwendet. Von Foerster betont dabei sehr stark die Bedeutung der Kommunikation als Regulativ bei der menschlichen Zielerreichung. Er betont jedoch gleichzeitig, dass Zielerreichungen nicht in Form von direktiven Belehrungsversuchen geschehen können, weil der Mensch eben nicht wie eine triviale Maschine regulierbar ist.

2.2.3 Der Erkenntnistheoretiker Ernst von Glasersfeld

Ernst von Glasersfeld stellt mit seinen Thesen die traditionelle Erkenntnistheorie insofern in Frage, als er eine für das erkennende Subjekt fertige vorliegende Welt negiert. Er zieht den Wissensbegriff dem Erkenntnisbegriff vor und geht prinzipiell davon aus, dass der Mensch nur dann über Wissen verfügt, wenn er dies über eigene Operationen selbst hergestellt hat. Er bildet die äußere Wirklichkeit nicht ab, sondern erfindet diese selbst. *„ Tatsache aber ist ... wenn man sich also auf Tatsachen oder Fakten beruft, dann beruft man sich auf etwas, das man selber auf eine bestimmte Weise gemacht hat ..."* (Glasersfeld 1997, 32). Alles Lernen ist stets Bau und Interpretation des Subjekts. Unweigerlich mit dieser Ansicht verbunden ist die alte philosophische Frage nach dem, was wirklich existiert - was wirklich wahr ist. Der Konstruktivismus betont das Verhältnis zwischen Wissen und Wirklichkeit. Der radikale Konstruktivismus sieht dieses Verhältnis als Anpassung im funktionalen Sinn. (Vgl. Hug/Glasersfeld 2000, Video) Glasersfeld versucht dies mit Hilfe einer sehr differenzierten Terminologie zu erklären. Sie wird hier im Überblick zusammengefasst, da diese Begrifflichkeiten nicht nur die Grundbausteine für ein Verstehen seines Theoriegebäudes liefern, sondern auch bei der gedanklichen Transformation auf schulpraktische Anwendungsbereiche mitentscheidend sind.

Realität →	Die Welt, wie sie unabhängig von uns existiert. Der radikale Konstruktivismus leugnet die Realität nicht, er behauptet nur, dass unser Wissen kein Abbild dieser Realität ist.
Wirklichkeit →	Erschaffene Bilder, subjektiv-aktive Prozesse in der Begegnung mit der Realität.
Wissen →	keine Repräsentation, ist ein Funktionieren, ein Repertoire von viablen Begriffen und Handlungsweisen der eigenen Erlebniswelt, eine Anpassungsleistung.
Viabilität →	Bewährung im Hinblick auf relevante Ziele, Brauchbarkeit, Kompatibilität in gegeben Umständen, immer relativ - nie absolut.
stimmen →	gleichförmig wiedergebend (engl.: match).
passen →	durchkommen, nicht anstoßen, aber kein Übereinstimmen (engl.: fit).
Perturbation →	Störung, Erkenntnis eines Subjekts, dass etwas nicht in Ordnung ist, dass etwas nicht richtig funktioniert. (Vgl. Glasersfeld 1997, 17, 50, 157)

Insgesamt vermeidet Glasersfeld in seinen Arbeiten ontologische Aussagen und sieht sich selbst als Kybernetiker, der Prozesse der Selbstregelung erforscht. Er schließt damit an Piaget an, der die Grundregeln für die Erforschung der kognitiven Selbstregelung gelegt hat. Als radikal bezeichnet er den Konstruktivismus vor allem deshalb, weil er mit konventionellen Denklinien bricht und nicht mehr von einer objektiven, vorgegebenen Wirklichkeit ausgeht, sondern davon, dass alle Verständigung, alles Lernen und Verstehen ausschließlich Bauweisen und Interpretationen der erlebenden Subjekte sind. Dies führt zu einer Betonung der Autonomie des Menschen, unweigerlich aber auch zu einer stärkeren Betonung seiner Verantwortung. Der Mensch kann die Beweggründe für sein Denken und Handeln nicht mehr anderen Ursachen zuschreiben, er ist selbst der Gestalter, der Macher. (Vgl. Glasersfeld 1981, 26)

2.2.4 Der Entwicklungspsychologe und Pädagoge Hans Aebli

Aebli versucht kognitive Prozesse im Rahmen von Wahrnehmungstätigkeiten und Handeln zu beleuchten. Er sieht die Aufgabe kognitiver Prozesse darin, Handlungsstrukturen zu sichern, auszubauen und mögliche Dissonanzen zu beheben. Eine sich anbahnende eigene Unklarheit, aber auch Probleme anderer oder eine komplexe verwirrende Situation wecken beispielsweise die Aufmerksamkeit einer Person, sie *perturbieren* sie. Gedanklich werden verschiedene Lösungswege nachvollzogen und miteinander verglichen. Dieser innerliche, mentale Stopp ist gleichzusetzen mit Reflexion, einer Tätigkeitsform, welche die Analyse der vorhandenen Handlungsstruktur erleichtert. Sie wird bei Aebli aber nicht als völlig neuer Akt gesehen. Er bezeichnet dieses reflektierende Denken als *„Metatätigkeit"*, welche zwar über dem konkreten Handeln steht, dieses aber nicht ersetzt. Sie ist nur besser strukturiert, beweglicher und flexibler als eine konkrete, praktisch durchzuführende Handlung (vgl. Aebli 1993, 22). Im Denken werden Handlungspläne aufgebaut, theoretische Lösungsstrukturen konstruiert, die später praktisch umgesetzt werden. Grundlegend sei hier noch festgestellt, dass die hier beschriebenen Abläufe des Denkens und Handelns von Aebli als individuelle Informationsverarbeitung betrachtet werden. Er geht dabei daher sehr differenziert vor und betont, dass neben der Eingabe von außen, gleichberechtigt die spontane Erzeugung bzw. das Aufsuchen von Daten durch den Organismus besteht. Der menschliche Organismus ist nicht auf Aktivierung durch äußere Reize angewiesen, er ist seinem Wesen nach von spontaner Aktivität gekennzeichnet. (Vgl. Aebli 1993, 18-25)

Selbsttätige, konstruktive Lernprozesse dienen jedoch nicht nur der Wissensaneignung, sie ermöglichen auch die soziale und moralische Entwicklung des Menschen. Durch die Reflexionsprozesse, die zwischenmenschliche Beziehungen begleiten, werden Einsichten gewonnen, die auch begrifflich fassbar gemacht werden. Soziales Lernen bedeutet soziale Entwicklung durch Interaktion. Aebli erachtet nicht nur die Interaktion der Kinder und Jugendlichen unter sich als entscheidenden Faktor beim sozialen Lernen und der sozialen Entwicklung. Er sieht vielmehr auch die gesellschaftliche und kulturelle Umwelt samt ihren wirkenden Einflüssen als *„mächtige Quelle der Verstärkung"* beim sozialen Lernen (vgl. Aebli 1987, 131). Im Laufe seiner Entwicklung nimmt der Mensch ihm vorerst fremde Strukturen und Haltungen, die außerhalb seines Denkens und Handelns liegen, in sich auf und macht sie zu seinen eigenen. Durch diese Internalisierung wird das Subjekt aber auch selbstständiger. Es wird zunehmend fähiger, sein Verhalten selbst zu steuern. Diese Fähigkeit führt in eine zunehmende Selbstgesetzlichkeit (griech. autos - selbst; nomos - das Gesetz), in eine zunehmende *Autonomie* (vgl. Kluge 1999, 69).

2.3 Pädagogische Konsequenzen

Betrachtet man menschliches Wissen als subjektive Konstruktion, so führt diese veränderte Auffassung von Wissen zwangsläufig auch zu einer veränderten Einstellung dem schulischen Lehren und Lernen gegenüber. Glasersfeld sieht beispielsweise vor allem eine deutlichere Trennung von subjektiv erarbeiteten, viablen Gedankengängen und dem trainingsbedingtem Erwerb von Fertigkeiten. Er zieht also eine sehr scharfe Trennlinie zwischen dem eigentlichen Lernen und Übungssituationen, ohne letztere jedoch abzuwerten. Lernende können eine neue Erfahrung nicht eher als eine solche wahrnehmen, als diese nicht für sie *perturbierend* wirkt. Erst dann kommt es zu einer *Akkomodation*, die eine neue gedankliche Struktur erzeugt. Die Bedeutung der sprachlichen Kommunikation betont er insofern, als er diese als eine maßgebliche Quelle von Perturbationen erachtet. Schulische Interaktionsprozesse können nicht nur die Akzeptanz individueller Lernwege ermöglichen und fördern, sondern auch den Austausch verschiedener praktikabler Lösungswege.

Einhergehend mit dieser konstruktivistischen Haltung verwandelt sich aber auch das herkömmliche Bild des Lehrers. Lehrende werden nicht als Wissensvermittler gesehen, sondern als Lehrpersonen, deren zentrale Bemühungen das Verstehen und Erkennen der begrifflichen Netzwerke der Lernenden sind. Daraus resultierend versuchen sie, möglichst zahlreiche Gelegenheiten zu schaffen, welche Akkomodationsprozesse bei den Lernenden fördern. (Vgl. Glasersfeld 1997, 190-194)

Didaktische Folgerungen für den Unterricht in den „Schulpraktischen Studien"
Ausgehend von den Überlegungen Aeblis lassen sich didaktische Folgerungen im Hinblick auf den Unterricht in den „Schulpraktischen Studien" ableiten. Effektiv ausgeführte Unterrichtstätigkeiten der Studierenden tragen dazu bei, Prozesse der Internalisierung auszulösen. Durch die aktive Tätigkeit können Studierende, die sonst

im Studium nur theoretisch beschriebenen und behandelten Unterrichtsaspekte vor Ort erfahren. Diese wiederholt gemachten Erfahrungen werden auf einer weiteren Stufe reflektiert, wodurch eine gedanklich-bildliche Darstellung abgerufen wird. Denkprozesse dieser Art sind nach Aebli „*Abkömmlinge des Handelns*" (vgl. Aebli 1987, 129). Da diese Reflexionsphase in Interaktion mit anderen durchlaufen wird, wird die eigene Zurückschau in Sprache umgesetzt und wird zusätzlich ergänzt durch Anschauungen und Meinungen der im Praxisteam Mitarbeitenden. Durch schriftliche Dokumentationen (Reflexionsberichte, konkrete Arbeiten an selbst gewählten Schwerpunkten ...) erfolgt weiters eine Rekonstruktion des vollführten Handlungsablaufes. Durch diese intensive Art und Weise, praktisch ausgeführte Unterrichtstätigkeiten zu bearbeiten, kann auch der Aufbau neuer gedanklicher Konstrukte gefördert werden. Das Interesse in den in dieser Arbeit erforschten Prozessen des Beurteilens gilt vor allem auch den mentalen Neukonstruktionen der Studierenden und in der Folge den Auswirkungen auf die praktische Unterrichtstätigkeit. Subjektive Handlungsrepertoires von anderen werden zu eigenen in Beziehung gesetzt. Dazu bedarf es der Fähigkeit einer fundierten Reflexion und der Notwendigkeit, über entsprechende Daten kompetent und kooperativ zu kommunizieren (vgl. Schlömerkemper 2001, 312).

Schulpraxis - Gestaltung von Unterrichtswirklichkeiten
Vor dem Hintergrund einer insgesamt konstruktivistischen Sichtweise kann festgehalten werden, dass in pädagogischen Prozessen verstärkt neue Perspektiven Platz finden. Dadurch kann es zu Veränderungen der Aufgabenstellungen in pädagogischen Handlungsfeldern kommen, welche auch neue Anforderungen an die Personen, welche in diesen tätig sind, mit sich bringen. Gerade dort wo *Inhalts- und Beziehungsprozesse* ineinander greifen, so auch bei der schulpraktischen Arbeit mit den Studierenden, ist ein impliziter Konstruktivismus gegeben. Eine in diesem Bereich vertretene konstruktivistische Pädagogik ist gekennzeichnet durch veränderte erkenntnistheoretische Perspektiven. Daraus ergeben sich auch Konsequenzen in Bezug auf den Umgang mit Begrifflichkeiten wie beispielsweise Wahrheit, Wirklichkeit, Wahrnehmung und Beobachtung. Letztgenannte findet besondere Beachtung bei der schulpraktischen Arbeit mit den Studierenden, vor allem im Hinblick auf die Komplexität im Unterrichtsgeschehen. Als fundamental wird dabei die Unterscheidung zwischen Beziehungs- und Inhaltsebene angesehen, wobei vor allem Themen der

menschlichen Kommunikation und Wechselbeziehungen zwischen den Individuen interessieren. Es werden keine Vollständigkeits- und Endgültigkeitsansprüche an die Studierenden gestellt, sondern deren (und auch die eigene) schrittweise Kompetenzentwicklung ins Zentrum gestellt. Dies verlangt von den Lehrenden eine offene Haltung und eine konstruktivistische Vorgehensweise in Lehr- und Lernprozessen. In Anlehnung an Reich treten so drei Perspektiven deutlich zu Tage, nämlich

- die der Konstruktion (Handlungsbasis),
- die der Rekonstruktion (aktive Übernahme fremder Konstrukte) und
- die der Dekonstruktion (Möglichkeit der Neugestaltung) (vgl. Reich 1997, XI).

Die Beachtung dieser Perspektiven und die damit einhergehenden veränderten Anforderungen an die Lehrenden haben zur Folge, dass Positionen konstruktiver Erkenntnistätigkeit bei der Gestaltung von Lehr- und Lehrprozessen mehr Bedeutung zugemessen wird. Direkte Anleitungen zum Handeln treten in den Hintergrund, Handlungen nach interaktiv ausgehandelten Mustern dienen der Erprobung der eigenen Kompetenzen. Individuelle Wahrnehmung von Lernfortschritten, das Erleben eigener Leistungserfolge und selbst umgesetzter Kompetenzen stellen grundlegende Motivationsquellen dar (vgl. Weinert 2001, 357). Um diese Motivationsquellen für eine produktive Lernkultur nutzen zu können, gilt es daher vorrangig für ein entspanntes Lernklima zu sorgen, in dem auch die Beurteilungsthematik von den Studierenden nicht als notwendiges, weil gesetzliches Übel angesehen wird, sondern als eine Möglichkeit, eigene Leistungen zu evaluieren und dadurch konstruktiv weiterentwickeln zu können. Die damit einhergehenden Verstehens- und Umsetzungsprozesse bei der schulpraktischen Arbeit mit Studierenden sind Inhalt der nachfolgenden Kapitel. Wie dieser Inhalt interpretiert wird, liegt im konstruktivistischen Sinne wiederum im Kontext des Lesers (vgl. Foerster/Glasersfeld 1999, 13).

3 Beurteilen im Spannungsfeld von Selektion und Förderung

Der Begriff *Beurteilen* - sich über etwas ein Urteil bilden - beinhaltet nicht nur den Terminus *teilen*, sondern ist auch stets mit einer Tätigkeit des Teilens, nämlich jener der gedanklichen Tätigkeit des Einteilens in Kategorien, wie beispielsweise gut und schlecht oder wie richtig und falsch, verbunden. Wie problematisch Urteilen im eigentlichen Sinne ist, wird klar, wenn man mitbedenkt, dass Urteile stets das Resultat subjektiver Konstrukte sind. Allgemein ausgedrückt sind Wahrnehmung und dazugehörige Urteilsbildungen kognitive Grundaktivitäten des Menschen in dessen Auseinandersetzung mit seiner Umwelt, besonders seiner sozialen. Sie stellen so auch eine Grundlage für das Handeln in sozialen Kontexten dar und sind somit auch relevant für bewertendes, diagnostisches Handeln. (Vgl. Kleber 1992, 103) Man kann zwar Wahrnehmen und Urteilen als kognitive Fähigkeiten wissenschaftlich-analytisch behandeln, im alltäglichen Handeln enthält jedoch jede Wahrnehmung bereits ein Urteil. Im Terminus *Urteilsfindung* kommt die prozessuale Entstehung eines Urteils klar zum Ausdruck. Jedes Urteil führt wiederum zu Schlussfolgerungen, die weitere Konsequenzen bzw. Urteile in einer Kettenreaktion nach sich ziehen. Im speziellen Fall der schulischen Beurteilung bedeuten diese Konsequenzen unter anderen permanente verbale oder nonverbale Beurteilungen.

3.1 Schulisches Beurteilen

Urteilsfindungen - etwas oder jemanden beurteilen - sind, wie oben beschrieben, höchst komplexe und prozessuale Vorgänge, die jedoch zu den gesetzlich geforderten und somit alltäglichen Aufgaben von LehrerInnen gehören. Vom Gesetzgeber wird die Notengebung als zweiphasiger Prozess konzipiert, in dem vorerst ein Sachverhalt erhoben, Leistung festgestellt wird, diese anschließend beurteilt und durch Beurteilungsstufen (Noten) ausgedrückt wird (vgl. Neuweg 2002, 3). Ist man sich als

BeurteilerIn der diffizilen Aufgabe des Beurteilens bewusst, so erscheint eine intensive Auseinandersetzung mit der Beurteilungsthematik mehr als gerechtfertigt. Jäger hat sich beispielsweise speziell mit Bewertungsprozessen sowie der Diagnostik in pädagogischen Handlungsfeldern auseinandersetzt. Er versteht unter einem diagnostischen Urteil die zu Daten verdichteten, diagnostisch relevanten Einzelinformationen, wobei die Verdichtungen unter Zuhilfenahme von Entscheidungsregeln oder auch unter Hinzuziehen von Intuition und Erfahrung etc. erfolgen (vgl. Jäger 1986, 32). Das Finden der hier genannten Entscheidungsregeln inkludiert auch die Bemühungen um geeignete Methoden. Bei deren darauf folgender Anwendung zum Erkenntnisgewinn von vorher präzisierten bzw. operationalisierten Fragestellungen, wird darauf geachtet, dass klar definierte Kriterien entwickelt werden, die zu einer überprüfbaren Entscheidung bzw. zu einem argumentativen Urteil führen. Unter obigen Aspekten betrachtet, differenziert sich die Urteilsfindung in der Diagnostik von Beurteilungen im Alltag. (Vgl. Kleber 1992, 16)

Die gesamte Thematik der Diagnostik wird im Rahmen dieser Arbeit nicht im Sinne einer detaillierten Darstellung ausgeführt, sondern dahingehend akzentuiert, dass diagnostisches Handeln durch relevante Forschungsfragen ausgelöst gesehen wird und im Hinblick auf die Forschungsziele eine Betrachtung findet. Eine so ausgerichtete Diagnostik bezieht sich auch unmittelbar auf Wege selbst regulierten Lernens und auf dazugehörige individuelle, differenzierte Ausgangsbedingungen. Dadurch kann sie laufend direkte Informationen für konkrete Handlungen in pädagogischen Arbeitsfeldern liefern, ist also prinzipiell prozessorientiert. Mit diesen Informationen wird zugleich eine Verbesserung von individuellen Lernständen und von situationsbedingten Handlungen jedes Einzelnen angestrebt. Damit verbundene Interaktionsprozesse sind geprägt von Wechselwirkungen zwischen Individuen und jeweils vorgegebenen, vorgefundenen bzw. konstruierten Rahmenbedingungen, welche Auswirkungen auf Prozesse des Beurteilens haben können. Werden die Vorgehensweisen in Prozessen des Beurteilens, zwischen BeurteilerInnen und den Beurteilten durch entsprechend geführte Interaktionen transparent definiert, so zielt Diagnostik auch auf Veränderung von Interaktionsprozessen ab. Dadurch wird eine gegenseitig konstruktive und behutsame Bewertung und Beurteilung angestrebt.

Anzumerken sei an dieser Stelle nochmals, dass Beurteilung von schulischen Leistungen vor allem hinsichtlich Leistungsfeststellungen bei Schülern sehr umfangreich behandelt wurde und wird (beispielsweise Weiss 1989, Riedl 1980,

Ingenkamp 1997, Weinert 2001, Grunder/Bohl 2001). Dabei wird unter anderen zwischen expliziten und impliziten Urteilen unterschieden (vgl. Schrader/Helmke 2002, 45-46). Bei expliziten Urteilen werden Daten erhoben und diese mit einer Norm, das heißt mit einem Vergleichsmaßstab in Beziehung gesetzt. Als Vergleichsmöglichkeiten können eine soziale, eine individuelle oder eine sachliche Bezugsnorm herangezogen werden (vgl. Ingenkamp 1997, 44). Bei Beurteilungen impliziter Natur wird kein ausdrückliches Urteil verlangt, der Urteilsprozess läuft stark verkürzt ab. Diese schnellen Diagnosen werden kaum reflektiert, sie erfolgen auf Grund intuitiver und subjektiv routinierter Denkhaltungen und sind außerdem eng mit bestimmten Handlungsentwürfen verknüpft. Dadurch ermöglichen sie jedoch auch ein rasches Reagieren im komplexen Unterrichtsgeschehen.

Insgesamt stellt das Beurteilen eine schwierige und fehleranfällige Aufgabe dar. Dies gilt besonders für angehende LehrerInnen (Studierende), welche die hohen Anforderungen an die eigene Informationsaufnahme und -verarbeitung im Unterricht noch nicht über längere Zeitabschnitte selbst erlebt haben. Die mit ihnen integrativ gestalteten Beurteilungsprozesse gelten in erster Linie ihrer eigenen Leistungsbewertung, sollen jedoch auch allgemein einen höheren Bewusstseinsgrad beim integralen Bestandteil *Beurteilen* ihrer zukünftigen beruflichen Tätigkeit ermöglichen. Durch sie kann deutlich gemacht werden, wie schwierig aber auch wie wichtig es ist, Leistungen generell angemessen einzuschätzen und pädagogisch sinnvoll damit umzugehen.

3.2 Beurteilungsdefinitionen

Prinzipiell muss zwischen dem Beurteilen und einer Beurteilung unterschieden werden. Durch den Terminus *Beurteilen* wird ein Vorgang ausgedrückt, an dessen Ende ein Resultat, entweder schriftlich oder mündlich, festgehalten wird. Dieses Endprodukt - die Abgabe eines Urteils - wird durch den Terminus *Beurteilung* ausgedrückt. Umgangssprachlich werden Begriffe wie Beurteilung, Bewertung, Diagnose, Evaluation, diagnostischer Prozess häufig synonym verwendet. Dies liegt unter anderem daran, dass die Grundfunktion der Sprache eine konstruktive ist. Alle Begriffe - so auch die oben genannten - haben zwar eine gewisse inhaltliche Grundbedeutung, werden jedoch immer zusätzlich auch von emotionalen, expressiven, stilistisch individuellen Vorstellungen begleitet. Einige dieser unterschiedlichen, begrifflichen Konnotationen sind auch in folgenden Begriffsbeschreibungen und Begriffsdefinitionen enthalten:

- Der Begriff *Beurteilung* wurde eingangs schon durch die Definition des Terminus *Beurteilen* abgegrenzt und bezeichnet die Abgabe eines Urteils. Dies ermöglicht auch eine konnotative Vorstellung zum Begriff *Verurteilen*, mit dem sich ein eher endgültiges Bild von Urteil im juristischen Sinn ergibt. Damit verbunden ist eine Vorstellung des Unwiderruflichen, der Unmöglichkeit der Revision des *Verurteilten*. Speziell in pädagogischen Zusammenhängen ist der Begriff Beurteilen eng mit Begriffen *Prüfung*, *Notengebung* und *Zeugnis* (meist assoziiert mit dem Begriff der Endgültigkeit) verbunden und wird unmittelbar meist auf SchülerInnen bezogen. Diese SchülerInnenbeurteilung wird häufig im Themenfeld Lehrerurteil behandelt. Es geht in beiden Fällen jedoch um die Wahrnehmung, Erfassung und Bewertung des Leistungsverhaltens von SchülerInnen. (Vgl. Rauer 1985, 452-455)

- Der Begriff *Bewertung* beinhaltet eher Möglichkeiten positiver Vorstellungen. In der Zuteilung eines *Wertes* wird noch keine Endgültigkeit mitgeliefert, sondern die Bewertung dient eher der Einschätzung einer sachlichen oder situativen Gegebenheit. Sie kann demnach also auch orientierende, offene, weiterentwickelbare Intentionen enthalten.

- Der Begriff *Diagnose* weist bei seiner etymologischen Betrachtung auch auf Verbindungen zum griechischen *„prognosis"* (Vorherwissen, vorher erkennen) hin, aber auch zu *„rekognoszieren"* (entlehnt aus dem Lateinischen *recognocere* - immer wieder prüfen) (vgl. Kluge 1999, 177, 649, 678). Der Begriff enthält somit auch schon prozessorientierte Komponenten, welche in der folgenden Definition von Kleber enthalten sind: *„Im engeren Sinne handelt es sich bei einer Diagnose um eine Bewertung auf der Grundlage präziser, begründeter Fragestellungen und kontrollierter, theoriegeleiteter Datenerhebungsprozesse."* (Kleber 1992, 78)

- Der Begriff *Evaluation* wurde von Frey über die Curriculumforschung in die Schulpädagogik eingeführt und stammt aus der empirischen Sozialforschung, wo er die abschließende Phase eines Forschungsplanes darstellt, in der das Forschungsprojekt samt kontrollierenden Messdaten dokumentiert wird. Im Allgemeinen unterscheidet man zwischen einer qualitativen und einer quantitativen Evaluation. Frey unterscheidet außerdem noch zwischen einer Inspektionsevaluation und einer intrinsischen Evaluation. (Vgl. Frey 1975, 64)

Der Evaluationsbegriff bei Prozessen des Beurteilens in der Schulpraxis

Durch ein prinzipiell evaluatives Vorgehen in den durchgeführten und in der Arbeit dokumentierten Teilbeurteilungsprozessen in den „Schulpraktischen Studien", kann hier der Begriff *Evaluation* auch speziell im Hinblick auf die Vorgehensweise in diesen Prozessen interpretiert werden. Letztere, oben von Frey als intrinsische Evaluation bezeichnete, wird demnach als Selbstbewertung gedeutet. Die von ihm genannte Inspektionsevaluation wird als die - durch legistische Vorgaben erforderliche - Beurteilung verstanden. Beurteilungsprozesse in den „Schulpraktischen Studien" stellen so gesehen eine Zwischenform dieser beiden genannten, vom Ansatz her sehr unterschiedlichen Evaluationsarten, dar. Dabei steht die Betonung der intrinsischen Komponente eindeutig im Mittelpunkt. Wesentliche Merkmale kennzeichnen diese Form der Evaluation und prägen einzelne Handlungsschritte:

- Sie geschieht zielgerichtet, bewusst geplant, also systematisch.
- Sie basiert auf einer Datensammlung und Nutzung relevanter Informationen.
- Sie inkludiert ständige Bewertungen der laufend geleisteten Arbeit anhand von Rückmeldungen im Praxisteam.
- Sie zielt darauf ab, Arbeitsprozesse zu verbessern, zu optimieren.
- Sie liefert Ergebnisse, die wiederum in die nächsten Handlungs- und Entwicklungsschritte einmünden.

Durch ein grundsätzlich zyklisches Vorgehen in Teilbeurteilungsprozessen, wird der - von evaluativer Orientierung geprägte und durch diese gelenkte - Lernprozess auf einem immer höher werdenden Niveau fortgesetzt. Eine solche prozessorientierte Art und Weise des Beurteilens, soll zu individuellen Leistungsverbesserungen bei der schulpraktischen Arbeit von Studierenden beitragen.

3.3 Beurteilungsfunktionen mit themenrelevanten Verknüpfungen

Selektionsfunktion

Beurteilungen in schulischen Bereichen werden in der Absicht durchgeführt, Einzelleistungen möglichst genau zu ermitteln und deren Endergebnisse festzuhalten. Diese Leistungsbeurteilungen dienen unter anderem der Auslese von befähigten Personen durch Abschlüsse, welche die Einnahme bestimmter beruflicher und gesellschaftlicher Positionen ermöglichen. Da diese Positionen nur in begrenztem Ausmaß vorhanden sind, ist eine Auslese unumgänglich. (Vgl. Sacher 1994, 12-13) Die Art und Weise wie sie erfolgt, ist jedoch diskussionswürdig und wirft zahlreiche Fragen bezüglich der Gerechtigkeit, der Prognostizierbarkeit oder der stigmatisierenden Wirkung auf. Diese Überlegungen können allgemein für Leistungsmessungen, Beurteilungen bzw. Bewertungen im Bildungssystem herangezogen werden.

In dieses Bildungssystem sind auch die Pädagogischen Akademien eingebunden, welche ebenso eine Auslesefunktion bei Studierenden übernehmen. Sie haben die Aufgabe, Personen die für den Lehrberuf als nicht geeignet erscheinen bzw. die dafür nötigen Qualifikationen nicht nachweisen können, zu selektieren. Die „Schulpraktischen Studien" gelten dabei als ideales Erprobungsfeld für den zukünftigen Beruf. Ob die Bewährung und ein Bestehen darin mit Hilfe von Beurteilungen durch Ziffernnoten ermittelt werden kann, ist nach persönlicher Einschätzung jedoch mehr als fragwürdig.

Berichtsfunktion

Beurteilungen haben auch die Funktion Außenstehende über den erreichten Leistungsstand zu informieren. Bei den für Studierende der Pädagogischen Akademie als beruflich relevant erscheinenden Außenstehenden handelt es sich vor allem um Institutionen, welche als künftige Dienstgeber in Frage kommen (Landesschulrat, Schulen, ...). Als nicht unwesentlich erscheint auch die Studienbeihilfenstelle, da die Gewährung eines Stipendiums unmittelbar von einer positiven Beurteilung abhängig gemacht wird. Als Mindestanforderung in der Notenskala wird dabei ein *Gut* gefordert. Inwiefern diese definierte Mindestanforderung eine Beurteilung in den „Schulpraktischen Studien" beeinflusst bzw. Auswirkungen auf das Agieren der BeurteilerInnen hat, stellt einen weiteren Diskussionspunkt dar.

Rückmeldefunktion

Die Rückmeldefunktion von Ziffernnoten kann ähnlich gesehen werden wie die Berichtsfunktion, wenn sie sich auf eine knappe Einstufung der Leistung in eine fünfstellige Notenskala beschränkt. So gesehen treten jedoch Lernziele und Lerninhalte aus dem Blickfeld. Soll die Rückmeldefunktion ein breiteres Spektrum als die Berichtsfunktion umfassen, so hat die Beurteilung eine Form aufzuweisen, durch die kontinuierlich und detailliert über gemachte Lernfortschritte informiert wird (siehe auch 5.7.2). Sie kann auch Hinweise zur weiteren Gestaltung des Lern- und Bildungsweges beinhalten und kann so gesehen auch als Grundlage für eine Weiterentwicklung betrachtet werden. Diese differenzierten Ansprüche kann eine Ziffernnote klarerweise nicht abdecken. (Vgl. Brenn/Buchberger 1989, 37)

Legitimationsfunktion
Leistungsbeurteilungen erfüllen auch eine Reihe bildungspolitischer und administrativer Funktionen. Auf Grund der Legitimationsfunktion können Lehrende bestimmte Ansprüche rechtfertigen. Beurteilungen berechtigen zum Aufstieg in die nächst höhere Schulstufe bzw. zum Übertritt in andere Bildungsinstitutionen. Konkret auf die „Schulpraktischen Studien" bezogen heißt das, dass ein positiver Abschluss zur Fortsetzung des Lehramtsstudiums im Folgesemester an der Pädagogischen Akademie berechtigt. Leistungsfeststellungen und Beurteilungen durch Noten werden häufig zur Durchsetzung oder Absicherung curricularer Interessen und Entscheidungen verwendet, aber: *„Legitimation durch Noten ist - zumindest als alleinige - eher eine Scheinlegitimation als eine ernstzunehmende Rechtfertigung für schulorganisatorische und unterrichtliche Maßnahmen."* (Sacher 1994, 17)

Prognosefunktion
Aus Beurteilungen und Zeugnissen werden häufig Erwartungen abgeleitet, da die meisten Außenstehenden Zensuren und Noten gemäß den vereinbarten Wertmaßstäben und auf Grund ihrer persönlichen Erfahrungswerte interpretieren. Man schließt so auf zukünftige Leistungen und kategorisiert die Beurteilten bezüglich ihrer Begabungen und Leistungspotentiale. (Vgl. Sacher 1994, 19) Prognostische Aussagen auf Basis von Ziffernnoten zu tätigen, sehe ich als eine völlig aussagearme Option, dies vor allem auch im Hinblick auf die schulpraktische Arbeit der Studierenden. Erforderliche Kompetenzen für eine angestrebte Lehrtätigkeit sind wohl kaum aus einer Ziffer abzulesen.

Disziplinierungsfunktion

Beurteilungen können insofern disziplinierende Wirkung haben, als sie eine realistischere Selbsteinschätzung und von dieser ausgehend, eine erhöhte Anstrengungsbereitschaft bewirken. Aber: *„Es kann nur darum gehen, die natürlichen und wirklichen Folgen eines unangemessenen Lernverhaltens zu demonstrieren, nicht aber darum, diese Folgen künstlich in eine bestimmte Richtung zu steuern!"* (Sacher 1994, 19)

Die hier angeführten möglichen Funktionen von Leistungsbeurteilung erheben nicht den Anspruch auf Vollständigkeit. Es wurden im Kontext dieser Arbeit vor allem die themenrelevantesten herausgegriffen und durch Eigenansichten ergänzt. Insgesamt ist festzuhalten, dass es in Folge der Fülle von Funktionen immer wieder zu Überschneidungen kommt, sodass Beurteilungen immer multiple Funktionen haben (vgl. Becker 1991, 22). Manche dieser beschriebenen Funktionen stellen dichotome Anforderungen an die Schulpraxis. Insgesamt sind vergleichende und formalisierende Beurteilungsformen (Ziffernnote) wenig sinnvoll für die Anbahnung bzw. Stärkung autonomer Lernhandlungen; für gesellschaftliche, politische und schulorganisatorische Zwecke hingegen, sind sie jedoch am einfachsten zu handhaben.

3.4 Konventionelle Beurteilung durch Notengebung

Anthropologisch gesehen gehört ein gewisses Leistungsstreben zu den Grundeigenschaften des Menschseins, stellt demnach eine intrinsische Verhaltenskomponente dar, die eigentlich keiner äußeren Anstöße bedarf. Dieser grundgelegte Leistungswille wird erst durch soziale Beziehungen einer Bewertung zugeführt. Durch Aushandeln und Aufstellen von Gütemaßstäben wird eine Beurteilung von Leistung überhaupt erst möglich. Damit verbunden können bestimmte gesellschaftliche Leitungsforderungen aufgestellt werden. Je nach Umgang mit diesen

Leistungsforderungen entwickeln sich beim Menschen individuelle Leistungsorientierungen.

Blickt man in der Geschichte des schulischen Beurteilens zurück, so entdeckt man frühe Vorläufer der Beurteilung im 16. Jahrhundert, in Form von Benefizienzeugnissen. Sie bestätigten dem Beurteilten auf Grund seiner charakterlichen Eigenschaften und Leistungen das Recht, mit einem Stipendium unterstützt zu werden. Sie stellten quasi Empfehlungsschreiben für bedürftige Schüler dar, während Schüler aus wohlhabenden Schichten dieser Selektion nicht unterworfen waren. Auch Reifezeugnisse (Ende 18. Jahrhundert) hatten nach wie vor nur die einschränkende Selektionsfunktion. Erst im Laufe des 19. Jahrhunderts fiel dem Reifezeugnis auch eine allgemeine Auslesefunktion in Form von Zulassungsberechtigung zum Hochschulstudium zu. Ebenso fanden im 19. Jahrhundert periodische Zeugnisse, die in regelmäßigen Abständen Auskunft über Leistungen und Verhalten von Schülern gaben, allgemeine Verbreitung. (Vgl. Sacher 1994, 11-12) Ein interessanter Aspekt ist die Tatsache, dass diese Zensuren zunächst nicht in Ziffernnoten, sondern in Form von Wortgutachten erteilt wurden. Erst mit der Verallgemeinerung der Selektionsfunktion über die Unterschicht hinaus, bediente man sich aus Gründen der Vereinfachung, der Ziffernnoten. Dieser knappe historische Rückblick zeigt, dass Beurteilungen und Zeugnisse primär die Funktion einer sozialen Selektion hatten. Im Laufe der weiteren Entwicklung von Schule wurde diese ursprüngliche Funktion durch eine Reihe anderer Funktionen ergänzt, welche bereits im vorhergehenden Abschnitt aufgezeigt wurden.

Die Frage nach der Gerechtigkeit des herkömmlichen Ziffernnotensystems tritt in pädagogischen Diskussionen immer wieder zu Tage. Eine eindeutige Position für bzw. kontra Ziffernbenotung einzunehmen bedeutet zwangsläufig ebenso viele Gegenargumente pro bzw. auch kontra der jeweils eingenommenen Position zu bekommen. Das Thema Leistungsbeurteilung wird meist extrem kontrovers diskutiert und die Gräben zwischen Meinungen wie - *„Ohne Noten lieber lernen und mehr leisten"* (Aktion Humane Schule Bayern) und *„Wer die Noten aus den Schulen verbannt, schafft Kuschelecken, aber keine Bildungseinrichtungen, die auf das nächste Jahrtausend vorbereiten"* (Berliner Bildungskongress 1997) - erscheinen fast als unüberwindbar (vgl. Schönig 1993, 109). Als treffend erscheint in diesem Zusammenhang auch die gesellschaftskritische Meinung des Bildungsforschers Becker: *„ ... die Menschen wollen immer Gewißheit und Gerechtigkeit obendrein. Sie halten die Spannung einer dialektischen Situation nicht aus. Es geht in der Frage der Zensuren* *darum zu wissen, daß wir die Gewissheit nicht erhalten können und uns der Gerechtigkeit auf anderen Wegen nähern müssen. Und es ist eine Lüge, wenn wir den Anschein von Gewissheit verbreiten, und ungerecht, wenn wir uns mit einer Scheingerechtigkeit beruhigen. Wir müssen Zensuren geben, aber zugleich den Zweifel der Zensur zum Ausdruck bringen."* (Becker 1983, 32)

Beurteilung und Gütekriterien

Bezüglich wissenschaftlicher Gütekriterien in Bezug auf Notengebung werden aus dem umfangreichen Repertoire der Untersuchungen hier nur wenige herausgegriffen. Sie können beispielgebend auch für die Thematik in dieser Arbeit herangezogen werden. Gütekriterien wurden im Rahmen der klassischen Testtheorie entwickelt, sie gelten jedoch für jede Informationserhebung mit diagnostischer Absicht in einem pädagogischen Beurteilungsprozess, demnach auch für die Einschätzung mündlichen Leistungen (vgl. Lienert 1967, 12). Jede Informationserhebung mit diagnostischer Absicht und deren Interpretation, jede Erfassung von Daten, die in ein Urteil einmünden, sollte prinzipiell den drei Hauptgütekriterien Objektivität, Reliabilität und Validität entsprechen. Werden diese klassischen Gütekriterien nun im Bereich der Schulleistungsmessungen angewandt, so wird davon ausgegangen, dass diese Schulleistungen Lernstände mit einer gewissen Stabilität darstellen. Diametral zu einer solchen Auffassung wird das Argument - Lernstände verändern sich durch permanentes Weiterlernen sehr rasch - entgegengehalten. Es stellt sich daher die prinzipielle Frage ob und wie sehr bei Schulleistungsmessungen von sich ständig bewegenden Lernprozessen und permanenter Veränderung entsprechender Kompetenzen ausgegangen wird, also wie sehr Leistungsbeurteilungen als dynamische Bilanzen von Lernleistungen gesehen werden. (Vgl. Arnold 2002, 118, 119)

Insgesamt kann mit Schönig festgehalten werden, dass die Solidität der Ziffernzensur, die Erwartungen an Objektivität, Aussagekraft, Gerechtigkeit und Vergleichbarkeit, in einem umgekehrten Verhältnis zu dem steht, was von ihr gesellschaftlich und bildungspolitisch erwartet wird (vgl. Schönig 1993, 112). Weinert stellt ferner fest, dass es sehr schwierig sei, ein pädagogisch-psychologisches Werkzeug (beispielsweise ein diagnostisches Verfahren) zu finden, welches theoriegeleitete, verfahrenssensible und kritische Interpretationen, objektive und sich selbst auslegende Informationen liefern kann (vgl. Weinert 2002, 18).

3.5 Beurteilungsprozesse in den Praxisteams der „Schulpraktischen Studien"

Wie im Kapitel 6 *„Der Forschungsprozess"* beschrieben wird, versuchten die Praxisteams unter Bedachtnahme konstruktivistischer Lernperspektiven und unter Einbeziehung der gesetzlichen Vorgaben aus der gültigen Studienordnung, Beurteilungsprozesse so umzusetzen, dass sowohl rechtliche wie auch individuelle Gegebenheiten berücksichtigt werden konnten. Prinzipiell wurde Beurteilen im Praxisteam als ein Prozess von Definitions- und Evaluationsarbeit gesehen. In der folgenden Skizze wird dies als Regelkreis dargestellt. Sowohl bei der Auswahl der Teilbereiche und Inhalte als auch bei der Evaluation wurde in zunehmendem Maße darauf geachtet, die Selbstentscheidung der Studierenden zu respektieren.

Abb. 2: Prozessorientierte Beurteilungsarbeit

Rahmenbedingungen
Ausgehend von den vorgegebenen gesetzlichen Bestimmungen der Studienordnung (§8 - siehe Anhang Nr. 1) und unter Einbeziehung der entwickelten Beratungsphilosophie, wurde von der Verfasserin ein Beurteilungsrahmen (siehe 6.4.1) erstellt, welcher die gemeinsame Diskussionsgrundlage für das jeweilige Praxisteam bildete. Er

berücksichtigte sowohl rechtliche Aspekte, bot jedoch auch Platz für individuelle Entwicklungsprozesse aller am Prozess des Beurteilens Beteiligten. Die durch das Rahmenkonzept geschaffenen Freiräume sollten dahingehend genutzt werden, dass die gesetzlich verlangte Ziffernnote zwar gegeben wird, nicht aber als Urteil im Vordergrund steht. Eine Qualifizierung soll sich vielmehr in kompetentem Wissen und in der Fähigkeit, dieses auch situationsgerecht anzuwenden, niederschlagen. Durch die Beurteilung dieses erworbenen Wissens und Könnens erfolgt eine Zertifizierung. Die Beurteilung in Form einer Note, welche nur summarisch informieren kann, dient gleichsam als Gradmesser für einen erreichten Stand an Qualifizierung (vgl. Scheiflinger/Petri 1999, 7). Sie stellt also nur eine Momentaufnahme im individuellen Lernprozess dar, hat jedoch über diesen selbst keine Aussagekraft und sollte schon gar nicht als endgültiges Urteil interpretiert werden.

3.5.1 Beurteilung als Lernberatung

Lehren sollte seinen Ausgangspunkt immer bei den individuellen Voraussetzungen des Lernenden haben und, darauf aufbauend, seine persönliche Lernentwicklung fördern und unterstützen. Diese Grundannahme des Lehrens übernahmen die Praxisteams auch als Basis für Beurteilungsprozesse. Die Konsequenz daraus war, Beurteilung - gefundene Urteile - in erster Linie als Unterstützung individueller Lernprozesse, als Lernberatung zu sehen. Konkret bezieht sich ein Beurteilen aus dieser Perspektive betrachtet vor allem auf Lernprozesse der Studierenden, in denen sie versuchen, die im Praxisteam diskutierten und anschließend selbst festgelegten Ziele zu erreichen und so ihren individuellen Kompetenzradius zu vergrößern. Wesentliche Überlegungen in diesem Kontext waren:

- Wie kann der erstellte Beurteilungsrahmen im Hinblick auf individuelle Lernprozesse der Studierenden optimal genutzt werden?
- Wie können damit einhergehende kooperative Prozesse unterstützt werden?
- Wie kann die Bereitschaft und Fähigkeit zu eigenverantwortlichem Handeln der Studierenden gefördert werden?

- Wie können Reflexion, Selbsteinschätzung und Evaluation im Team angeregt werden?
- Wie können persönliche, pädagogische Handlungskompetenzen gefestigt bzw. erweitert werden?

Beurteilung sollte vor allem dahingehend fungieren und so verstanden werden, dass Lernende durch die spezifische Art und Weise der Beurteilungsdurchführung zur eigenverantwortlichen Gestaltung ihrer Lernprozesse angeregt werden. Lernprozesse der Studierenden können auf Grund des konstruktivistischen Denkansatzes dieser Arbeit bestenfalls provoziert, keinesfalls jedoch von außen gelenkt werden. Aus dem konstruktivistischen Blickwinkel sind Studierende als autonome Lerner zu sehen und nur dahingehend positiv motivierend zu unterstützen, als sie Rahmenbedingungen vorfinden, durch welche sie ihre schulpraktischen Eigenaktivitäten ständig verbessern können. Bestehende Kompetenzen müssen durch ausreichende Reflexionsgelegenheiten von ihnen selbst laufend überprüft und eingeschätzt werden können. Auf Grund dieses eigenverantwortlichen Handelns bekommen Lernende auch die Möglichkeit, eine prinzipiell reflektierende Arbeitshaltung zu internalisieren. Eine solche soll auch später im Berufsleben dazu beitragen, bestehende Kompetenzen zu sichern bzw. laufend auszubauen.

Individuelle Lernabläufe

Um Antworten auf obige Fragen zu finden, ging die Verfasserin davon aus, den Ablauf menschlichen Lernens als ein Konstrukt von sich stetig wiederholenden und miteinander zu einer Schleife verbundenen Kreisläufen zu betrachten (siehe Abb. 3). Das Einnehmen einer immer wieder neuen Ebene und ein Weiterarbeiten auf dem jeweils nächst höheren Niveau, stellen die eigentlichen Lernfortschritte im gesamten Lernprozess dar. Diese Denkweise bietet unterschiedliche Anknüpfungspunkte. Lernen (wie es in Punkt 4.4.1 durch die Ansichten Deweys noch beschrieben wird) kann als eine solch evaluative Schleife dargestellt werden: Durch ein Erlebnis des Lernenden wird sein Interesse geweckt, er hat eine Vorstellung davon, was er erfahren bzw. verändern möchte, bedenkt seine bisherigen Erfahrungen, setzt sich ein Ziel, plant, entscheidet, handelt demgemäß und reflektiert schließlich das Ergebnis. Durch diese selbstbestimmte Art zu lernen wird ein neues Niveau erreicht, auf dem es - ausgehend von der Reflexion des Erreichten - zur neuen Vorstellung, zur neuen Zielsetzung, zu einem neuen Plan ... usw. kommt.

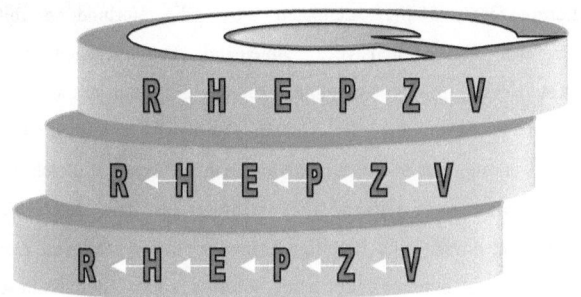

V: Vorstellung
Z: Ziel
P: Plan
E: Entscheidung
H: Handlung
R: Reflexion

Abb. 3: Lernspirale von der Vorstellung zur Reflexion

Der abgebildete Zyklus bildet die Basis für neuere Lernansätze, wie sie beispielsweise auch im modernen Schulmanagement zu finden sind. Dabei geht man von einer Vorstellung (V) aus, setzt dann konkrete Ziele (Z), entwirft Pläne (P), trifft Entscheidungen (E), setzt Handlungen (H) und reflektiert diese (R). Auch im Schulmanagement gehen Veränderungen, die mehrere Personen bzw. eine ganze Organisation betreffen, immer vom Individuum, vom Lernprozess des Einzelnen aus. *„Erfolgreiche Veränderung geht vom Inneren eines Menschen oder einer Organisation aus, als Prozess des Wachsens und Entwickelns. Was man von außen tun kann, ist Hilfe zur Selbsthilfe zu geben."* (Fischer 2001, 35) Von einer solchen Sichtweise ausgehend erscheint es wesentlich, individuelle Lernprozesse ins Zentrum zu rücken.

Individuelle Lernabläufe im Kontext einer sozialen Gruppe

Jede Phase eines individuellen Lernablaufes hat, wenn ein Lernprozess in der Gruppe stattfindet, in dieser ein Äquivalent. Auf jedes Agieren eines Einzelnen folgen Aktionen und Reaktionen aus der Gruppe, wobei das Agieren und Reagieren in der Gruppe umso mehr Kooperations- und Koordinationstätigkeiten erfordert, je größer eine Gruppe ist. Diese vermehrte Kooperation und Koordination sollte jedoch nicht als zusätzliche Belastung gesehen werden, sondern vielmehr als Ergänzung und Bereicherung individueller Meinungen, Einstellungen und Haltungen. Ein Konsens im Team kann dadurch erreicht werden, dass Einsichten ausgetauscht, kommuniziert und das Gemeinsame herausgefiltert wird.

Individuelle Lernprozesse erfahren demnach durch die Verbindung mit Lernprozessen anderer eine neue, intensivere Dimension. Durch gegenseitige Rückmeldungen kann eine Verknüpfung von der Innensicht des Einzelnen mit anderen Innensichten der einzelnen Praxisteammitglieder erfolgen. Das bewusste Mitbedenken und Wahrnehmen dieser Verknüpfung von Perspektiven kann im Team zugleich als zeitliches Regulativ für Lernprozesse wirken. Dies insofern, als dass durch die Rückmeldungs- und Reflexionsphasen aller Beteiligten, immer wieder genügend Zeit für kommunikativen Austausch bereitgestellt wird. Ebenso sollen durch diese Zeitressourcen Ausbaumöglichkeiten für die Gestaltung kreativer Handlungsschritte der Studierenden geschaffen werden. Bei der konkreten Umsetzungsarbeit der gemeinsam vereinbarten Beurteilungskonzeption, wurde auf Lernzyklen im Sinne oben dargestellter Lernspirale (Abb. 3) sorgfältig geachtet.

3.5.2 Beurteilungsprozesse als Anregung zur Selbsteinschätzung

Die folgenden Überlegungen hinsichtlich der Selbsteinschätzung von Leistungen sind Ergebnisse ausführlicher Gespräche in den Praxisteams, sowie Hinweise auf theoretische Hintergründe.

- *„Selbsteinschätzung" - eine erforderliche Kompetenz rechtlich verankert?*

Zu den Aufgaben, Rechten und Pflichten eines Grundschullehrers gehört prinzipiell die Leistungsbeurteilung. Neben den grundsätzlichen, allgemeinen Bestimmungen der Leistungsbeurteilung wie beispielsweise ihre Einschränkungen oder ihre rein rechtlich gültigen Formen, scheint in der Leistungsbeurteilungsverordnung des bm:bwk auch ein Paragraph auf, welcher Ausgangspunkt für unten dargestellte Überlegung war: *„Leistungsfeststellungen haben Bedacht zu nehmen, dass ihr Ziel ist, auf sachlich begründete Selbsteinschätzung hinzuführen."* (bm:bwk - §2 Abs. 5 LBVO des Schulunterrichtsgesetzes - 2000)

Wenn es also zu den Pflichten eines Grundschullehrers gehört, die SchülerInnen zu begründeten Selbsteinschätzungen hinzuführen, dann erscheint es um so wichtiger, dass angehende GrundschullehrerInnen die Fähigkeit der Selbsteinschätzung zunächst einmal selbst beherrschen lernen, um so überhaupt erst andere Personen dazu anleiten zu können. Mit dieser Begründung wurde in den konkret durchgeführten Beurteilungsprozessen daher größter Wert darauf gelegt, möglichst umfangreiche Gelegenheiten zu schaffen, in denen Studierende ihre eigenen Leistungen selbst einschätzen und beurteilen konnten. Neben den forcierten kommunikativen Reflexionsgesprächen, in denen die Studierenden ihre Unterrichtstätigkeiten verbal selbst einschätzten und bewerteten, diente ein Formblatt (siehe Anhang Nr. 2) dem schriftlichen Festhalten dieser Selbsteinschätzung. Es stellte sozusagen das Instrument dar, mit dessen Hilfe die Selbsteinschätzung dokumentiert werden konnte. Mit Hilfe dieses Formblattes sollte jedoch nicht einfach die Verantwortung für die Beurteilung an die Studierenden abgegeben werden, sondern auf dessen Basis sollte durch das Dokumentieren vereinbarter Kriterien und Indikatoren, das eigene Leistungserleben festgehalten und so für den eigenen Lernprozess nutzbar gemacht werden. Erst nach Phasen der intensiven Selbstreflexion, Selbsteinschätzung und Selbstbewertung kam es zu einer Zusammenführung mit den ebenso dokumentierten Fremdbeobachtungen (Anhang Nr. 3) und zum Vergleich mit den Fremdeinschätzungen (Anhang Nr. 4). Die drei Formblätter (Anhang Nr. 2, 3, 4) bildeten die Grundlage zur Vernetzung der Daten, wobei zwischen Kriterien und Indikatoren unterschieden wurde. Die jeweiligen Schwerpunktvereinbarungen erfolgten in mündlicher Form in Beratungsgesprächen, durch die Dokumentation auf den Formblättern wurden sie schriftlich festgesetzt. Im Anhang Nr. 4 ist ersichtlich, wie sowohl die Ergebnisse des Reflexionsgespräches als auch die persönliche Konsequenz für die Weiterarbeit der Studierenden dokumentiert wurden.

- *Bereitschaft und Fähigkeit zu systematischer Selbstreflexion*

Die Bereitschaft, das eigene pädagogische Agieren immer wieder selbstkritisch zu hinterfragen, ist ein wesentliches Merkmal professionellen Handelns. In der Literatur wird unter anderem betont, dass Lehrerhandlungen nicht zu den kontinuierlich routinisierten und stets vorausplanbaren Tätigkeiten zählen (vgl. Altrichter/Krainer 1996, 36). Daraus ableitend kann eine stetige selbstkritische und systematische Reflexion des eigenen unterrichtlichen Handelns als unbedingt erforderliche Kompetenz von Lehrerinnen angesehen werden. Strebt man nun in der LehrerInnenbildung das Erlernen eines professionellen Vorgehens bei pädagogischen Handlungen an, so gehört dazu als wichtiges Element diese Reflexionsfähigkeit. Altrichter/Posch (1990) bezeichnen sie in Anschluss an Schön (1983) als die Fähigkeit „*Reflexion-über-die-*

Handlung", welche sie unter anderen als eine Kompetenz für eine volle professionelle Qualifikation erachten. (vgl. Altrichter/Posch 1990, 268). Wissen wird so für die Studierenden analysierbar und reorganisierbar, weil die bewusste Reflexion sozusagen eine gewisse Bremswirkung ausübt, durch welche jedoch auch eine Veränderung der Handlungsstruktur erleichtert werden kann (vgl. Cranach 1983, 71). Durch eine distanzierte Reflexion außerhalb des Handlungsflusses kann Wissen außerdem mitteilbar (siehe Formblätter Anhang Nr. 2, 3, 4) und so auch für andere Personen transparent gemacht werden. Dieses transparente Aufzeigen erfolgte im Forschungsprozess sowohl seitens der Studierenden, aber auch seitens der AusbildungslehrerInnen. Letztgenannte konnten so ihre Erfahrungswerte klar deponieren. Dies wird bei Altrichter/Posch als die Voraussetzung einer wichtigen Aufgabe professioneller Praktiker bezeichnet „ ... *nämlich jene, Neulinge der Profession in ihre Tätigkeit einzuführen und die professionelle Erfahrung der nachfolgenden Generation weiterzugeben."* (Altrichter/Posch 1990, 268-269)

- ***Unterstützung von Selbstbewertungen an Hand von vereinbarten Kriterien***

Durch die allgemein schwierige Überprüfbarkeit von Lehrbemühungen, stellt deren Bewertung auch eine gewisse Schwachstelle dar. Combe spricht in diesem Zusammenhang von Nichtüberprüfbarkeit von Lehrleistungen, welche bei vielen Lehrern zu einem Gefühl der Insuffizienz führen kann (vgl. Combe 1971, 32-33). Begründen könnte man dieses Gefühl der Unzulänglichkeit unter anderem durch die Vielzahl der bei Beurteilung von Lehrsituationen zu beachtenden Komponenten und deren gleichzeitiger Vernetztheit. Bei der schulpraktischen Arbeit mit den Studierenden sollte durch eine Strukturierung dieser Komplexität in Form von Teilbereichen und einer Reduzierung der Bewertung eben nur auf einen dieser Teilbereiche, auch eine überschaubarere, leichtere Beurteilung ermöglicht werden. Die Bewertung eines gewählten Teilbereiches erfolgte durch die diskursive Auseinandersetzung über *erfüllte, wenig erfüllte* bis *nicht erfüllte* Kriterien (siehe Formblatt - Anhang Nr. 4) Ausdrücklich zu betonen ist dabei, dass diese für die spätere Teilbeurteilung geltenden Kriterien nicht vorgegeben wurden, sondern durch die Studierenden, begleitet durch die gemeinsam im Team angestellten Überlegungen, erarbeitet wurden (siehe Prozessablauf zur Festlegung eines Kriteriums - 6.4.3 - Abb. 20). Die Betonung dieser Selbstsuche der Kriterien lässt sich mit Überlegungen bezüglich vorgegebener Kriterienkataloge begründen.

Kriterienvorgabe

Geht man von der Feststellung Beckers aus, dass es für die Bewertung und Beurteilung des Unterrichts so viele Kriterienkataloge wie Lehrerausbildungs-Institutionen gibt, und auch innerhalb dieser Institutionen nochmals differenzierte Versionen aufscheinen, so stellt sich die Frage nach der Güte und ganz prinzipiell überhaupt die Frage nach der Richtigkeit solcher Kriterienkataloge. Sie enthalten eine begrenzte Anzahl von Merkmalsdimensionen, mit deren Hilfe guter Unterricht von weniger qualifiziertem Unterricht unterschieden werden soll. Meist stehen dabei Planung und Durchführung des Unterrichts im Mittelpunkt, selten dessen Auswertung. Die Kriterien sind meist übersichtlich angeordnet und äußerst umfangreich. Ein Beispiel dafür liefert der von Olivero und Brunner veröffentlichte *„Stanford-Bewertungsbogen zur Erfassung der Lehrfähigkeit"*. Er umfasst fünf Bereiche (Ziele, Planung, Ausführung, Beurteilung, Gemeinde und Beruf) mit insgesamt 17 Kriterien (vgl. Olivero/Brunner 1973, 50-51). Der Bewertungsbogen gibt die wichtigsten Qualifikationen an, welche das Programm für die Ausbildung der Lehrer an Sekundarschulen in Stanford zu entwickeln versucht. Er wurde entworfen, um die Unterrichtsfähigkeit zu beurteilen und zu verbessern. Die Hauptquelle der Informationen für die Beurteilung stellen *„... sichtbare Beobachtungen des Lehrers dar, auf die Besprechungen und Diskussionen folgen"* (Olivero/Brunner 1973, 49). Ebenso kann ein Kriterienkatalog von Metz (1983), dessen Entwicklung sich auf empirische Forschungsergebnisse stützt, als Beispiel angeführt werden, welcher sich auch in fünf Bereiche mit insgesamt 24 Kriterien, die durch Punkteskalen spezifiziert und bewertet werden, gliedert. Die Bereiche sind: Klarheit, Variabilität und Flexibilität, Engagement und Begeisterung, Aufgabenorientierung und Sachlichkeit und Wertschätzung der Schüler (vgl. Metz 1983, 62-63).

Bei genauerem Vergleich von Kriterienkatalogen zeigt sich eine große Differenz bei den in ihnen angegebenen Kriterien, da sich diese an dem jeweils aktuellen erziehungswissenschaftlichen Diskussionsstand bzw. nach individuellen Anliegen und Zielen der jeweiligen Autoren, ausrichten. Ein zentrales Anliegen von Kriterienkatalogen ist es, möglichst valide Beurteilungskriterien zu enthalten, dadurch gleichzeitig die Objektivität der Beurteilung zu erhöhen und durch eine verbreitete, oftmalige Verwendung letztendlich auch die Reliabilität. Trotz dieser Bemühungen, allgemein gültige Kriterien für die Unterrichtsbeurteilung anzustreben, kann dieses Ziel, bedingt durch die Mannigfaltigkeit unterrichtlicher Prozesse nicht erreicht werden (vgl. Maier/Pfistner 1976, 72). Vergleiche von Unterrichtsprozessen machen deutlich, dass verschiedene Unterrichtskonzeptionen, verschiedene Schulstufen, Schulfächer, Schularten usw. für ihre Bewertung auch verschiedene Kriterien verlangen. Beachtet man diese Differenzierungen nicht, müssten die verwendeten Kriterien einen derart allgemeinen Charakter haben, um so durch eine sehr breite Gültigkeit, die unterschiedlichsten Unterrichtsprozesse überhaupt abdecken zu können. Sie werden dann allerdings - um es mit Schwark (1977) auszudrücken - zu *„Trivialschemata"* (vgl. Schwark 1977, 61). Es sind somit zwei Gründe, welche gegen die Anwendung solcher Schemata sprechen, erstens ihre zu große Allgemeinheit, zweitens die Differenziertheit und Einmaligkeit unterrichtlicher Prozesse und auch die Individualität der Unterrichtenden. Ferner besitzen fertige Kriterienkataloge einen hohen statischen Charakter, durch welchen es kaum möglich ist, die Dynamik von Lernprozessen bei den Studierenden hervorzuheben.

Alle bedeutsamen Komponenten und Aspekte von Unterricht auf wenigen Kriterienkatalogseiten zu erfassen, erscheint daher nicht nur als sehr schwierig, sondern auch nicht sinnvoll, wenn das Beurteilen von Unterricht (konkret das Beurteilen von Lehrleistungen der Studierenden) gleichzeitig zu einem iterativen Kompetenzerwerb beitragen soll. Um einen solchen im Sinne individueller Lernprozesse zu unterstützen, wurde es als bedeutsam erachtet, die komplexen Unterrichtstätigkeiten der Studierenden von ihnen selbst nach Prioritäten zu strukturieren, von ihnen selbst vorerst einen zu bearbeitenden Teilbereich herauszugreifen zu lassen und in diesem wiederum selbst, die für sie wesentlichsten und zutreffendsten Ziele herauszufinden. Die logische Folge einer solchen Vorgehensweise ist die Unmöglichkeit einer Weitergabe bzw. einer Verallgemeinerung von Kriterien, welche im Sinne einer subjektiven Didaktik auch nicht vorgesehen war. Wollen sich LehrerInnen mehr als *„Lern-Förderer"* - welche das eigenständige Lernen der Schüler anregen - denn als *„Be-Lehrer"* verstehen, so bedeutet dies zunächst für sie selbst, sich als (Lehr-) Person zu entwickeln und mit sich selbst echt und offen umzugehen (vgl. Teml 2002, 18). Zu einer solchen Entwicklung gehört auch die Selbstbestimmung von Lerninhalten und deren Bearbeitung je nach persönlichem Bedarf. Diese Freiheit obliegt jedoch nicht zur Gänze einer Einzelperson, sondern ist an bestehende Curricula gebunden, welche eben jeweils mehr oder weniger Offenheit zulassen.

Dem Vorwurf der Beliebigkeit einer eigenen Kriteriensuche ist entgegenzubringen, dass erst durch eine konstruktive Selbsttätigkeit der Studierenden und ihrer damit verbundenen eigenen Zielsetzung, eine bessere und wirklichere

Identifizierung mit zu erbringenden Lehrleistungen angestrebt wurde. Ein Zitat von Becker (1991) soll diese Überlegungen abschließen: *„So unsinnig es ist, die Person des Lehrers aus dem Beurteilungsprozess auszuklammern, so menschenverachtend erscheint es, sie über einen Katalog mit einem Kriterium beurteilen zu wollen."* (Becker 1991, 174) Dieses Zitat wäre im Kontext dieser Arbeit wie folgt abzuändern bzw. zu ergänzen: So unsinnig es ist, die Person des Lehrers aus dem Beurteilungsprozess auszuklammern, so menschenverachtend erscheint es, sie über *vorgegebene* und *als allgemeingültig erachtete* Kriterienkataloge beurteilen zu wollen.

3.6 Einflussfaktoren beim Beurteilen

Grundsätzlich können beim Beurteilen zwei Perspektiven eingenommen werden. Einerseits können Beurteilungsprozesse aus der Sichtweise der Beurteilenden gesehen werden, andererseits aus der Sichtweise der Beurteilten. Beide, sowohl die Beurteilenden, als auch die Beurteilungsempfänger sind gewissen Einflüssen ausgesetzt.

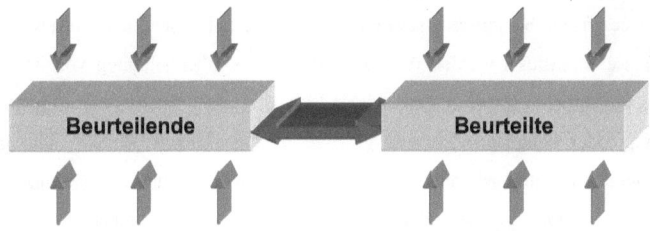

Abb. 4: Einflussfaktoren beim Beurteilen

3.6.1 Einflussfaktoren in Richtung Beurteilende

Schulische Beurteilungen beruhen wie alle Urteile, auf Beobachtungen und Interpretationen und bergen somit stets auch die Gefahr von Fehlurteilen. Diese Gefahr besteht auch bei der Bewertung der schulpraktischen Leistungen der Studierenden in den "Schulpraktischen Studien". Da die hier in dieser Arbeit beschriebenen Beurteilungsprozesse sehr stark an Beobachtungssequenzen gekoppelt sind, erscheint ein Aufzeigen der dabei auftretenden Einflussfaktoren wesentlich. Gerade weil das Beurteilen hier konkret in interaktiven Prozessen abläuft, ist das Bewusstmachen der möglichen Einflüsse auf individuelle Beobachtungsergebnisse von Bedeutung. Bestimmte Verhaltensweisen, Verhaltensäußerungen, Verhaltensänderungen der zu Beurteilenden werden von den BeurteilerInnen in Form von Beobachtungen registriert und festgehalten. Diese Ergebnisse fließen in die Beurteilung mit ein und sind daher sehr kritisch hinsichtlich ihrer möglichen Verfälschungen durch verschiedene Einflussfaktoren unter die Lupe zu nehmen. Diese Einflussfaktoren werden im Folgenden in Anlehnung an Kleber (1992) behandelt und durch themenrelevante Bezüge ergänzt.

Einflussfaktor: Wahrnehmung
Nicht alles, was uns in unserem komplexen Geschehensablauf als Umweltinformation geboten wird, können wir bewusst wahrnehmen und registrieren, es bedarf selektierender Maßnahmen, welche durch verschiedene Bedingungen wie beispielsweise individuelle Erfahrungen, übernommene Einstellungen, gruppenspezifische Sozialisationseffekte, langfristige Interessen oder intensive aktuelle Bedürfnisse beeinflusst werden. Weiters wird unsere Wahrnehmung von bestimmten eigenen Persönlichkeitsmerkmalen, wie individuelle Beeinflussbarkeit, Ängstlichkeit, Dominanz oder beispielsweise eine gewisse mentale Unbeweglichkeit und geringe gedankliche Umstellungsbereitschaft, verstärkt. Außerdem ist die Gültigkeit einer Wahrnehmung abhängig von der Komplexität des Wahrzunehmenden, von deren Strukturiertheit und von zusätzlich gelieferten Informationen über das Beurteilungsobjekt bzw. Beurteilungssubjekt. (Vgl. Kleber 1992, 108-109) Beurteilungen werden darüber hinaus immer auch von impliziten Persönlichkeitskonzepten des Wahrnehmenden beeinflusst. Beim Beobachter liegen bestimmte Erwartungen (subjektive Hypothesen) vor, die im Zuge der Wahrnehmung überprüft und getestet werden. Treten dabei Diskrepanzen zwischen vorliegender Hypothese und Wahrnehmung auf, versucht das wahrnehmende Subjekt, ein kognitives Gleichgewicht herzustellen. (Vgl. Kleber 1992, 111; Heckhausen 1989, 121)

Einflussfaktor: Kausalattribuierung

Bei Kausalattribuierungen werden Ursachen hinzugedeutet, um sich vorliegende Sachverhalte bzw. vorliegendes Personenverhalten leichter erklären zu können. Aus motivationspsychologischer Sicht unterscheidet man zwischen

- Kausalattribuierung in der Objektwahrnehmung,
- Kausalattribuierung in der Personenwahrnehmung und
- Kausalattribuierung in der Selbstwahrnehmung (vgl. Kleber 1992, 112).

Eine detailliertere Behandlung erscheint hier zu umfangreich, es wird nur kurz auf einige Aspekte der Kausalattribuierung eingegangen, welche auch hinsichtlich der Bewertungen in der Schulpraxis Relevanz besitzen.

Aus der Vielfalt beobachtbarer Verhaltensweisen bei unseren Mitmenschen, wird bei der Personenwahrnehmung durch eigene Erwartungshaltungen diese Vielfalt reduziert und auf einige wenige Ursachen zurückgeführt. Dadurch können jedoch ganze Verhaltensausschnitte eine geänderte Bedeutung bekommen. Die dadurch übrigbleibende, eingeschränkte Anzahl von zugeschriebenen Ursachen ist nicht zu beobachten, sie ist ein Konstrukt des Wahrnehmenden selbst (vgl. Mietzel 1982, 25). Gerade in Beurteilungsprozessen sind daher die Erwartungshaltungen der Beurteilenden sehr genau zu hinterfragen. Auch bezüglich der Selbstwahrnehmung unterliegt das Verhalten der Beurteilten verschiedenen Interpretations- und Zuschreibungsmöglichkeiten. Erklärungen in Form von Attribuierungen helfen mit, Situationen und Verhaltensweisen unter Kontrolle zu haben, was wiederum ein Gefühl der Sicherheit mit sich bringt. Die indirekten Wirkungen von Attribuierungen in Beurteilungsprozessen sind demnach nicht zu unterschätzen, da sie an der Erzeugung von potenten Erwartungshaltungen beteiligt sind (vgl. Kleber 1992, 117).

Einflussfaktor: Erwartungsbedingte Urteilsreaktionen

Die wohl bekannteste Forschungsrichtung über Erwartungseffekte stellen die sogenannten *Pygmalion-Untersuchungen* dar. Zahlreiche Untersuchungen, von denen hier aus Gründen des Umfangreichtums stellvertretend nur eine angeführt wird, bestätigten, dass Erwartungen sehr großen Einfluss auf Persönlichkeits- und in Folge dessen, auch auf Leistungsbeurteilungen haben. Rosenthal und Jacobsen (1971) kamen beispielsweise durch ihre Forschungsarbeiten zu dem Ergebnis, dass LehrerInnen ihre SchülerInnen nach *„Bildern, die sie von ihnen haben"*, erschaffen. Die Forscher arbeiteten insbesondere den Mechanismus, über den sich dieser *„Pygmalion-Effekt"* einstellt, heraus. Dabei erkannten sie, dass hohe Erwartungen der LehrerInnen an ihre SchülerInnen, deren Leistungen steigern konnten und umgekehrt (vgl. Rosenthal/Jacobsen 1971, 77). Insgesamt stehen also Auswirkungen von Erwartungseffekten sowohl auf die Urteilsreaktionen von LehrerInnen als auch auf die Leistungen von Lernenden, fest. Sie können jedoch wiederum je nach Persönlichkeitsausprägungen und Situationsgegebenheiten in Interaktionsfeldern unterschiedlich ausfallen. Konsequenter Weise muss aus diesen Erkenntnissen die Forderung folgen, diese Auswirkungen durch intensive Reflexionsphasen in Beurteilungsprozessen zu minimieren. Eine ständige Überprüfung von Erwartungshaltungen und damit verbundenen Vorurteilen, sowohl bei Fremd- als auch bei Selbstbewertungen, erscheint daher auch als ein wesentliches Element im dialogisch durchgeführten Beurteilungsgeschehen der schulpraktischen Ausbildung von Studierenden. Weitere Einflussfaktoren und Beeinflussungstendenzen, bei von LehrerInnen durchgeführten Beurteilungen, werden nun noch - bedingt durch deren umfangreiche Darstellung in der Literatur - nur in ihren Wesenszügen zusammengefasst.

Einflussfaktor: Erlernte Urteilsreaktionen
Auf Grund bestimmter wiederkehrender Verhaltensweisen von SchülerInnen bzw. Studierenden werden Lehrpersonen im Unterricht in ihrem eigenen Verhalten konditioniert. Das heißt SchülerInnen bzw. Studierende können Verhaltensweisen von Lehrenden bzw. BeraterInnen verstärken. Der *„Pygmalioneffekt"* tritt also auf beiden Seiten auf, wodurch ursprünglich nicht vorhandene Verhaltensweisen in verschiedenen Interaktionsbedingungen *„ankonditioniert"* werden (vgl. Kleber 1992, 121). Vor allem in Stresssituationen, ist die oben angeführte Verstärkerwirkung mitzubedenken.

Einflussfaktor: Persönlichkeitskonzepte
Auf Grund naiv-psychologischer Eigenschaftstheorien, durch die Vorstellungen darüber, wie menschliche Eigenschaften miteinander in Beziehung stehen (beispielsweise wer schlampig ist, ist auch unzuverlässig oder wer sensibel ist, ist auch kompliziert), entwickeln sich implizite Persönlichkeitstheorien, welche die soziale Wahrnehmung von Personen beeinflussen. Sie beeinflussen zu einem nicht unerheblichen Teil insofern auch Leistungsbeurteilungen, indem sie in nicht gerechtfertigter Weise Persönlichkeitsmerkmale zusammensetzen, die zu ebenso

ungerechtfertigten Urteilen führen. (Vgl. Hofer 1970; 198, 203-206) Implizite Persönlichkeitstheorien von Lehrpersonen können als subjektive Organisationsschemata bezeichnet werden, mit deren Hilfe in rascher und einfacher Weise die Persönlichkeiten der Lernenden erfasst werden können und zugleich eine Reduzierung der eigenen Unsicherheit erfolgt (vgl. Schwarzer, 1976, 69). Eine von Kleber in diesem Zusammenhang getätigte und ergänzende (*) Aussage soll hier teils wörtlich wiedergegeben werden, da sie vor allem die Berufsvorbereitung von LehrerInnen betrifft: *„Je unsicherer ein Lehrer wird - und neben unzureichender Vorbereitung auf den Beruf* und den Unterricht führt auch ... zu einer größeren Unsicherheit, desto autoritärer wird sein Stil, desto stereotyper und weniger objektiv fallen seine Beurteilungen aus."* (Kleber 1992, 128) *: „Die Vorbereitung auf den Beruf und die Entwicklung einer proaktiven Lehrerpersönlichkeit können nicht von einer Hochschule geleistet werden. Dort können nur Sensibilisierungen erfolgen, Türen aufgestoßen und Wege gezeigt werden. Hierbei handelt es sich um einen permanenten Bildungsauftrag, der über viele Jahre berufsbegleitend fortgesetzt werden muß ".* (Kleber 1992, 128) Diese Aussage bestätigt die zentrale Intention dieser Arbeit, welche durch integrativ geführte Prozesse des Beurteilens die kontinuierliche Selbsteinschätzung angehender PädagogInnen schulen möchte. Gleichzeitig soll damit eine selbstkritische Sichtweise auf die schon vorhandenen bzw. noch zu erwerbenden oder auszubauenden Kompetenzen der Studierenden gefördert werden.

Einflussfaktor: Kodierung und Reduktion der Wahrnehmungsinformation
Das Reduzieren von Verhaltensweisen auf komplexe Begriffe wie beispielsweise Fleiß, Intelligenz etc., anschließendes Verdichten dieser reduzierten Informationen zu Benotungen die letztlich als die Ziffernnoten aufscheinen, stellt eine extreme Kodierung dar. Solche Reduktionen und Kodierungen gehen jedoch immer mit einem Informationsverlust und der Unmöglichkeit einer genaueren Beschreibung einher. Somit wird gezwungenermaßen auf ein Interpretationsniveau übergegangen. Wie problematisch Interpretationen in Beurteilungsbereichen sind, inwiefern durch sie neue Wirklichkeiten konstruiert werden und Beurteilungen verzerrt werden, ist in der Beurteilungsliteratur eine allgemein bekannte und anerkannte Tatsache. (Vgl. Kleber 1992, 128-129)

Einflussfaktor: Konstrukte als Beurteilungsbegriffe
Unmittelbar mit oben beschriebenen Informationsreduktionen verbunden sind die dabei entstehenden psychologischen Konstrukte, das heißt Begriffe, welche ein theoretisches Erklärungsprinzip für ein meist komplexes Verhaltens-Handlungs-Schema darstellen. Konstrukte dieser Art sind beispielsweise Angst, Konzentration, Begabung, Intelligenz u.a. (vgl. Kleber 1992, 131). In Beurteilungsprozessen wird durch Interpretationen häufig eine Transformation von Aussagen von der Verhaltens- und Lernleistungsebene auf die Eigenschaftsebene einer Person vorgenommen. Diese vorgenommenen Wechsel erscheinen insofern als höchst problematisch, als das Zuteilen von Eigenschaften selbst für Persönlichkeitspsychologen mehrere ungelöste Probleme beinhaltet. (vgl. Pawlik 1976, 18-19).

Zusammenfassend kann zu den Einflussfaktoren in Richtung Beurteilende festgehalten werden, dass durch die Thematisierung obiger Einflussfaktoren bei Prozessen des Beurteilens deutlich wird, wie differenziert und durch welch subjektive Tendenzen verfälscht, Urteile bzw. Beurteilungen entstehen können. Dies erklärt die hohe Anzahl von Beurteilungsfehlern, welche beispielsweise von Beck in systematische Fehler des Inputs und in systematische Fehler des Outputs unterteilt werden (vgl. Beck 1987, 184). Insgesamt stellen sogenannte Fehlurteile also keine Ausnahmesituationen dar, sondern sie gehören zum pädagogischen Alltag. Die allgegenwärtige Beurteilungsproblematik im schulischen Bereich wird verfestigt durch die gesetzliche Verpflichtung zur Beurteilung und durch stets subjektiv gefärbte Urteilsbildungsprozesse. Die beschriebene Situation beim Beurteilen kann durch Beachtung gewisser Komponenten zumindest einigermaßen entschärft werden, wenngleich dies auch nicht mit einer endgültigen Lösung gleichgestellt werden darf:

- Bewusste Auseinandersetzung mit den Einflussfaktoren bei Prozessen des Beurteilens,
- Bewusstmachen und Erkennen möglicher Beurteilungsfehler,
- Kenntnis der Auswirkungen von Beurteilungsfehlern,
- kritische Reflexion des eigenen Beurteilungsverhaltens,
- Bemühung um eine klare Trennung von Beobachtung und Interpretation,
- permanente Evaluation der eigenen Beurteilungstätigkeit.

3.6.2 Einflussfaktoren in Richtung Beurteilte

In der Öffentlichkeit, in pädagogischen Fachkreisen, Plattformen, Foren und auch in der Literatur werden hauptsächlich didaktische und gesellschaftspolitische Argumente für und wider Beurteilung diskutiert. Die eigentlich Betroffenen, die Beurteilten selbst werden wenig und wenn, dann nur als Objekte berücksichtigt. Dieser Vernachlässigung sollen hier die wesentlichen Einflussfaktoren hinsichtlich Beurteilung aus der Sicht der Beurteilungsabnehmer entgegengehalten werden. Es wird jedoch an dieser Stelle nur ein relativ kurzer Einblick gegeben, im Forschungsprozess der Arbeit richtet sich jedoch durch die Beachtung konstruktivistischer Annahmen der Focus noch intensiver auf die Perspektiven der zu Beurteilenden. Aus ihrer Perspektive sind vor allem vier Funktionen von Beurteilung zu beachten:

- Anerkennungsfunktion (die Beurteilten erhalten durch die Akzeptanz und Anerkennung ihrer Leistungen durch die Beurteilenden auch eine positiv Verstärkung hinsichtlich ihres persönlichen Lernverhaltens).
- *Rückmeldefunktion (Rückmeldungen sollten detaillierte Hinweise auf Lernweg und Lernprozess enthalten und sachlich-kritisch, würdigend und konstruktiv sein.)*
- Berichtsfunktion zur Mitverantwortlichkeit (betrifft die Eigenverantwortung der Lernenden).
- Personenbewertungsfunktion (durch die Beurteilung wird ein Bild vom Beurteilten festgelegt, das sich auf den gesamten Referenzrahmen auswirkt). (Vgl. Kleber 1992, 93)

Auf eine bei Kleber in diesem Zusammenhang nicht aufgezeigte Funktion - die motivationale Funktion - wird hier noch genauer eingegangen, da diese Funktion im Kontext von Prozessen des Beurteilens mit Studierenden als eine sehr wesentliche erachtet wird.

Motivationale Funktion

Die Kenntnis der differenzierten Funktionen von Beurteilung und die Kenntnis der Wirkungen von Rückmeldungen sensibilisiert in Prozessen des Beurteilens unter anderem, die Motivierungsaspekte bewusster zu berücksichtigen. Durch persönlichen, sensiblen Umgang kann mitgeholfen werden, Motivierungstendenzen allgemein (hier im konkreten Fall bei Studierenden) aufrecht zu erhalten oder diese zu verstärken. (Vgl. Kleinbeck 1993, 53) Durch Rückmeldungen, besonders wenn sie zielstrebig und planvoll erfolgen, wird versucht, individuelles Leistungsverhalten positiv zu verstärken und damit zu beeinflussen. Als interessante Frage erweist sich hier, in welchem Ausmaß man diese Beeinflussung als Motivation bzw. als Manipulation bezeichnen kann oder muss. Sprenger spricht ironischer Weise von *„Motipulation"* und vertritt die Meinung, dass Motivierung, Fremdsteuerung ist und bleibt (vgl. Sprenger 1992, 20-21). Diese Nähe zur Manipulation (lat. *manus* - mit der Hand ziehen, zum eigenen Vorteil beeinflussen - vgl. Kluge 1999, 538) soll speziell in pädagogischen Bereichen auch nicht geleugnet werden. Es kommt meiner Meinung nach jedoch vor allem auf das *Wie* bei gegebenen Rückmeldungen an. In den konkret durchgeführten Beurteilungsprozessen galten offene und klare Rückmeldungen den Leistungsverbesserungen bei Unterrichtstätigkeiten der Studierenden mit folgenden, auch im Praxisteam diskutierten, Intentionen:

- Stärkung des Selbstvertrauens der Studierenden ,
- Aufzeigen von Erfolgen,
- Ermutigung zu eigenständigen Zielsetzungen,
- Hilfestellung bei selbstständiger Zielüberprüfung,
- Förderung einer selbstwertstabilisierenden Attribution von Erfolgen und Misserfolgen,
- gemeinsames Entdecken und Festlegen kompetenzförderlicher Lernschritte,
- Stärkung von Selbststeuerungsprozessen und
- Übernahme von Eigenverantwortung für das Unterrichtsgeschehen.

Allgemein ist festzuhalten, dass Leistungen auf freiwilliger Basis immer von einer Anzahl unterschiedlicher Motive abhängig sind. Heckhausen spricht in diesem Zusammenhang von einer spezifischen Leistungsmotivation. (siehe auch 5.6.1) Er beschreibt sie als Tendenz, die eigene Tüchtigkeit in jenen Bereichen aufrechtzuerhalten und zu steigern, in welchen man einen Gütemaßstab für verbindlich hält (vgl. Heckhausen 1989, 231).

    Wesentliche Einflussfaktoren der Leistungsmotivation sind ferner das jeweils individuelle Aktivitätspotenzial und Anspruchsniveau, Selbststeuerung, Anstrengungs- und Risikobereitschaft, sowie eine individuelle Erfolgs- bzw. Misserfolgsorientierung. Es zeigt sich also, dass der Terminus Leistungsmotivation für durchaus unterscheidbare

Teilkomponenten eingesetzt wird. Eine detailliertere Betrachtung dieser Komponenten wäre an dieser Stelle zu umfangreich. Sie sind jedoch bezüglich des Leistungsverhaltens der Studierenden in den „Schulpraktischen Studien" mitzubedenken.

3.7 Beurteilungsperspektiven für die schulpraktische Arbeit

Unterricht in den „Schulpraktischen Studien" (in seiner spezifischen Form in 4.4 beschrieben) verlangt eine ebenso spezifische Form der Beurteilung, um die erbrachten, komplexen Leistungen der Studierenden beim Unterrichten überhaupt beurteilbar zu machen. Dabei ergeben sich folgende Fragestellungen, die eine nähere Betrachtung verlangen:

- Welche speziellen Faktoren sind in einem Beurteilungsprozess zwischen Studierenden, AusbildungslehrerInnen und PraxisberaterInnen ausschlaggebend, um die vielfältigen und komplexen Leistungen der Unterrichtsarbeit berücksichtigen und einschätzen zu können?
- Wie können Studierende zunehmend an Beurteilungsprozessen partizipieren und wie kann diese Einbindung zugleich gewinnbringend im Hinblick auf ihren professionellen Kompetenzerwerb genützt werden?
- In welcher Art und Weise muss ein Prozess des Beurteilens gestaltet sein, um mehr als Begleitung individueller Lernwege verstanden zu werden und weniger als bürokratisch-institutionelle Beurteilungssanktion.

Dieser Fragenkomplex, der im Forschungsprozess differenziert bearbeitet wird, erfordert auch die genauere Betrachtung eines neuen Leistungsdenkens, verbunden mit Beurteilungsaspekten von Leistung aus pädagogischer Sicht.

3.7.1 Ein veränderter pädagogischer Leistungsbegriff

Die Vereinigung vorgegebener gesellschaftlicher Leistungsansprüche und individueller Leistungsausrichtung stellt ein Spannungsfeld dar, in dem auch die Institution

Pädagogische Akademie permanent agiert. In diesem Spannungsfeld liegt generell auch die Problematik der Leistungsbeurteilung (vgl. Ziegenspeck, 1999, 54). Einerseits sind Leistungsforderungen aus pädagogischer Sicht nur gerechtfertigt, wenn sie das verlangen, was ein Mensch von sich aus gewillt ist zu leisten. Andererseits erfolgt durch Schule eine Normierung der Leistung. Diese Normierung von Leistung soll auch eine gewisse Vergleichbarkeit von Leistungen sicherstellen. Dadurch wird individuelle Leistung gesellschaftlich definiert, in gewissem Maße aber auch eingeschränkt. Um den pädagogischen Leistungsbegriff erweitern und ausdifferenzieren zu können, ist es erforderlich, weitere Ansatzpunkte und Perspektiven von Leistung aufzugreifen, die keinesfalls vernachlässigt werden dürfen.

Emotionale und soziale Dimension von Leistung
Leistung ist keineswegs nur auf kognitive und materielle Aspekte zu verengen, sondern hat in besonderem Maße, emotionale und soziale Dimensionen zu berücksichtigen. Ein sozial intaktes Beziehungsgefüge ermöglicht einen vertrauensvollen und transparenten Umgang bei Leistungserbringungen und ebenso bei deren Beurteilungen. Können bei Beurteilungsverfahren ferner persönliche Interessen und Fähigkeiten umgesetzt werden, ist somit auch die Möglichkeit gegeben, Bemühungen und Anstrengungen für Leistungserbringungen als persönlich sinnvoll zu empfinden. (Vgl. Bohl 2001, 27-29)

Betonung des Leistungsprozesses
Nicht nur das Endprodukt - die vollbrachte Leistung - sollte als Ergebnis gesehen werden, sondern ebenso sollten die vielen Schritte die zum Ergebnis führten, Beachtung finden. Dem *Leistungsprozess* ist daher verstärkt Aufmerksamkeit zu widmen. *„Unsere pädagogische Aufgabe besteht ja hauptsächlich darin, Leistung zu erzeugen und zu entwickeln, und erst nachrangig darin, sie zu überprüfen und zu beurteilen"* (Sacher 1994, 7). Wie schon angeführt, umfasst ein vielfältiges pädagogisches Leistungsverständnis nicht nur kognitive Anforderungen, sondern ganz speziell sind im pädagogischen Kontext kreativ-ganzheitliche, produktiv-vernetzte, sozial-praktische Leistungsstrukturen von besonderer Relevanz. Diese Vielfalt verlangt für den Fall der Leistungsbeurteilung eine ebenso stärkere Verlagerung von der *Produktbeurteilung* hin zu einer *Prozessbeurteilung*. Leistungsanspruch und Leistungsbeurteilung sind daher stärker als bisher prozessorientiert zu praktizieren. Beurteilung sollte nicht primär als Endabrechnung erscheinen, sondern als Hilfe in Lernprozessen, welche der Befähigung

zur Selbstständigkeit, Selbststeuerung und Selbsteinschätzung dienen sollten. Klafki weist in diesem Zusammenhang aber auch darauf hin, dass für eine diesbezügliche Auffassung und Umsetzung von Beurteilung alltagstaugliche Konzepte fehlen (Vgl. Klafki 1993, 229).

Individuelle Fähigkeiten

Die Betonung von Selbsttätigkeit hebt bei Leistungen die individuellen Fähigkeiten und Möglichkeiten hervor, deren Beurteilung allerdings auch individuelle Bezugsnormen verlangt. Diese erweisen sich in der pädagogischen Praxis dadurch als problematisch, da sie sich kaum vereinheitlichen lassen und nur schwer vergleichbar sind. Sie haben jedoch den Vorteil durch Berücksichtigung von Leistungssteigerungen auch auf vermeintlich niedrigem Anspruchsniveau, motivierend und entwicklungsfördernd zu wirken. Dabei sind individuelle Leistungen immer im Kontext von anlage- *und* umweltbedingten Faktoren zu sehen. Somit sind soziokulturelle Bedingungen also ein wesentlicher Aspekt von Leistungsbeurteilung. (Vgl. Bohl 2001, 28)

Begleitende Unterstützungsmaßnahmen

Um gute Leistungen im pädagogischen Verständnis erbringen zu können, sind begleitende Unterstützungsmaßnahmen von wesentlicher Bedeutung. Hiezu zählen neben organisatorischen, räumlichen Bedingungen, auch systemisch-beratende. Klar definierte Leistungsansprüche können durch gezielte Fördermaßnahmen und beratende Reflexion kontinuierlich begleitet und dahingehend unterstützt werden, als eine erbrachte Leistung auch als persönliche Wertschätzung empfunden und dies auch verbalisiert wird.

Selbstbewertung

Unterrichtstätigkeit erfordert wie jede pädagogische Arbeit einen permanenten Prozess der Selbstvergewisserung und der Selbstreflexion. Zahlreiche Fragen, wie beispielsweise die nach der zielführendsten Methodenauswahl, dem passenden Arbeitstempo, der Über- oder Unterforderung von SchülerInnen u. v. m., sind ein wesentlicher Bestandteil der Vor- und Nachbereitung von Unterricht. Das Nachdenken über bestimmte Unterrichtssituationen und das eigene Handeln im Unterricht, gehört zum Berufsalltag von PädagogInnen. Auf Grund dieser ständigen Reflexionsarbeit finden sie beispielsweise geeignete Unterrichtsmethoden, speziell an die Klasse angepasste Strategien im Umgang mit den SchülerInnen oder besonders geeignete Fördermöglichkeiten. Ekholm bezeichnet deshalb *Selbstreflexion* als einen *Teil der Arbeitskultur von LehrerInnen*. (Vgl. Ekholm 1995, 59-66) Geht man weiters davon aus, dass Beurteilungsprozesse auf die zu Beurteilenden auch eine qualifizierende Wirkung im Sinne von realistischer Selbsteinschätzung haben sollten, so erscheint deren stärkere Einbindung bei der Gestaltung von Leistungsanforderungen als angebracht, vor allem dann, wenn eine kommunikationsorientierte Beurteilung angestrebt wird. Zugleich stünde eine ausschließlich fremdbestimmte Leistungsbeurteilung im Widerspruch zu einer verstärkt geforderten subjektorientierten Berufsbildung. (Vgl. Walter 1996, 181-182)

3.7.2 Leistungen der Studierenden

Das Hineinwachsen in eine Reflexionskultur setzt einen gewissen Lernprozess voraus, der während der LehrerInnenausbildung bereits seine Einleitung erfahren muss, um im späteren Berufsfeld in seiner Weiterführung professionell zum Tragen zu kommen. Neuweg geht davon aus, dass für berufsfertige LehrerInnen rasche Situationsauffassungen, ein weitgehend intuitiv erlebtes, schnelles Beurteilen und Handeln kennzeichnend und auch notwendig sind (vgl. Neuweg 1999, 363). Es darf im Ausbildungsbereich von LehrerInnen nicht vergessen werden, dass diese hocheffektiven und implizierten Wissensstrukturen bei Studierenden erst im Aufbau begriffen sind. Die Arbeit im Praxisfeld kann diesen Aufbau bei angehenden LehrerInnen unterstützen, allerdings nur unter der Voraussetzung, dass die dazu benötigten Erfahrungen (positive wie negative) auch selbstständig, jedoch nicht unreflektiert gemacht werden. Diese Praxiserfahrungen - Begegnungen mit wirklichen Situationen - können, wie Neumann betont, auch die Einsicht wachsen lassen, dass es im Unterrichtsgeschehen Faktoren gibt, die man einfach selbst erleben muss, weil sie nicht durch Worte vermittelbar sind. Er verbindet mit dieser Feststellung allerdings auch die Forderung dem Lerner einen Lehrenden zur Seite zu stellen, der selbst *„Virtuose im Wahrnehmen und Spüren ist und diese Fähigkeit auch deiktisch definierend weiterzugeben vermag"* (vgl. Neuweg 2002a, 25). Um selbstständige, selbstbewusste und selbst reflektierte Leistungshandlungen bei angehenden PädagogInnen zu fördern, erscheint es daher auch als sinnvoll, die bis dato herkömmliche Form der Fremdbeurteilung durch Möglichkeiten der Selbstbeurteilung im Sinne obiger Reflexionskultur zu ergänzen und zu erweitern. Dadurch erhalten Lernende Gelegenheit, ein Gefühl für eigene Stärken, sowie für erforderliche Lernanlässe zu entwickeln und selbstkritisch mit eigenen Leistungen umzugehen. Begleitende Reflexionen im Schulpraxisteam sollen dabei die Fixierung einseitiger Sichtweisen verhindern, indem verschiedene Erklärungsmuster kooperativ ausgetauscht werden.

Die hier aufgezeigten Aspekte und Merkmale eines veränderten pädagogischen Leistungsbegriffes, können als leitende Ansprüche für die vorliegende Forschungsarbeit gesehen werden. Sie wurden während des Forschungsprozesses als ein grundsätzliches Leistungsverständnis erachtet. Leistungen, die Studierende in den „Schulpraktischen Studien" erbringen, werden prinzipiell als in ihnen selbst angelegt und von ihnen selbst konstruiert erachtet. Sie lassen sich nicht erzwingen. Als interessant erwies sich daher die Frage, inwiefern man diese individuellen Entwicklungs- und Entfaltungsprozesse trotzdem unterstützen kann. Und noch größer war das Interesse daran, wie man individuelle Kompetenzentwicklungen beurteilen oder so messbar machen kann, um der gesetzlich geforderte Leistungsbeurteilung in Form von Ziffernnoten nachkommen zu können. Zahlreiche Fragen bezüglich veränderbarer Vorgehensweisen bei Beurteilungen stellten sich, welche auch im aktuellen Forschungsgeschehen immer wieder als neue Impulse einflossen. Als vorrangig erwies sich vor allem der Erwerb einer direkten, praktischen Umsetzungskompetenz der Studierenden. Als wesentlich und entscheidend für einen solchen Kompetenzerwerb wurde nicht eine Note am Ende des Semesters angesehen, sondern das, was die Studierenden dazugelernt haben, das, was sie können.

3.7.3 Kompetenzerwerb durch Bewertungsprozesse?

Die Vielschichtigkeit des Kompetenzbegriffes wird im Kapitel 5 beschrieben. An dieser Stelle wird bezüglich Kompetenzen zusammenfassend von einer Definition Jägers ausgegangen, da sie kurz und prägnant auf die Pädagogik anzuwenden ist, die Kernaufgaben von LehrerInnen - das Lehren und Erziehen - abdeckt und auch die, speziell in dieser Arbeit behandelten Zielerreichungsprozesse, anspricht: *„In der*

Pädagogik versteht man unter Kompetenz die Summe aller Fähigkeiten und Fertigkeiten, die notwendig sind, um Lern- und Erziehungsprozesse zielgerichtet zu steuern" (Jäger 2000, 142). Zu dieser Definition muss im Sinne des in dieser Arbeit vertretenen konstruktivistischen Denkansatzes jedoch angefügt werden, dass die Steuerungsmöglichkeiten beschränkt sind und sich in erster Linie auf die Schaffung einer förderlichen Lernumgebung beziehen. Ebenso wird darauf hingewiesen, dass erst in einer solchen Lernumgebung eine Lernkultur entstehen kann, *„die den Unterschied persönlicher Lernformen berücksichtigt und stetiges, intensives Arbeiten fördert"* (Gardner 2002, 178). Wird Beurteilung nun wie in der vorliegenden Arbeit unter die Prämisse des Kompetenzerwerbes gestellt, ergeben sich daraus auch entscheidende Fragestellungen, welche in verschiedenen Kapiteln und Abschnitten der Arbeit immer wieder mit der Absicht aufgegriffen werden, sie aus der jeweiligen Perspektive zu beleuchten.

- Woraus setzt sich eine solche, wie oben zitierte umfassende, berufliche Kompetenz zusammen?
- Lässt sich diese umfassende Kompetenz pauschal überhaupt bewerten und beurteilen oder sind dafür analytische Teilbeurteilungen besser geeignet?
- Welche methodischen Vorgehensweisen können gewählt werden, um überhaupt zu einer validen Beurteilung gelangen zu können?

Bei konkreten Versuchen den Kompetenzerwerb der Studierenden in Beurteilungsprozessen zu unterstützen, sind besonders drei Einflusskomponenten mitzubedenken: Die gegebenen Rahmenbedingungen bzw. deren bestmögliche Nutzung, die aktiv umgesetzten Beratungs- und Beurteilungsmethoden und die individuellen Lernbedürfnisse der Studierenden.

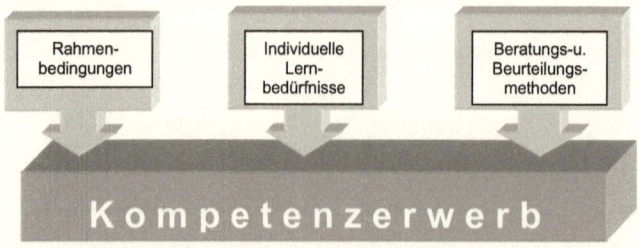

Abb. 5: Einflusskomponenten beim Kompetenzerwerb

Als vorrangige Aufgabe der speziellen Form des Unterrichts in den „Schulpraktischen Studien" wird die Erreichung eines qualitativ und quantitativ anspruchsvollen Leistungsniveaus der Studierenden angesehen. Auf Grund dessen werden sie befähigt bei ihrer Kernaufgabe - dem Unterrichten - *kompetent* zu handeln. Die Schaffung und die Pflege eines positiven Lernklimas im jeweiligen Praxisteam sollen den Rahmen für diesen Zielerreichungsprozess bilden, an dessen vorläufigem Ende, eine Beurteilung zu stehen hat. Im Arbeitsfeld von LehrerInnen sollten erforderliche Kompetenzen transformierbar und flexibel einsetzbar sein. Dieses erforderliche Können und Wissen mit hoher Verständnisqualität kann, wie auch Weinert betont, nicht einfach gelehrt werden, sondern entwickelt sich von konkreten inhaltlichen Lernerfahrungen zu allgemeinen kognitiven Fähigkeiten (vgl. Weinert 2002, 357).

In jedem Unterricht (also auch im Unterricht der „Schulpraktischen Studien") sollten daher in erster Linie Lernprozesse im Vordergrund stehen und erst in zweiter Linie deren Beurteilung. Dieser Forderung stehen zwei Sachverhalte diametral entgegen:

- Messung, Auswertung und Beurteilung von Lernleistungen sind gesellschaftlich und juristisch verankert, und
- Messung, Auswertung und Beurteilung von Lernleistungen sind auch im Bewusstsein der Agierenden im Schulwesen mit einem derart hohen Stellenwert präsent, sodass diesbezügliche Veränderungen einen längeren Einstellungswandel der Beteiligten voraussetzen.

Dieses systemimmanente Grundübel des Leistungsdrucks soll durch gemeinsame, beratende, reflektierende methodische Vorgehensweisen im Praxisteam vor allem insofern reduziert werden, als die Benotung der von den Studierenden erbrachten Leistung nicht als vorrangiges Ziel aufscheint, sondern vielmehr der jeweils persönlich angestrebte Kompetenzzuwachs. Nicht die Vergabe von Zensuren sollte als vorrangig erscheinen, sondern eine sowohl multipersonal als auch selbstüberprüfbare Kontrolle der individuellen Zielerreichung. Diese Meinung wird ansatzweise auch bei Becker beschrieben. Er unterscheidet in diesem Zusammenhang zwischen den Begriffen *„Leistungsmessung"* und *„Erfolgskontrolle"*, wobei letztere seiner Ansicht nach ausschließlich eine Feedback-Funktion hat. Fällt das Ergebnis einer solchen Kontrolle positiv aus, werden Lehrende und Lernende durch das Erfolgserlebnis emotional stabilisiert und frei für weiterführende Ziele. Weiters betont er die Fehleranfälligkeit bei der Auswertung und Beurteilung von Unterricht durch differenzierte Wahrnehmungs-,

Beobachtungs- und Einschätzungsprozesse und tritt daher für eine Einschränkung der Leistungsmessungen im oben angeführten Sinne, und für eine verstärkte Durchführung von *„Erfolgskontrollen"* ein. (Vgl. Becker 1991, 9-13) Ausdrücklich sei jedoch an dieser Stelle nochmals betont, dass sich auch diese Erfolgskontrollen großteils auf zu bewertende Aufgaben und Bildungsziele von SchülerInnen beziehen. Um hingegen pädagogische Zielsetzungen in der LehrerInnenbildung wie beispielsweise die Bereitschaft und die Fähigkeit zu selbstständigem und eigenverantwortlichem Handeln, zu reflektiertem Unterrichten und Erziehen oder zur Selbsteinschätzung des eigenen Unterrichtes zu beurteilen, bedarf es der Entwicklung neuer Beurteilungsformen und neuer Evaluierungsinstrumente und eines qualifizierten Umgangs damit.

4 Beraten zwischen Selbst- und Fremdbestimmung

Der Terminus *beraten* weist bei der Betrachtung seiner Herkunft auf das Verb *raten* hin, das sowohl im Sinne von *vorschlagen, empfehlen, für etwas sorgen, sich kümmern um* verwendet wird, aber auch im Sinne von *sich etwas zurechtmachen, zurechtlegen* und *überlegen* (vgl. Kluge 1999, 668). Die Lebens- und Arbeitsbereiche, in denen *beraten* wird, sind unterschiedlich und je nach Zielgruppe und Vorgehensweisen gibt es vielfältige Formen von Beratung. Die nachfolgende Darstellung verschiedener Beratungsformen erhebt nicht den Anspruch auf Vollständigkeit, sondern soll der Verdeutlichung der Vielfalt von Beratungsarten dienen.

Abb. 6: Beratungsarten

Die Skizze gibt kein Ordnungsschema vor, sondern zeigt nur die unterschiedlichen Ausprägungen von Beratung auf. Psychologische Beratung, therapeutische Beratung, Familienberatung, Berufsberatung und Organisationsberatung sind etwa Bereiche, die zu professionellen Institutionen ausgebaut wurden. Fachberatung und Systemberatung werden im System *Schule* etwa durch die Schulaufsicht angeboten. Die Unterscheidung zwischen Individual- und Gruppenberatung betrifft nur die Anzahl der Personen, die von der Beratung erfasst werden. Für die vorliegende Arbeit ist die pädagogische Beratung von besonderer Relevanz und wird deshalb im Folgenden dargestellt.

4.1 Grundlagen pädagogischer Beratung

Pädagogische Beratung kann unterschiedlich gesehen werden. Einerseits als eine Form erzieherischen Handelns, bei der Bevormundung und Druck vermieden werden, um eine selbst bestimmte Lerngestaltung zu fördern. Andererseits als pädagogische Unterstützung und Hilfe bei der Bewältigung von Problemen. Bei der Erörterung der Beratungsthematik soll hier für pädagogische Beratung folgende Definition der Verfasserin gelten:

Pädagogische Beratung ist professionelles Handeln, bei dem Impulse für Lernprozesse bei allen Beteiligten ausgelöst werden. Die allgemeine Zielrichtung liegt dabei im Problemlösen vor allem im methodisch-didaktischen Umfeld, wodurch die Handlungstüchtigkeit, die Bewältigungs- bzw. Umsetzungskompetenz des Einzelnen erhöht werden soll. Eine Hauptaufgabe von Beratung ist demnach die Gestaltung eines Problemlöseprozesses nach methodischen Gesichtspunkten. Die Eigenbemühungen des Ratsuchenden sollen dabei unterstützt werden. Dadurch können auch seine Kompetenzen zur Bewältigung und konkreten Umsetzung der anstehenden Aufgabe verbessert werden. Die Beratung wird in Form einer sozialen Interaktion durchgeführt und kann so auch als Kommunikationsprozess zwischen zwei oder mehreren Interaktionspartnern verstanden werden. Wenn im Folgenden von Beraten bzw. von Beratung die Rede ist, so ist dies speziell auf die *Praxisberatung* in den „Schulpraktischen Studien" an der „Pädagogischen Akademie der Diözese Linz" zu beziehen. Damit erfährt das weite Feld von Beratungstätigkeiten gleich zu Beginn eine wesentliche Eingrenzung, durch die eine fokussierte Betrachtung des hier vorgestellten Beratungsansatzes erst möglich wird.

4.2 Durchführungskonzept für die Praxisberatung

Die Beratung in den „Schulpraktischen Studien" - *Praxisberatung* - wird in erster Linie als Gruppenberatung in kooperativer Form durchgeführt. Unter *„Kooperativer Gruppenberatung"* (Mutzek 1996, 49) versteht man die Zusammenarbeit einer Gruppe von Berufspraktikern, welche kontinuierlich und systematisch ihren Arbeitsalltag reflektieren. Die Gruppenmitglieder haben gegenseitige beratende Funktionen, sie unterstützen sich so bei der Weiterqualifizierung in ihrem Berufsfeld. Studierende, Ausbildungslehrerinnen und PraxisberaterInnen stellen ein Team dar, in dem Hospitationen und Lehrübungen der Studierenden besprochen werden. Diese Gespräche werden insofern zu Beratungssituationen, da versucht wird in einem partnerschaftlichen, offen geführten Austausch die individuellen Entwicklungspotentiale der Studierenden zu fördern. Durch ein solches Bestreben ergeben sich für die Praxisberatung drei wesentliche Forderungen:
- *Beraten* soll sich verstärkt an den individuellen Kompetenzen der Studierenden orientieren.
- *Beraten* ist prozessual auszurichten.
- *Beraten* soll praktische Optionen sichern bzw. neue eröffnen.

Ein solches Beratungsverständnis wird ferner von der prinzipiellen Beachtung zweier Dimensionen getragen. Erstens verlangt die konkrete Praxissituation die Berücksichtigung gewisser sachlicher, system- und institutionsbezogener Ansprüche. Zweitens stellen *persönliche Ressourcen* der Studierenden einen wesentlich zu beachtenden Aspekt dar. Die Praxisberatung zielt auf ein individuelles Wachsen und auf die Persönlichkeitsentfaltung der Studierende hin. Sie soll *„den unterschiedlichen Bedürfnissen der Lernenden gerecht werden"* (Rogers 1972, 20). Durch ein personenzentriertes Gesprächsklima sollen förderliche Beziehungen aufgebaut werden, welche eine offene Reflexion von Unterrichtssituationen erlauben. *Praxisberatung* zielt daher in zwei Richtungen, einerseits auf die sachlichen Gegebenheiten und andererseits auf die persönlichen Gegebenheiten der Akteure. Die personale Ausrichtung ist jedoch dabei nicht so zu verstehen, dass ausschließlich subjektiven Interessen nachgegangen wird, sondern diese sind stets im Kontext der konkreten Anwendungssituation zu sehen. In diesem Sinne sind die beiden Ausrichtungen beim Beraten - *Sache und Person* - auch nicht getrennt voneinander zu verstehen, sondern die Herausforderung besteht gerade darin, persönliche *und* sachliche, situative Ziele gleichermaßen zu berücksichtigen. Abbildung 7 zeigt diese Ausrichtungen und deren angestrebte Verbindungen.

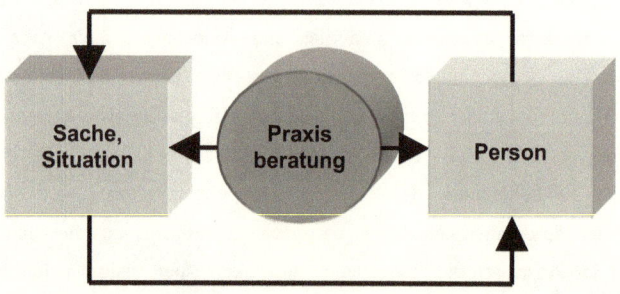

Abb. 7: Ausrichtungen bei Praxisberatung

Auf Grund der sich ständig verändernden Situationen während der Unterrichtsarbeit muss vor allem die Fähigkeit der Studierenden gefördert werden, rasch und kompetent zu reagieren, um handlungsfähig zu sein, zu bleiben bzw. zu werden. Dies erfordert vor allem eine permanente Reflexion über den eigenen Kompetenzstand. Denn immer wenn ein neuer Zielzustand durch Klärungsbemühungen und Entscheidungen erreicht zu sein scheint, wird die erreichte Ordnung durch neue Veränderungen in Frage gestellt.

Eine professionalisierende LehrerInnenbildung, die das Studium an *„berufsrelevanten/situativen Handlungskompetenzen"* (Schratz/Wieser 2002, 17) ausrichtet, hat sich auch auf dem Gebiet der Beratung (hier konkret der *Praxisberatung*) der Förderung der Handlungskompetenzen der Studierenden im Besonderen anzunehmen. Praxisberatung erhält hier insofern eine Chance beeinflussend zu wirken, als sie durch eine ganz bestimmte Beratungskultur den Studierenden Möglichkeiten bieten kann, das eigene Denken und Handeln zu reflektieren. Aus einer solchen Reflexion bildet sich ein gewisses Selbstbild heraus. In Beratungsgesprächen erhalten nun die Studierenden Gelegenheit dieses Selbstbild mit anderen Bildern (AusbildungslehrerInnen, PraxisberaterInnen) zu vergleichen. Eine solche Auseinandersetzung stellt nicht nur einen Beitrag zur Persönlichkeitsentwicklung der

Studierenden dar, sondern auch eine Möglichkeit zur abermaligen Selbstvergewisserung bzw. Neuorientierung ihres eigenen, schulpraktischen Handelns. Die Basis für ein Beraten im oben dargestellten Sinne in der Schulpraxis (Abb. 7) bildet eine, später noch genauer beschriebene, Reflexionskultur speziell im Hinblick auf Kommunikationsstrukturen und Beratungsabläufe zwischen AusbildungslehrerInnen, Studierenden und Praxisberaterin.

Eine wie oben beschriebene kollegiale Praxisberatung ist vor allem darauf ausgerichtet, individuelles Verhalten im jeweiligen pädagogischen Kontext zu verstehen, dieses intensiv zu reflektieren, zu diskutieren und für Veränderungen offen zu halten. Dabei sind zwei Perspektiven zu beachten:

- Die AusbildunglehrerInnen und die Praxisberaterin betrachten die eigenen Vorgangsweisen, das eigene Verhalten und reflektieren dieses kritisch. Fragen über die eigene Offenheit, über das Zulassen anderer subjektiver Varianten, über wertschätzenden Umgang mit allen Beteiligten stehen im Mittelpunkt des Interesses. So gesehen kann man von einer reflektierten Beratung sprechen.
- Die Reflexion der Studierenden kann unterstützt werden, indem deren eigene Entwicklungsschritte im Praxisteam bewusst betrachtet werden. Denkanstöße, Ideen und neue Perspektiven können von den Studierenden an- und eingenommen oder aber auch begründet abgelehnt werden. Sie können so begleitende Unterstützung bei der eigenen professionellen Kompetenzentwicklung finden und in Anspruch nehmen.

Für die im Praxisteam getroffenen Vereinbarungen im Hinblick auf Beratung werden teilweise theoretische Überlegungen aus der *„Kooperativen Gruppenberatung"* nach Mutzeck (1996) herangezogen bzw. diese für das eigene Beratungsgeschehen adaptiert. Folgende Lernprozesse stehen dabei im Zentrum:

- Eigene und fremde Arbeitsprozesse sollen systematisch reflektiert und von konstruktiven Rückmeldungen begleitet werden.
- Ideen und Denkanstösse der Gruppenmitglieder sollen zur Gestaltung der eigenen Arbeit herangezogen werden.
- Gegenseitige empathische Unterstützung und Beratung bei Problembewältigungen soll gegeben sein.
- Die individuelle Beratungskompetenz auf fachlicher und persönlicher Ebene soll ausgebaut werden.

- Die im Team gewonnen Erkenntnisse sollen unmittelbar in die Praxis einfließen.

Ein solches Sich-Einlassen auf Lernprozesse kann dazu beitragen, dass eine befriedigende und erfolgreiche Arbeitssituation her- und sichergestellt wird. (Vgl. Mutzeck 1996, 98) Einer Beratungsphilosophie dieser Art liegen subjektorientierte, kooperative und praxisorientierte Ziele zu Grunde. Insgesamt orientiert sie sich an einem humanistischen Menschenbild, dessen Wurzeln in systemischen, kommunikationstheoretischen Ansätzen zu finden sind. Ebenso findet der Zugang zu bestimmten Tätigkeiten - hier konkret zur Beratungstätigkeit - immer unter der Annahme bestimmter Voraussetzungen statt. Berater sind keine unvoreingenommenen Wesen. Ihr Gegenstandsverständnis und ihre jeweiligen Sichtweisen bilden die Ausgangslage für ihre Aktivitäten. Im Folgenden werden drei Perspektiven aufgezeigt, die leitende Gedanken für die Praxisberatung in dieser Arbeit enthalten.

4.3 Leitende Perspektiven in der Praxisberatung

Das grundgelegte Menschenbild

Jede Zusammenarbeit mit Menschen wird begleitet von eigenen Annahmen und Sichtweisen über die jeweils andere. Man geht nicht voraussetzungsfrei miteinander um. Das eigene Menschenbild beeinflusst das Verhalten und Handeln jedes Einzelnen. Speziell in Beratungsprozessen ist es von Bedeutung, sich dieses Einflusses bewusst zu sein. Die Praxisberatung beruht auf einem Menschenbild, das den Menschen generell als ganzheitliches Wesen sieht, ausgestattet mit potentiellen Fähigkeiten wie Denken, Entscheiden, Wollen, Fühlen und Handeln. So ausgestattet kann der Mensch zu sich selbst, seinen Mitmenschen und zu seiner Umwelt in Beziehung treten. Aus dieser Sichtweise ist der Mensch somit ein Wesen, welches sowohl intraaktiv als auch interaktiv permanent agiert (vgl. Mutzeck 1996, 49-50). Dabei kann er - von seinen prinzipiellen Möglichkeiten her gesehen - seine Entscheidungen selbstständig und aus eigener Kraft treffen. Eine Einschränkung bzw. eine Bevormundung seiner Entscheidungsfreiheit in Beratungssituationen würde eine Leugnung seiner Fähigkeiten gleichkommen. Es sollten daher Situationen geschaffen werden, in denen die eigenen

Entscheidungen der zu Beratenden den Mittelpunkt bilden. So kann ihnen ein sich-ernstgenommen-Fühlen ermöglicht werden. Die Akzeptanz ihrer Entscheidungen fällt nicht immer leicht. In dem wir uns von unseren Gesprächspartnern ein Bild machen, besteht nämlich auch die Gefahr der Vorurteilsbildung. *„Das ist ja gerade der Grund, warum man ein Menschenbild hat oder sucht: Es soll Maß geben. Es gehört zum Grundwerkzeug des Pädagogen: Es hilft ihm fordern, beurteilen, beschämen; es erspart ihm physische Gewalt, in dem es geistige Gewalt ausübt; es rechtfertigt, daß der, der es hat, den erzieht und bildet, der es noch nicht hat."* (Hentig 1996, 26) Diese zitierte Aussage drückt einen gewissen Widerspruch zu einem Menschenbild aus, welches die Selbstbestimmung des Einzelnen betont. Steht die prinzipielle Wahlfreiheit des Individuums im Zentrum, so muss der Mensch auch in all seinen möglichen Erscheinungen gedacht werden dürfen - vom guten Wesen bis zum von Grund auf bösen. *„Dieses Wählen-Können – und die Wahl verantworten, so dass die anderen sie hinnehmen und bejahen –, das könnte dann selbst als das gesuchte Menschenbild ausgegeben werden: die frei entscheidende Persönlichkeit mit dem aufrechten Gang im Bewusstsein ihrer Einmaligkeit und mit dem Recht auf Irrtum, Schwäche, Scheitern."* (Hentig 1996, 27)

Das grundgelegte Wirklichkeitsbild

Jeder Mensch geht von seiner individuellen Welt und Selbstsicht aus, die ein Abbild der subjektiv wahrgenommenen und verarbeiteten Realität ist. Dieses erzeugte Abbild ist also jeweils eine Konstruktion des Einzelnen, es ist die Realität, die sich jeder ständig selbst bildet. Die so von einem Individuum konstruierte Wirklichkeit ist daher nie eine objektive, sondern immer seine ureigenste Welt- und Selbstsicht. Aufgrund dieser selbstgestalteten, intern konstruierten Bilder, treffen wir Entscheidungen und führen Handlungen aus. (Vgl. Mutzeck 1996, 53) Wir sind permanent auf der Suche nach Möglichkeiten und Konzepten, durch die wir uns verwirklichen können. Auf Grund unserer Denkwelt - unserer mentalen Modelle - *er*zeugen wir uns auch eine eigene Welt. Die Vorsilbe *„er"* deutet schon auf aktive Prozesse und auf Momente der Schöpfung hin. Folgende Aussage von Heinz von Foerster bringt diese grundlegende Argumentation einer konstruktivistischen Denkart zum Ausdruck: *„Es wird etwas kreiert, das nicht schon da sein muß. Wenn ich davon spreche, daß Wirklichkeit er-funden, er-rechnet und er-kannt wird, geht es nicht um eine passive Reproduktion von Vorhandenen, sondern stets um schöpferische und lebendige Vorgänge: Es wird etwas* *erzeugt, es wird etwas erfunden – und nicht gefunden, nicht entdeckt."* (Förster 2001, 20). Was wir aus unserer Denkwelt heraus letztendlich umsetzen, kann niemand für uns entscheiden. Wir können nur mit unseren Mitmenschen über unsere Pläne und Handlungen kommunizieren, man kann Übereinstimmungen finden, man kann Differenzen aushandeln und so seine Handlungsmöglichkeiten erweitern - man lernt dazu. Menschen agieren also nicht nur aufgrund sozialer und situativer Umweltinformationen, sondern vor allem auf Grund ihrer inneren Bilder, die sie sich von sich selbst und von ihrer Welt, die sie umgibt, machen. Der Mensch selbst ist Konstrukteur und Hersteller der Sinnhaftigkeit seiner eigenen Handlungen. Menschen treffen Entscheidungen, verhalten sich und handeln aufgrund ihrer eigenen Konstruktionen von Wirklichkeit. Ihre Innenansichten von der Welt stellen jedoch keine summativen Informationsansammlungen dar, sondern sind vernetzte Informationsprozesse, durch die der Mensch seine Ansichten bzw. Konstrukte ständig weiterentwickeln kann. Diese Sichtweisen über das Denken, Verhalten und Handeln der Menschen, führt zu einem konstruktivistischen Menschenbild (siehe auch Kapitel 2), das im Kontext von Beratungsprozessen von weitreichender Bedeutung ist. Es kann mithelfen, die mentalen Prozesse der Beteiligten und die daraus folgenden individuellen Verhaltensweisen und Handlungen zu erklären, andere Standpunkte zu verstehen und neue Sichtweisen miteinzubeziehen.

Das grundgelegte Bild vom Handeln
Die oben angeführten Entscheidungen hinsichtlich Handlungsweisen des Menschen entwickeln sich stets in einem Gesamtkontext von Aktualität, Sozialität und Historizität des Individuums. Versucht man Handlungen zu erklären, so ist immer mitzubedenken, dass diese unmittelbar mit den internen, mentalen Prozessen einer Person in Verbindung stehen. Außenstehende können daher nur Beobachtetes interpretieren. Der Handelnde selbst kann sein Agieren begründen, indem er es mit seinen Zielen, Plänen und Entscheidungen in Verbindung setzt. Aber auch er interpretiert, da er die Wirklichkeit nur durch seine eigene Konstruktion darstellen kann. Diese Selbstinterpretation des Handelnden kann - muss aber nicht - operativ wirksam werden. (Vgl. Mutzeck 1996, 54-55) Menschliche Handlungen stellen im Kontext des oben erläuterten Menschen- und Wirklichkeitsbildes ein inter- und intraaktives Geschehen dar. Bevor es zur eigentlichen Handlung kommt, baut sich diese, beeinflusst vom gegebenen Gesamtkontext, auf. Durch die jeweilige individuelle Informationsaufnahme und

Informationsverarbeitung werden die Kreise mental immer enger gezogen. Es wird aufgrund der aktuellen Situation immer wieder neu, spezifisch geplant und individuell entschieden, bevor die Handlung in ebenso individueller Art und Weise ausgeführt wird. Die oben angesprochenen mentalen Prozesse - im Sinne von gedanklich ausgeführten Handlungen - spielen dabei im konstruktivistischen Kontext eine wesentliche Rolle.

Der hier beschriebene Aufbau einer Handlung stellt sich jedoch sehr allgemein dar. Wenn es gezielt um pädagogisches Handeln - um schulpraktische Handlungen der Studierenden - geht, kann der Prozess von der Kontextwahrnehmung zum situativen Handeln in Lehr- und Lernprozessen wie folgt dargestellt werden:

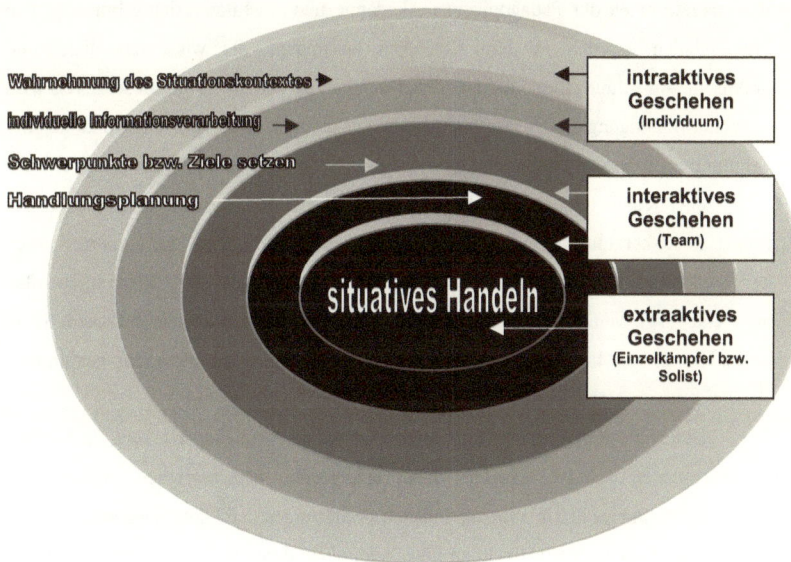

Abb. 8: Situatives Handeln

In Abbildung 8 werden die wesentlichen Komponenten, die das situative Handeln der Studierenden beim Unterrichten beeinflussen, aufgezeigt. Die erste maßgebliche Komponente ist das intraaktive Geschehen in der Person, die Art und Weise, wie das

Individuum die Situation wahrnimmt, verarbeitet und sich ein Bild von der momentanen Lage konstruiert. Als zweite Komponente beeinflussen die im Praxisteam vereinbarten Schwerpunktsetzungen und Ziele das bevorstehende Handeln. Letztendlich kommt es zur konkreten Umsetzung, zum situativen Handeln, welches charakterisiert sein kann von Anstrengung (Einzelkämpfer) bzw. von Leichtigkeit und Können (Solist).

4.4 Beraten als Lehr- und Lernprozess

PraxisberaterInnen der Pädagogischen Akademie und AusbildungslehrerInnen an den Praxisschulen arbeiten in dem Bestreben zusammen, die wissenschaftliche und praktische Ausbildung der Studierenden fruchtbar zu vernetzen. Im Besonderen wird dabei die Befähigung angehender LehrerInnen angestrebt, in komplexen Situationen der Schulpraxis professionell agieren und intervenieren zu können. Der dafür nötige Erwerb spezifischer Kompetenzen steht daher im Mittelpunkt des Beratungsinteresses in der Praxis. Praxisberatung bezieht sich in diesem Sinne vor allem auf das situierte Lernen der Studierenden. Wissen wird beim situierten Lernen als stark kontextgebunden angesehen (vgl. Mandl/Gruber/Renkl 2002, 141). Ein Lernzuwachs ist in diesem Sinne vor allem in der tätigen Auseinandersetzung der Lernenden in einem bestimmten Kontext (situativ) zu erwarten.

Unterrichtsarbeit ist für Studierende eine aktive Auseinandersetzung im Kontext des komplexen Schulalltags. Die dabei erfolgenden pädagogischen Interaktionen bewegen sich immer in Situationen, in denen es Störungen und Unvorhergesehenes gibt. Sie verlangen nach situativ-flexiblen Entscheidungen, deren Konsequenzen man jedoch nicht unmittelbar voraussagen kann. Durch die Praxisberatung soll deutlich gemacht werden, dass es keine privilegierte Position gibt, von der aus man die Wahrheit, das richtige Handeln ablesen kann. Es geht vielmehr darum, durch die Zusammenarbeit im Praxisteam die bestmögliche Art für die Unterrichtsarbeit herauszufinden. Diese praktische Unterrichtsarbeit wird von und mit den Studierenden systematisch geplant, durchgeführt und ausgewertet. Dabei muss es im Praxisteam möglich sein zu argumentieren, was man tut, wann und warum man es tut und wie man die Ergebnisse bewertet. In diesem Sinne steht die Praxisberatung im Dienste der Professionalisierung von LehrerInnen. AusbildungslehrerInnen zeigen Wege der Unterrichtsarbeit auf. Was und wie viel durch ein solches Aufzeigen an praktischen Wissen an die Studierenden vermittelt werden kann, stellt das Hauptinteresse dieser Lehr- und Lernprozesse in der Praxis dar.

In den „Schulpraktischen Studien" finden Lehr und Lernprozesse laut Stundentafel (siehe Anhang Nr. 5) in folgenden Teilbereichen statt: Hospitationen, Unterrichtsanalyse, Entwicklungsberatung, Beratung/Planung/Reflexion, Praxis, Kommunikations- und Lehrverhaltenstraining, Blockpraktikum. Für die vorliegende Arbeit werden die Teilbereiche *Hospitation, Beratung/Planung/Reflexion* und *Praxis* herausgegriffen. Hier finden Lehr- und Lernprozesse nicht in den traditionellen Formen von Unterricht statt. Trotzdem enthalten sie auch grundlegende Elemente eines herkömmlichen Unterrichtsverständnisses. *„Danach läßt sich Unterricht beschreiben als ein Handlungsgefüge zwischen Lehrenden und Lernenden, das auf der Basis eines vorfindbaren individuellen, institutionellen Bedingungsgefüges auf das Erreichen eines bestimmten Zielgefüges hin angelegt ist. Dieses Zielgefüge kann vorgegeben sein oder in Interaktion mit den Beteiligten abgesprochen werden"* (Dichanz/Eubel/Schwittmann 1983, 25).

Der Unterrichtsbegriff in den „Schulpraktischen Studien"
Obige Definition führt auch zum Unterrichtsbegriff in den „Schulpraktischen Studien". Aber zum Unterschied vom üblichen Unterricht wird dort das herkömmliche Lehrer-Schülerverhältnis durch die Arbeit im Praxisteam zu einer völlig neuen Konstellation in Bezug auf Lehrende und Lernende erweitert. Teamarbeit und Lernen in Gruppen sind zwar ebenso Elemente der herkömmlichen schulischen Unterrichtsformen, das Unterrichtsgeschehen in der Praxis weist jedoch spezifische Charakteristika auf:

- Der Unterricht in den „Schulpraktischen Studien" findet in einer besonderen personalen Zusammensetzung statt. An der Unterrichtsarbeit im Praxisteam haben Personen unterschiedlicher Bildungsinstitutionen mit unterschiedlichen Intentionen Anteil.
- Außerdem sind die Arbeits- und Sozialkontakte der Beteiligten in der Schulpraxis dadurch charakterisiert, dass zur gleichen Zeit unterschiedlichste Organisationsformen der Arbeit stattfinden. Beispielsweise unterrichten Studierende, während SchülerInnen in Partnerarbeit tätig sind. Gleichzeitig

hospitieren Studierende, AusbildungslehrerInnen und PraxisberaterInnen und nehmen beobachtend am Unterricht teil.

Spezielle Position der Studierenden im Unterricht der „Schulpraktischen Studien"
Die Position, welche die Studierenden bei ihren Unterrichtstätigkeiten im Rahmen der Schulpraxis einnehmen, ist eine besondere: Sie sind *gleichzeitig Unterrichtende* und *selbst Unterrichtete.* Die Erfüllung dieser zwei, in einer Person vereinten Funktionen, stellt eine besondere Herausforderung dar. In dieser Rolle gilt es einerseits *Lernprozesse zu lenken* und sich gleichzeitig dabei bewusst zu sein, *selbst in einen Lern- und Beurteilungsprozess eingebunden* zu sein. Dieses Bewusstsein kann für Studierende eine Doppelbelastung darstellen, da sie sich bei ihren Unterrichtsversuchen nicht nur auf die aktuellen Anliegen des Unterrichtes mit den SchülerInnen konzentrieren, sondern stets auch ein zu erwartendes Urteil über ihren Lehrauftritt im Hinterkopf mit sich tragen. Diese möglicherweise belastende Komponente soll durch eine grundlegend partnerschaftlich-dialogische Vorgehensweise im Praxisteam weitgehend abgeschwächt werden. Durch einen offen geführten Dialog, durch das selbstverständliche Miteinschließen von widersprüchlichen Meinungen und Gegensätzen, sollen Lernprozesse aller Beteiligten ermöglicht werden. Nach Ansicht der Verfasserin stellt eine solche Vorgehensweise auch einen wesentlichen Beitrag für eine effiziente Unterstützung bei Beurteilungsprozessen dar. Diese Meinung wird durch folgende psychologische Grundannahmen gestützt:

Soll sich ein bestimmtes menschliches Verhalten ändern, so ist dies durch die Veränderung der Bedingungen, welche dieses Verhalten auslösen, erreichbar. Durch Veränderung der Konsequenzen aus der Umwelt - hier eine konkrete Veränderung des Beratungs- und Beurteilungsmodus - können somit auch Verhaltensänderungen ausgelöst werden. Um neue Handlungsstrategien zu entwickeln, erscheint es von Bedeutung nicht nur die Umwelt als Verhaltensdeterminante zu beachten, sondern eine erweiterte Vorstellung reziproker Determinanten heranzuziehen, wie dies bei sozialen Lerntheorien der Fall ist. Beachtet werden dabei wechselseitige Beziehungen zwischen Personen, Umwelt und Verhalten, wobei die Selbstregulation des Verhaltens eine wichtige Rolle spielt. Eines der bedeutsamsten Ziele besteht darin, das Individuum dabei zu unterstützen, ein Gefühl der *Selbstwirksamkeit* zu entwickeln. (Vgl. Zimbardo 1983, 244) Integrativ gestaltete Beratungs- und Bewertungsprozesse können in diesem Sinn für Studierende neben einer informativen auch eine positiv verstärkende Funktion im Hinblick auf ihre Selbstsicherheit haben und in der Konsequenz sich ebenso positiv auf ihren Kompetenzerwerb auswirken.

Weiters erscheint es von Bedeutung eine weitere, wesentliche Komponente - die soziologische - mit zu bedenken. Studierende stehen, bedingt durch ihr Studium, in einem Sozialisationsprozess für ihren zukünftigen Beruf. Nicht nur die Ausübung eines Berufes, sondern auch schon die vorbereitende Ausbildung übt einen prägenden Einfluss aus und trägt dazu bei, die gesamte Persönlichkeit zu formen. Beck bezieht diese berufliche Sozialisation vor allem auf die subjektiven Auswirkungen der Berufstätigkeit. Er definiert sie vor allem als die Frage, welche Anforderungen an persönliche Orientierungen und Fähigkeiten, an Verhalten und Interessen, an Lebensgestaltung und persönlicher Entwicklung in diese Strukturen selbst eingelassen sind. Ferner beachtet er dabei, welche unter Umständen problematischen, widersprüchlichen Menschenbilder und Entwicklungsprogramme sie implizieren. (Vgl. Beck/Brater/Daheim 1980, 199).

Praxisberatung als spezifische Unterrichtsform
Praxisberatung als spezifische Unterrichtsform - in der Lehr- und Lernprozesse für den zukünftigen Beruf bildend wirken soll, hat nicht nur das Ziel, die jeweils geforderten beruflichen Kompetenzmuster anzustreben. Sie sollte weiters auch dazu beitragen, die Entwicklung dabei möglicher, individueller Variationen zu unterstützen. Die schrittweise Entfaltung von geforderten Kompetenzen und deren Verbindung mit persönlichen Stärken soll die Studierenden befähigen, *ein professionelles Selbstbild* zu erwerben. Durch Beratungsgespräche können Gewissheiten aber auch Unsicherheiten im eigenen Vorgehen bestätigt bzw. widerlegt werden. Dadurch wird verhindert, dass man der eigenen Voreingenommenheit erliegt, das Selbstbild kann so reguliert werden. Wesentlich dabei erscheint die Betonung, dass in diesem Prozess klar werdende Unzulänglichkeiten bzw. unausgereifte Erkenntnis- und Handlungsmöglichkeiten, nicht vorrangig als Mängel eingestuft, sondern als Entwicklungspotential mit positiven Kräften angesehen werden sollten. Die auftretenden Gegenüberstellungen von Ansichten und Meinungen in Gesprächen dienen dazu, Distanz zum eigenen Vorgehen einnehmen zu können und durch Vergleiche mit anderen subjektiven Gedankengängen, die eigene Arbeit überprüfen zu können. Genau diese dialogisch geführten Überprüfungen von Meinungen können eine Basis für Lernprozesse darstellen. Ein in dieser Weise geprägtes interaktives Unterrichtsgeschehen in den „Schulpraktischen

Studien" geht davon aus, dass lernende Erwachsene umfassenden Erfahrungsbereichen gegenüber stehen, die sich traditionell in die Kategorien gegenständliche, soziale und sprachliche Realität aufgliedern lassen. Der Aufbau der genannten Bereiche reduziert sich jedoch nicht nur auf das Vorhandensein von äußeren Realitäten, vielmehr sind die in ihnen stattfindenden Interaktionsprozesse zugleich *identitätsbildende* Prozesse, die die Selbstverwirklichung der Individuen fördern. Die interaktiv aufgebauten Erfahrungshorizonte der Lernenden unterliegen aber auch in ihrer eigenen Struktur wiederum einer Dialektik von Selbst- und Fremdbestimmung. Diese Dialektik von Selbst- und Fremdbestimmung stellt ein wesentliches Interesse bei der spezifischen Unterrichtsform *Praxisberatung* dar.

Der Terminus Dialektik wird häufig verwendet, ist aber ein umstrittener philosophischer Begriff. Er hat im Laufe der Geschichte oftmals Bedeutungsveränderungen erfahren. Hier soll er als ein ausdrücklich an das Gespräch - den Dialog - gebundener Begriff, also im ursprünglichen Sinn von *„dialektike techne"* (griech. - Gesprächskunst) verstanden werden (vgl. Kluge 1995, 177). Die Gesprächsführung, als eine Methode unterschiedliche Denkweisen zu problematisieren und durch die Bewegung des Gesprächs zwischen den Teilnehmern den Widerstreit der Meinungen zu überwinden und dadurch zu neuen Erkenntnissen zu kommen, steht so unmittelbar im Dienste von Lehr- und Lernprozessen. Die Begriffe *Dialog, dialektisch, dialogisch* werden in dieser Arbeit auch in diesem Sinn verwendet. Praxisberatung, die als integriertes Lehren und Lernen verstanden wird, kann somit von einer solchen dialogischen Ausrichtung profitieren.

Auf einige Vertreter des dialektischen Denkens soll im folgenden Abschnitt detaillierter eingegangen werden, da die von ihnen vertretenen Positionen auch jene hier in der Arbeit eingenommenen, grundlegenden Einstellungen beim Beraten im Sinne von Unterstützung von Lernprozessen, widerspiegeln. Ferner leiten sie teilweise einen Paradigmenwechsel bei der Anschauung bezüglich Lehr- und Lernprozesse ein und wurden so auch zu Wegbereitern für jene konstruktivistische Grundhaltung, welche ebenso eine gedankliche Basis für die in der Arbeit behandelten Beurteilungsprozesse darstellt. Die im Folgenden aufgezeigten gedanklichen Positionen flossen auch in laufende Diskussionsprozesse der schulpraktischen Arbeit ein und trugen so zu einer erweiterten Bewusstseinsbildung der Praxisakteure bei.

4.4.1 Lehr- und Lernprozesse - die Position Deweys

Deweys Position hinsichtlich Lehr- und Lernprozesse wird hier dargestellt, da sich darin zahlreiche nützliche gedankliche Anknüpfungspunkte für Lehr- und Lernprozesse in der Schulpraxis finden lassen. Ein einleitendes Beispiel soll dies verdeutlichen: Schulpraktische Arbeit bedeutet für Studierende, sich kontinuierlich brauchbare Verhaltensformen für ihre zukünftige Lehrtätigkeit zu erwerben. Durch ihr selbstständiges Agieren können sie Erfahrung sammeln. Nach Dewey verändert jede Erfahrung auch denjenigen der sie macht, *„…während diese Veränderung ihrerseits wieder die Qualität der folgenden Erfahrung beeinflußt"* (Dewey 1938, dt. Übersetzung Corell 1974, 259). Um genauer in die Gedankenwelt Deweys einzudringen, ist ein umfassenderes Bild von ihm nötig. Dieses wird im Folgenden in groben Zügen wiedergegeben, um anschließend die oben genannten Anknüpfungspunkte und gedanklichen Parallelen für die schulpraktische Arbeit der Studierenden erkennen zu können.

John Dewey ist als Klassiker der Pädagogik bekannt, seine Grundüberlegungen sind jedoch philosophischer Natur. Seine Gedanken über Erziehung und Unterricht können als das Praktischwerden seiner Philosphie angesehen werden. Von William James (1890) stark beeinflusst, entwickelte er zunehmend eigene Denkstrukturen, die später als pragmatisch bzw. instrumentalistisch bezeichnet wurden. Er arbeitete nach Entwicklungslinien des Pragmatismus, dessen Grundaussagen hier kurz zusammengefasst angeführt werden:

- Denken ist eine interessengeleitete, handlungsorientierte Aktivität.
- Theorien müssen brauchbar sein, müssen Handlungskonsequenzen beinhalten.
- Pragmatisten betonen die instrumentale Funktion der Wahrheit, sie wollen nicht die Welt erkennen, wie sie wirklich ist, sondern sie verändern.

Fragen nach dem Wahrheitsbegriff stellen sich im Pragmatismus beispielsweise folgendermaßen:

- Angenommen eine Vorstellung oder ein Urteil sei wahr - wie wird diese Wahrheit erlebt?
- Welche Erfahrungen werden anders sein, als sie es wären, wenn jenes Urteil falsch wäre?
- Was bewirkt diese Wahrheit konkret in der Erfahrung? Wie brauchbar ist sie?

Die Antwort des Pragmatismus auf diese Fragen lässt sich komprimiert wie folgt ausdrücken: Wahre Vorstellungen sind jene, die sich der Mensch aneignet und geltend macht, die er in Kraft setzen und verifizieren kann. Als falsche Vorstellungen werden jene bezeichnet, bei denen dies alles nicht möglich ist. Eine Vorstellung wird durch Ereignisse wahr gemacht (vgl. James 1994, 76-77). In diesem Sinne fordert Dewey für die Schule kooperative Arbeitsprozesse auf Basis konkreter Erfahrungen, von denen aus wissenschaftliches Denken erweitert und untersucht werden soll. Sein vielseitiges Interesse lässt sich zusammenfassend folgendermaßen ausdrücken: Wie lässt sich eine humane Gesellschaft mündiger Bürger - gegen die Routine des Gewohnten und die Interessen der Privilegierten und unter Bedachtnahme des Vermächtnisses der Aufklärung - verwirklichen? Und wie muss in einer Schule gearbeitet werden, die auf eine solche Gesellschaft vorbereiten soll?

Dewey strebte eine Reform durch Schule und eine Reform der Schule an und suchte neue Formen demokratischer Lernprozesse. Er verstand Schule als Experimentier- und Anwendungsgebiet, so gesehen als Praxisfeld für seine philosophische und psychologisch-pädagogische Theorie, in der er vor allem geistige Selbstständigkeit statt Passivität, Kooperation statt Konkurrenz und Selbstbestimmung statt Anpassung ins Zentrum stellte. Er ging dabei davon aus, dass Denken in problematischen Situationen entsteht und der Aufklärung und Analyse einer momentanen Lage dient mit dem Ziel, eine neue Anpassung im Handeln zu ermöglichen. Er verwendete als Metapher einen Wanderer. *„Er geht voran, ohne eigentlich auf seinen Weg achtzugeben oder an ein bestimmtes Ziel zu denken. Plötzlich wird ihm Einhalt getan, er wird angehalten. Es ist etwas in seinem Tun und Treiben nicht in Ordnung. ... Von seinem eigenen Standpunkt aus ist das ein Stoß, eine Verwirrung, eine Störung, eine Unsicherheit."* (Dewey 1938, dt. Übersetzung Corell 1974, 144)

Dewey vertritt primär die Ansicht, dass Erkenntnis ein intermediäres Stadium zwischen einer mehr oder weniger desorganisierten, fragmentarischen Art der Erfahrung und einer klareren, gut organisierten und somit besser beherrschbaren Situation darstellt. Denken stellt für Dewey eine Art Probehandeln dar, dessen Folge eine bessere Beherrschung bestimmter Situationen ist. Der Zusammenhang zwischen Erkennen und Tun ist für ihn geradezu das charakteristische Merkmal von Erkenntnis. Ein wirklicher Erkenntnisakt verändert demnach nicht nur die äußeren Gegebenheiten, sondern verändert auch den Erkennenden selbst und zieht eine innere Veränderung der handelnden Person nach sich. Dewey geht jedoch sehr spezifisch darauf ein, in welcher Art und Weise eine Erfahrung gemacht wird, darauf ob die Erfahrung Möglichkeiten der Weiterentwicklungen enthält. *„Alles hängt vielmehr von der Qualität der gemachten Erfahrung ab"* (Dewey 1938, dt. Übersetzung Corell 1974, 254). Der mit seiner Umwelt interagierende Mensch bildet nach Ansicht von Dewey mit dieser eine Einheit. Mit den Begriffen *Erfahrung und Experiment* will Dewey die unmittelbar erlebte Einheit von Subjekt und Objekt gewissermaßen als eine Totalität eigener Art verstanden wissen. *„Man beachte, daß die gegenwärtige Tätigkeit die einzige ist, die wirklich in unserer Macht steht"* (Dewey 1938, dt. Übersetzung Corell 1974, 203).

Dewey vertritt die Meinung, dass immer dann, wenn die unmittelbare Erfahrung nicht ausreicht um ein angestrebtes Ziel zu erreichen, Reflexion notwendig wird. Tritt dem Menschen in seinen Handlungsplänen ein Hindernis, ein Problem entgegen, wird er sozusagen gezwungen über das vorher unreflektierte Vorgehen, Überlegungen anzustellen. *„Gerade solche Probleme sind aber die Anreger des Denkens"* (Dewey/Handlin/Correll 1963, 87). Dieses Vorgehen kann als ein Akt der Konstruktion bezeichnet werden. Menschen konstruieren so Zusammenhänge, die ihnen im Hinblick auf das jeweilige Problem bedeutungsvoll erscheinen, reflektieren diese und beziehen auch mögliche Konsequenzen mit ein. Die Unmittelbarkeit der primären Erfahrung geht dadurch zwar verloren, aber durch die Reflexion wird eine neue Einheit hergestellt, die wiederum den Ausgangspunkt für eine neue Erfahrung bildet (siehe auch Lernspirale in 3.5.1 - Abb. 3) Auf diese Art und Weise wird ein Kreislauf aufgebaut, bei dem Lernen als evolutives Geschehen betrachtet werden kann und - so Dewey: *„Dieser Prozess gleicht einer Spirale"* (Dewey/Handlin/Correll 1963, 88). Ein Lernprozess beginnt durch unmittelbare - primäre - Erfahrungen und Erlebnisse und entwickelt sich durch deren Reflexion auf ein höheres Niveau weiter, von dem aus neues Lernen möglich ist.

In Lernprozessen steht der Mensch mit seiner Umwelt in einem unmittelbaren, aufeinander abgestimmten und fortlaufenden Handlungszusammenhang - er interagiert. Interagieren heißt handeln, und *handeln* ist bei Dewey gleichzusetzen mit *Erfahrung machen*, Erfahrung die vom Individuum aus selbst aktiv geleitet wird. *„Jede echte Erfahrung hat auch eine aktive Seite ..."* (Dewey/Handlin/Correll 1963, 50). Sie kann als das Ergebnis vieler erfolgreicher bzw. auch erfolgloser durchgeführter bzw. Handlungsversuche bezeichnet werden.

„Schulpraktische Studien" bilden einen Raum, in dem solche Handlungsversuche stattfinden können. Ziel dieser Versuche ist - um es mit Dewey auszudrücken - „*die Schulung der Fähigkeit zur Selbstbeherrschung*" (vgl. Dewey 1938, dt. Übersetzung Corell 1963, 75). Studierende können ihre schulpraktische Arbeit individuell planen, aktiv umsetzen und so Erfahrungen sammeln. Durch bewusste Reflexion werden diese Erfahrungen analytisch betrachtet und durch Beratung mögliche zukünftige Veränderungen besprochen und geplant. „*Diese Planentwicklung geschieht in einem wecheslseitigen Geben und Nehmen, in dem der Lehrer zwar nimmt, aber auch nicht vor dem Geben zurückschreckt. Das Wesentliche dabei ist, dass der Plan wächst und Gestalt annimmt durch den Prozess des gemeinsamen Denkens.*" (Dewey 1938, dt. Übersetzung Corell 1974, 283)

4.4.2 Lehr- und Lernprozesse - die Position Piagets

Jean Piaget, der Begründer der Genfer Schule der Entwicklungspsychologie, versuchte vor allem experimentelle Belege für bestimmte Stadien der kognitiven Entwicklung im Kindesalter zu erbringen. Ihn interessierte vor allem die Frage, in welcher Beziehung das menschliche Verhalten zu seiner Umwelt steht, weil er die Auffassung vertrat, man könne Denken aus seiner Genese heraus verstehen. Sein Modell der kognitiven Entwicklung wird durch den Verlauf von fünf - hierarchisch aufeinander aufbauenden - Phasen dargestellt, die hier jedoch nicht detailliert behandelt und ausgeführt werden. Wesentlich erscheint an dieser Stelle vielmehr, seine Kernaussagen zusammenzufassen, da aus diesen konstruktivistische Aspekte des Lernens hervorgehen.

Piagets Hauptaugenmerk lag auf der Erforschung von Denkprozessen, wobei er vor allem die *qualitativen* Aspekte des Denkens betonte. Es ging ihm bei seiner Kognitionstheorie in erster Linie um Struktur und Funktion von Intelligenzleistungen, nicht um quantitative Unterschiede. „*Diesen Erkenntnis bildenden Prozess werden wir in seiner elementaren und ursprünglichen Form zu erfassen suchen...*" (Piaget 1975, 13). Er geht von der generellen Tendenz des Subjekts aus, sich gegenüber der dinglichen wie der sozialen Umwelt aktiv aneignend zu verhalten. Der Mensch entwickelt seine inneren Strukturen in Interaktion mit den Umweltbedingungen. Piaget stellt Lernen als einen aktiven Konstruktions- und Interaktionsprozess dar, wobei er Interaktionsprozesse als wechselseitige Anpassungsprozesse sieht, die mit den Akten der Assimilation und der Akkomodation zu erklären sind. *Assimilation* nennt Piaget jene Tätigkeiten, die dazu führen, Teile der äußeren Wirklichkeit in die eigenen - bereits vorhandenen Schemata - einzuordnen, sie in diese einzupassen. Als entgegengesetzte Tätigkeit wird die *Akkomodation* bezeichnet, bei der die im Gehirn bereits verfügbaren und gespeicherten Schemata der äußeren Wirklichkeit angepasst und diese Schemata dadurch verändert, differenziert und erweitert werden. *„Die ursprünglichen Richtungen der Assimilation und der Akkomodation sind natürlich einander entgegengesetzt. Die Assimilation ist konservativ ... während die Akkomodation Quelle von Veränderungen ist... ."* (Piaget 1975, 339) Die Akkomodation ist jener Vorgang, der auch in einem EEG im Vergleich zur Assimilation nachweislich als der intensivere Akt erkennbar ist (vgl. Schachl 1996, 39).

Lernen im Zusammenhang mit Piagets Theorie gesehen, ist ein ständiges Überprüfen von Hypothesen, wobei bestehendes Wissen durch hinzukommende Informationen bestätigt - assimiliert - wird. In einem weiteren Schritt wird es aber auch verändert und erweitert - akkomodiert. Assimilation und Akkomodation sind so gesehen als grundlegende antagonistische Akte zu sehen. *„Aber wenn diese beiden Funktionen in ihren Prinzipien antagonistisch sind, dann besteht gerade die Rolle des geistigen Lebens im allgemeinen und der Intelligenz im besonderen in der Koordination der beiden miteinander"* (Piaget 1975, 339). Antagonistisch bedeutet ein gegeneinander Kämpfen, miteinander im Widerstreit sein. Antagonistische Tätigkeiten sind demnach Handlungen mit entgegengesetzten Richtungstendenzen, die jedoch aufeinander angewiesen sind und einander gewinnbringend und fruchtbar ergänzen. In ihrer Koordination liegt der Schwerpunkt der geistigen Entwicklung und Piaget gibt durch diese Art der Beschreibung des *Denkaktes* eine prinzipiell *dialektische Grundfigur* vor. Mit ihr ist es möglich, kognitive, sprachliche und soziale Entwicklungsprozesse darzustellen und auch zu interpretieren.

Für Lehr- und Lernprozesse in den „Schulpraktischen Studien" ist die Position Piagets insofern interessant, als *„... die Geschichte der Assimilation und der Akkomodation, ... ein allgemeines Phänomen darstellt, ..."* (Piaget 1975, 350). Diese Prozesse können somit auch als grundlegend bei erwachsenen Lernern angenommen werden. Ferner betrachtet er Lernen prinzipiell als einen aktiven Konstruktionsprozess der Lernenden selbst. Nach einer solchen Sichtweise von Lernen kann demnach eine Belehrung von Lernenden (Studierenden) gar nicht stattfinden. Was die Lehrenden den Lernenden beratend anbieten können, ist lediglich ein Aufzeigen von alternativen Möglichkeiten des Handelns in der Schulpraxis. Aus diesen Optionen wählen die

Studierenden das für sie Brauchbare aus. Durch ihre Aktivitäten in der Schulpraxis können sie ihr vorhandenes Wissen bestätigt bekommen, sie können es aber auch anpassen oder ändern. Ihre kognitiven Schemata bezüglich schulpraktischer Handlungen werden so differenziert und erweitert - sie lernen.

4.4.3 Lehr- und Lernprozesse - Die Position von Hentigs

Hentig sieht sich in erster Linie nicht als Theoretiker, sondern eher als Lehrer, der sich vor allem um praktisch-pädagogische Anliegen annimmt. Er stellt die Wissenschaft der Pädagogik als eine systematische Bemühung dar, die Bedingungen des Bildungserwerbs, des Lehrens und Lernens - des Unterrichtens, der pädagogischen Handlungen und den damit verbundenen Absichten, so klar wie möglich zu ermitteln und darzustellen. Die wissenschaftliche Beschäftigung mit Pädagogik soll dazu beitragen, eine vielgestaltige, sich wandelnde, eigenwillige Wirklichkeit zu erkennen und eine Hilfe bei ihrer Erklärung anbieten. Dies vor allem durch Aufmerksamkeit im Handlungsvollzug, dessen nachträgliche Beschreibung und durch den Vergleich dieser Beschreibungen. Ebenso betont er das Nachdenken und das Suchen des Dialoges sowie die Selbstbegründung und die Selbstkritik. Er sieht Pädagogik als notwendige Hilfe, die die Älteren den Jüngeren beim Hineinwachsen in die Gesellschaft geben können, als eine angebotene Brücke zwischen den von der Natur bereitgestellten Fähigkeiten und denen, die man zum Überleben in der *gemachten* Welt braucht. Diese Unterstützung sollte als pädagogische Grundfigur ein Lernen ermöglichen, welches geprägt ist durch Beschränkung und Ausweitung der Erfahrung. (Vgl. Hentig 1994, 67-79)

Lehren bezeichnet er als ein gutes Mittel, wenn es genügend Erfahrung gibt. Das *Lehren der Schule hat für ihn immer drei Elemente: „Ein Erlebnis, die Einordnung dieses Erlebnisses in die schon gemachte Erfahrung, die schon gewonnene Erkenntnis und eine übende Aneignung. Von allen uns gestellten Problemen ist dieses didaktische in der Theorie am leichtesten zu lösen, in der Praxis dagegen wohl am schwersten."* (Hentig 1994, 78) Zwei gesellschaftlich häufig kontroversiell diskutierte Forderungen an die Schule sind:

- Schule muss von allem entlastet werden, was nicht Unterricht ist. Durch Disziplin, durch Ansprüche und damit verbunden durch das Ausscheiden Nichtgeeigneter kann sie ihre Leistungskraft steigern.
- Schule muss in einen Lebens- und Erfahrungsraum umgewandelt werden, um so zu einer Institution zu werden, in der Pädagogik überhaupt erst ermöglicht wird.

Hentig stellt diesen Forderungen sein Verständnis von Bildung entgegen. Er warnt gewissermaßen vor beiden Extrempositionen, da erstere die Schule verstärkt in die Rolle der Belehrungs-, Prüfungs- und Berechtigungsanstalt drängt, letztere Gefahr läuft, nur mehr das subjektive Wohlbefinden der Schüler (Studierenden) als Ziel zu sehen und Bildung und Aneignung von Wissen als zweitrangig erachtet wird. Er tritt für eine Bildung ein,

- die *Lernende zu Subjekten des Bildungsvorganges* macht und
- er prüft die Voraussetzungen für eine solche Bildung und sucht nach Maßstäben an denen man erkennen kann, ob sie erfolgreich war und vor allem auch nach Anlässen, die dafür den geeigneten Rahmen bilden können. (Vgl. Hentig 1996, 36, 73-100)

Einen solchen von ihm genannten *Bildungsanlass* stellt das *Gespräch* dar. Hentig sieht im Gespräch eine Alltagsform der philosophischen Dialektik. Er führt dabei Sokrates an, der die Meinung vertrat, dass der Mensch sich überhaupt nur im Gespräch der Wahrheit nähern kann. Ebenso Platon, der aus dem Dialog ein erkenntnistheoretisches System entwickelte, das er Dialektik nannte. Um eine Sache genauer zu verstehen und zu erkennen, redet man darüber, analysiert sie, nimmt sie auseinander (griech. -*"dia"*) und versucht die Teile zum Schluss auch wieder zu vereinen, sie wieder zusammen zufügen (griech. - *"syn"*) (vgl. Kluge 1999, 177, 811). Ein in diesem Sinne gestalteter Dialog beinhaltet Widersprüche und führt in Aporien. Trotz dieser Unmöglichkeiten - oder gerade wegen dieser - ist aber eine fruchtbare Gesprächsentwicklung möglich, von der am Ende die Dialogpartner profitieren können. Hentig bezeichnet das Gespräch auch deshalb als *Bildungsmittel*, weil das sich gegenseitig-dialogische Zuwenden von Personen für diese eine Chance der Selbstdarstellung und der Selbstentfaltung anbietet. Es *bildet* freilich nur dann, wenn es - jetzt konkret auf Schule bezogen - mehr ist als ein gelenktes Unterrichtsgespräch, wenn es auch die Offenheit besitzt, Irrwege zuzulassen. (Vgl. Hentig 1996, 113-116)

Überlegungen dieser Art können der gedanklichen Grundphilosophie dieser Arbeit zugeordnet werden. In Sinne oben aufgezeigter Gedanken wirken auch schulpraktische Reflexionsgespräche bildend und stellen für Studierende eine Entwicklungsmöglichkeit dar.

4.4.4 Konstruktivistische Sichtweisen von Lehr- und Lernprozessen in den „Schulpraktischen Studien"

Die in den vorangegangenen Abschnitten dargestellten wissenschaftlichen Positionen zu Lehr- und Lernprozessen wurden vor allem deshalb ausgewählt, weil durch sie eine - auch in der Arbeit vertretene - grundlegend-konstruktivistische Haltung Lernenden gegenüber zum Ausdruck kommt. Durch das Aufzeigen dieser von verschiedenen Wissenschaftlern eingenommenen Positionen, werden jene Grundstrukturen zur Thematik Lernen offengelegt, welche auf ein, auch in dieser Arbeit vertretenes, konstruktivistisches Theorieverständnis zielen. Denken und Lernen werden als grundsätzlich dialektische Akte angesehen. Bei Dewey erscheint die Dialektik von Selbst- und Fremdbestimmung durch das Aufzeigen, der durch das reflektierende Denken zusammengehaltenen - aktiven und passiven - Erfahrung. Bei Piaget drücken die Begriffe Assimilation und Akkomodation jene dialektische Spannung aus, die in der Äquilibration zu einem synthetischen Ausgleich gelangt. Dieses Verständnis von Lernen kann auch für die schulpraktische Arbeit herangezogen werden.

Studierende gehen mit bestimmten Erwartungen an ihre Unterrichtsarbeit heran. Sie unterrichten und sammeln so Erfahrungen. Diese gemachten Erfahrungen führen zu neuen veränderten Zielen, Plänen, Entscheidungen und dadurch auch zu veränderten Bedingungen im Unterrichtsgeschehen. Diese veränderten Bedingungen gilt es erneut zu analysieren und in Folge dessen, die eigenen *Schemata* und *Programme* abzuändern bzw. zu erweitern. Die analytische Betrachtungsweise bringt Klarheit in momentan vorhandene Gegebenheiten. Durch den Dialog - auf Basis der Analyse und der Reflexion der gemachten Erfahrungen im Praxisteam - ergeben sich neue Erkenntnisse. In diesem interaktiven Vorgehen liegt neues Potential für Lernen.

Ausgehend von einer pragmatischen Einstellung und der Auffassung, dass der Mensch bei praktischen Tätigkeiten in den Mittelpunkt seiner Aktionen gestellt werden sollte, kommt den Studierenden als Persönlichkeiten bei ihren konkret durchgeführten Unterrichtsversuchen fundamentale Bedeutung zu. Auf ihre aktiv gesetzten Handlungen folgen individuelle, sinnliche und emotionale Eindrücke, die ein Resultat des vorher eigenständig produktiv und aktiv durchlaufenen Prozesses sind. Diese enge Verbindung zwischen dem Tun und dem Empfinden bildet das, was man als Erfahrung bezeichnen kann. Um diese Verbindung zu erfassen, bedarf sie einer vereinenden Kraft, dem reflektierenden Denken. Reflexion verlangt vom Handelnden ein Rückschlussvermögen, er muss Zusammenhänge herstellen können. Primär ist Erfahrung nicht kognitiv, sie wird es erst durch die reflektierenden Gedanken darüber. Der Wert der Erfahrung liegt im Erkennen der Beziehungen, zu denen eine solche Erfahrung führt. (Vgl. Schäfer 1985, 17-19)

„Schulpraktische Studien" stellen in gewisser Weise eine Werkstatt dar, in der die Lernenden (Studierenden) durch ihre Eigenaktivität unmittelbar zu Erfahrungen gelangen. Die Aufgabe derjenigen, die als AusbildunglehrerInnen bzw. als PraxisberaterInnen tätig sind, ist es, die Studierenden darin zu unterstützen, dass diese durch die Arbeit in selbstgewählten Zielbereichen, ihr Wissen in praktische Handlungsprozesse transformieren können. In einem Zitat von Heinrich Roth wird dieser Gedankengang der Verfasserin ebenso zum Ausdruck gebracht: *„Schule sollte der immer zu erneuernde Versuch sein, die lenk- und steuerbaren Lernprozesse zwischen den Generationen in einer wechselseitig sich beeinflussenden Gemeinschaft von Lehrenden und Lernenden so zu organisieren, daß über die faktenvermittelnden zu kritischen und kreativen Lernprozessen fortgeschritten werden kann, die ebenso der Selbstverwirklichung des einzelnen wie den gesellschaftlichen Notwendigkeiten und Entwicklungen zu dienen vermögen"* (Roth 1969, 520). Ein Unterricht in den „Schulpraktischen Studien", der sich die Verwirklichung der im oben angeführten Zitat genannten Lern- *und* Beziehungskomponenten als Ziele setzt, muss daher

- in erster Linie ein aktiver Unterricht sein, muss das Machen von Erfahrung zulassen,
- die Reflexion der gemachten Erfahrungen in einer Weise fördern, die ein Bewusstwerden der dahinter liegenden Zusammenhänge ermöglicht,
- die Wechselbeziehungen zwischen affektiven, kognitiven und sozialen Lerndimensionen beachten,

- Verbindungsstellen von Theorie und Praxis deutlich zum Ausdruck bringen und sie auch bewusst aufsuchen,
- ständig weiterführende Aufgaben produzieren,
- die soziale und persönliche Entwicklung der Lernenden fördern,
- so geplant sein, dass Spielräume für individuelles Vorgehen vorhanden sind,
- auf qualitativ hochwertige kommunikative Strukturen Wert legen,
- motivationale Aspekte miteinbeziehen.

Wesentlich erscheint im Zusammenhang mit der konkreten Unterrichtsarbeit in der Schulpraxis - verbunden auch mit der Forschungsintention dieser Arbeit - vor allem die Ansicht, dass ein Lernprozess erst dann beginne, wenn Schwierigkeiten in der unmittelbaren Lebenswelt sichtbar werden. Durch diese *Störungen* im Handlungsablauf wird der Akteur gezwungen, eine Reflexionshaltung einzunehmen, um so zu einer Problemlösung zu gelangen. Eine so ausgerichtete Didaktik in den „Schulpraktischen Studien" richtet ihren Fokus auf die Erfahrung der Lernenden und aktiviert von diesem Erfahrungsniveau aus neues Lernen.

- *Gemeinsame Lernprozesse in den „Schulpraktischen Studien"*

Um Lernprozesse bei Studierenden in Gang zu setzen, ist es wesentlich, dass sie im Praxisteam die Möglichkeit haben, persönliche Beziehungen aufzubauen, in denen es durch Interaktionen auch möglich wird, sich anderen, *fremden* Denkweisen offen anzunähern. Durch wechselseitige Anregungen im Praxisteam erfolgen Perturbationen (siehe auch 2.2.3) im eigenen Denken, wodurch es zu neuen Lernprozessen bei den Studierenden (aber auch bei den anderen Teammitgliedern) kommen kann. Durch intensives, persönliches Aufeinanderzugehen, durch eigenes Suchen und Setzen von Zielen, durch Experimentieren, durch Beobachten sowie gemeinsames Analysieren und Reflektieren, rückt für alle Beteiligten der Aspekt der Eigenaktivität im Hinblick auf Lernprozesse ins Zentrum.

- *Hierarchisches Unterrichtsverständnis versus konstruktivistisches Lern-/Lehrverständnis*

Durch weitgehendes Vermeiden von reproduzierendem Lernen wird eine passive Übernahme von vorgefertigtem Wissen in den Hintergrund gedrängt. Die erforderliche Selbsttätigkeit, und die damit verbundene Selbstbestimmung von Lernenden ist eine positive einhergehende Begleiterscheinung. Ebenso erscheinen die Lehrenden (AusbildungslehrerInnen, PraxisberaterInnen) nicht als Besserwisser, sondern sie bringen ihre Erfahrungen ein, die von den Studierenden selbsttätig aufgegriffen werden können. Eine solche Selbsttätigkeit sowie Selbstbestimmung der Studierenden in ihrem Handeln wird zwar durch Anregungen in der Praxisberatung unterstützt, dennoch müssen Studierende in der jeweils aktuellen Situation selbst entscheiden was und wie sie etwas konkret umsetzen. Die grundlegende Fähigkeit, das eigene Tun kritisch zu reflektieren, stellt eine ausschlaggebende Voraussetzung für zukünftiges professionelles Handeln dar. Professionelles Vorgehen ist gekennzeichnet durch das Wissen darüber, was und warum man etwas in einer bestimmten Art und Weise in einer bestimmten Situation macht.

Eine konstruktivistisch orientierte Einstellung stellt neue Anforderungen an die Herangehensweisen bei der Planung, Gestaltung und Durchführung pädagogischer Lehr- und Lernprozesse. Folgende Aspekte werden von der Verfasserin für das Unterrichtsgeschehen in den „Schulpraktischen Studien" in den Mittelpunkt gerückt:

- Exploration des schulpraktischen Aufgabenfeldes durch die Studierenden selbst.
- Betonung ihrer Eigenverantwortlichkeit im Hinblick auf die Auswahl von Inhalten, sowie von persönlichen Schwerpunkten.
- Selbsttätige Festlegung ihrer Lernziele.
- Hohe Selbstbestimmung bei der Umsetzungsarbeit.
- Selbsterfahrung durch die Einnahme einer experimentellen Haltung.
- Kontinuierliche Bewertung der schulpraktischen Arbeit durch dialogischen Austausch.
- Entwurf von Strategien im Hinblick auf angestrebte Kompetenzen.
- Reflexion als konstituierendes Merkmal von Lernprozessen.
- Empathie als charakteristische Voraussetzung für erfolgreiche Kooperation.

Zusammenfassend kann festgehalten werden, dass die vorgestellten Sichtweisen von Lehr- und Lernprozessen vor allem das *lernende Subjekt* betonen. Sie stellen es dabei nicht als passiven Betrachter und Empfänger von Wissen dar, sondern stets als handelnden Teilnehmer, als Konstrukteur. Daher bekommen wie auch „ ... *kein Bild von Wirklichkeit, sondern ein Bild dessen, was wir mit der Wirklichkeit anfangen, ein Bild unseres Handelns"* (Weizsäcker 1980, 152).

5 Kompetenzen als Ziel einer Potentialentwicklung

5.1 Der Begriff *Kompetenz* - Definitionen und Abgrenzungen

Der Begriff *Kompetenz* wird in unterschiedlichsten Bereichen für ebenso unterschiedliche Sachverhalte verwendet. Häufig werden Begriffe wie *Fähigkeiten, Fertigkeiten, Können, Kenntnisse, Tätigkeiten* dem Begriff *Kompetenz* gleichgesetzt. Auch in der wissenschaftlichen Literatur gibt es gegenwärtig noch keinen abgesicherten Konsens zur Verwendung des Kompetenzbegriffes im Allgemeinen und des Lernkompetenzbegriffes im Besonderen.

Eng mit dem Kompetenzbegriff verwandt sind die Begriffe *Qualifikation* und *Schlüsselqualifikation*. Durch den Begriff *Qualifikation* kann einerseits der aktive Prozess der Aneignung von Kompetenzen ausgedrückt werden, andererseits auch die Summe aller Kenntnisse, Fähigkeiten und Fertigkeiten zur Bewältigung einer Aufgabe. (vgl. Wilsdorf 1991, 44-46). *Schlüsselqualifikationen* können als *„lange verwertbare, funktions- und berufsübergreifende Qualifikationen zum Lösen beruflicher Probleme"* definiert werden (vgl. Wilsdorf 1991, 56). Beide Begriffe betonen die Handlungsebene, weniger die mentalen Prozesse, die zur eigentlichen Umsetzung führen.

Im Hinblick auf die Thematik dieser Arbeit wird vorerst eine Definition herangezogen, die sich sowohl auf das *Was* (erfolgreiches Handeln im Unterricht), als auch auf das *Wie* (selbst organisiert und prozessorientiert) des Kompetenzerwerbes der Studierenden beziehen lässt. *„Aus psychologischer Sicht bezeichnen Kompetenzen die Verhaltensdispositionen eines einzelnen Menschen, Tätigkeiten bzw. Handlungen erfolgreich und selbstorganisiert auszuführen. ... Kompetenzen werden im individuellen Entwicklungsprozess angeeignet und vervollkommnet"* (Solzbacher 2003, 64). Das in dieser Arbeit immer wieder betonte reflexive Element lässt sich in dieser Definition durch den Terminus *„selbstorganisiert"* abdecken, da selbstorganisierte, konstruktive Lernprozesse immer Reflexion im Sinne von mentalen Rückkoppelungsprozessen inkludieren Foerster drückt diese Gedächtnisleistung sehr einfach und klar aus: *„Zuerst sagt man sich: So geht's. Dann sieht man, nein, so geht's nicht, ich muß das anders machen. Dann denkt man nach, hat eine neue Idee und ..."* (Foerster/Glasersfeld 1999, 65). Verwendet man den Begriff *Kompetenz* im Sinne der eingangs angeführten

Definition, so wird deutlich, dass Kompetenz mehr bedeutet als ein fertiges Produkt, als eine abgeschlossene Qualifikation.

Der Begriff *Kompetenz* beinhaltet dynamischere Komponenten. Konkrete Tätigkeiten werden mit kontinuierlichen, selbstkontrollierten Lernprozessen verbunden. Aus dieser Verbindung von Tun und Wissenszuwachs sollen Studierende die für ihren zukünftigen Beruf erforderlichen Kompetenzen selbstregulativ entwickeln. Ein wesentliches Kennzeichen von Kompetenz in dieser Definition ist demnach Veränderbarkeit. Kompetenzen können sich zu unterschiedlichen Zeitpunkten ebenso unterschiedlich darstellen. Bezieht man den Kompetenzbegriff auf kognitive Strukturen des Menschen, so sind diese Strukturen ebenso prinzipiell veränderbar. Eine solche Veränderbarkeit ist gleichzeitig eine fundamentale Voraussetzung für Lernen. Dies bedeutet für Lernprozesse hinsichtlich des praktischen Kompetenzerwerbes von Studierenden, dass diese ihr kognitives Wissen durch ihre in der Praxis gemachten Erfahrungen verändern. Da dieser Prozess ein sehr individueller ist, entwickeln sich die berufsspezifisch erforderlichen Kompetenzen auch bei jedem Studierenden sehr differenziert und es entstehen auf diese Art und Weise ganz individuelle Kompetenzstrukturen. Durch eine solche Betrachtungsweise ist es möglich, die Entstehung unterschiedlicher Lehreridentitäten, die geprägt sind von individuellen Kompetenzprofilen der LehrerInnen bzw. Studierenden, zu erklären. Bedenkt man die hier beschriebene Veränderbarkeit von Kompetenzstrukturen mit, gelangt die Verfasserin nun zu einer weiteren Definition von Kompetenz, bei der auch die etymologische Herkunft des Terminus Kompetenz mitgedacht wird (lat. com/conpetere - zustehen, erstreben, zuständig; Kluge 1999, 466). *Als Kompetenz bezeichnet man die fachliche Zuständigkeit eine bestimmte Angelegenheit zu bestimmten Zeitpunkten in persönlicher Art und Weise wahrzunehmen und zu bearbeiten.*

Kompetenz ist dieser Definition nach, sowohl vom fachlich-theoretischen Wissen als auch vom persönlichen-praktischen Entwicklungsstand des Handlungswissens des Agierenden abhängig. Erworbene bzw. angewandte Fertigkeiten und Fähigkeiten sind zu verschiedenen Zeitpunkten in unterschiedlicher Quantität und Qualität vorhanden, und weisen außerdem verschiedenste Formen ihrer Kombinationen auf. Eine solche persönliche Kompetenzstruktur weist demnach sehr individuellen Charakter auf und kann als individuelles *Kompetenzprofil* bezeichnet werden. Jedes individuelle Kompetenzprofil ist auch äußeren Einflüssen ausgesetzt, die wiederum vom Kompetenzinhaber individuell wahrgenommen und verarbeitet werden. Die hier angesprochene Wechselwirkung ist als eine bedeutende Begleiterscheinung zu sehen. Sie entsteht durch gegenseitig vernetzte Abhängigkeiten im Handlungsfeld des Agierenden, welche oftmals als real gegeben erscheinen, stets jedoch individuell konstruiert werden. Jede einzelne spezifische Kompetenzstruktur (beispielsweise Sprachkompetenz) einer Person, die im Moment zur Anwendung gelangt, beeinflusst wiederum ihre anderen spezifischen Kompetenzstrukturen (beispielsweise ihre Sozialkompetenz). Die damit einhergehende Strukturveränderung bei individuellen Kompetenzen von Personen stellt sich daher als eine interdependente dar. Man kann so gesehen auch von *interdependenten Kompetenzen* sprechen.

Durch die zuletzt angeführte Definition von Kompetenz werden zwei Aspekte hervorgehoben: Einerseits die *dynamisch-zeitliche* Entwicklung und andererseits die *individuell-aktive* Komponente, welche auch die tragenden Koordinaten individueller Entwicklungsprozesse darstellen. Diese laufen in unterschiedlichsten Lernbereichen ab und die darin ausgebildeten spezifischen Fähigkeiten und Fertigkeiten sind bei jedem Menschen wiederum individuell. *„Jeder Versuch, eine einheitliche Intelligenz zu isolieren, stößt auf Schwierigkeiten bei der Messung."* - so Gardner über individuelle Unterschiede beim *„kompetenten"* Erwachsenen (vgl. Gardner 2002a, 47, 54). Auf diese Individualitäten und weitere Aussagen des Psychologen Howard Gardners wird im nächsten Punkt genauer eingegangen.

5.2 Kompetenzen aus der Perspektive der Theorie der *Multiplen Intelligenz*

Gardner betrachtet das menschliche Erkenntnisvermögen durch die Brille verschiedener Disziplinen, wie beispielsweise der Biologie, der Psychologie, der Neurologie, der Soziologie oder der Kunst- und Geistesgeschichte. Durch die Erkenntnisse aus diesen unterschiedlichen Quellen gewinnt er zahlreiche Informationen zur Vielfalt des menschlichen Geistesvermögens. *„ ... man kann argumentieren, daß sich verläßliche Aussagen über den Menschen nur dann treffen lassen, wenn man sich zuvor mit den extremen Abweichungen zwischen den Menschen befaßt hat" (Gardner 2002a, 49).* Als zentralen Begriff für die Beschreibung all der Fähigkeiten und Fertigkeiten des Menschen wählte er den Terminus *Intelligenz*, den er zunächst wie folgt definiert: Intelligenz ist „ *... die Fähigkeit, Probleme zu lösen oder Güter zu schaffen, die in einem oder mehreren kulturellen Kontexten hohe Wertschätzung genießen"* (Gardner 2002, 46). Diese Definition wurde jedoch von ihm erweitert und er bezeichnet Intelligenz nun als „ *... biopsychologisches Potential zur Verarbeitung von Informationen, das in einem kulturellen Umfeld aktiviert werden kann, um Probleme zu lösen oder geistige oder materielle Güter zu schaffen, die in einer Kultur hohe Wertschätzung genießen"* (Gardner 2002, 46-47). Diese Veränderung in der Definition hält er vor allem deshalb für wesentlich, da dadurch Intelligenz nicht mehr als sichtbar und quantifizierbares Ding aufscheint, sondern als *Potential*.

Die Aktivierung dieses Potentials ist abhängig von Werten und Möglichkeiten des jeweiligen kulturellen und sozialen Kontextes und von persönlichen Entscheidungen der Individuen. „*...geistige oder materielle Güter zu schaffen ...*" weist in obiger Definition auf die schöpferischen Tätigkeiten des Menschen hin, darauf *wie* er seine Fähigkeiten und Fertigkeiten individuell umsetzt. Gardners Pionierleistung ist die Art seiner Beweisführung, die Art, wie er seinen Katalog menschlicher Fähigkeiten begründet. Er verlässt sich dabei nicht auf Resultate des psychometrischen Instrumentariums, sondern durchkämmt die einschlägige wissenschaftliche Literatur nach Belegen für die Existenz einer Vielfalt möglicher Intelligenzen, die er nach Kriterien hinsichtlich ihrer Herkunft einordnete. Insgesamt geht er von acht Kriterien aus, die aus vier Bereichen - Biologie, logische Analyse, Entwicklungspsychologie, traditionelle Psychologie - stammen. Er vertritt die Theorie der *Multiplen Intelligenz* und gibt sieben Intelligenzen in ihrer Urform an: Sprachliche, logisch-mathematische, musikalische, körperlich-kinästhetische, räumliche, interpersonale und intrapersonale Intelligenz. Er unterstreicht dabei jedoch, dass die Anzahl der Intelligenzen provisorisch ist und dass in jeder Intelligenz ein Areal von Subintelligenzen eingeschlossen ist. Ebenso betont er, dass der Gedanke der relativen Autonomie jeder Intelligenz sowie die Interaktionsformen der einzelnen Intelligenzen weiterer Untersuchungen bedürfen. Bei seiner Theorie geht Gardner grundsätzlich von zwei sich ergänzenden Thesen aus:

- Der Mensch ist ein Lebewesen mit vielen Intelligenzen.
- Der Mensch verfügt über individuelle Intelligenzprofile. (Vgl. Gardner 2002, 58-61)

Den Terminus *Kompetenz* verwendet er im Sinne von Fähigkeiten, die für eine Intelligenz als zentral gelten. Er spricht in diesem Zusammenhang von *„Kernkompetenzen"*. Solche Fähigkeiten werden vermutlich durch besondere neurale Mechanismen gesteuert und durch relevante interne oder externe Informationen abgerufen. (Vgl. Gardner 2002, 50)

Die Anknüpfungspunkte für diese Arbeit bei der Theorie der Multiplen Intelligenz sehe ich in folgenden Bereichen:

- Als zentral für eine Intelligenz sind bestimmte Fähigkeiten, sogenannte Kernkompetenzen. Die Steuerung dieser Fähigkeiten erfolgt durch interne Informationen. Diese internen Informationen werden aus konstruktivistischer Perspektive *„durch interne Mechanismen der Selbstorganisation bestimmt."* (Varela/Thompson/Rosch 1992, 196) Lernende - im konkreten Fall Studierende, die sich Kompetenzen aneignen - tun dies demnach in selbst bestimmter Art.
- Kann aus dieser konstruktivistischen Perspektive demnach überhaupt etwas gelehrt werden? Die Antwort *ja* darf meiner Auffassung nur gegeben werden, wenn Lehren nicht als einfacher Wissenstransport gesehen wird, sondern als zielgerichtete Ermöglichung von Erfahrungen, als konstruktives Arrangement von Lernbedingungen. Ein solches wird durch den in der Arbeit dokumentierten Forschungsprozess aufgezeigt.
- Der von Gardner verwendete Begriff *Intelligenzprofil* weist darauf hin, dass jeder Mensch sein geistiges Potential entsprechend seinen individuellen Neigungen und den Vorgaben der jeweiligen Kultur mobilisiert und miteinander in Verbindung bringt. Unter diesem Gesichtspunkt erscheint auch der in dieser Arbeit verwendete Begriff *Kompetenzprofil* (5.3) erklärbar und ist somit ebenso auf die Situation der Studierenden anwendbar.

5.3 Kompetenzen lernen

Bei der konkret getätigten Unterrichtsarbeit in der schulpraktischen Ausbildung erwerben die Studierenden wertvolles Erfahrungswissen. Diese Erfahrungen fließen in die persönliche, berufsspezifische Entwicklung ein. „Schulpraktische Studien" sind somit Hersteller von und Garant für Erfahrungskontinuität. Die so produzierten, persönlichen Erfahrungen tragen zur Entwicklung von spezifischen LehrerInnenidentitäten bei. Je nach Ausprägung schon vorhandener individueller einzelner Kompetenzen der Studierenden, je nach individuellem Umsetzungsvermögen und Lernzuwachs erfolgt auch deren Einsatz. Insgesamt kann so von vorhandenen individuellen *Kompetenzprofilen* angehender Lehrpersonen gesprochen werden.

Bei der Frage, wie nun schulpraktische Kompetenzen konkret erworben werden können, wird von folgender These ausgegangen: Studierende können professionelle pädagogische Kompetenzen nur durch Selbsttätigkeit und durch damit einhergehende Lernprozesse erwerben.

Eine Betrachtung des selbstständigen, autonomen Lernens erfolgt in dieser Arbeit vor allem mit einem Blick durch die konstruktivistische Brille. Auf konstruktivistisch-theoretische Überlegungen aufbauend, setzt der Erwerb professioneller pädagogischer Kompetenzen für den Lehrberuf unbedingt individuelle Lernprozesse voraus. Aufgrund der oben aufgestellten These sind für die Verfasserin folgende prinzipiellen Elemente eines konstruktivistisch betrachteten Lernprozesses relevant:

- Wissen wird aktiv konstruiert und durch Selbsttätigkeit erworben.
- Wissen kann nur genützt werden, wenn es vom Lernenden in seine bestehenden Wissensstrukturen integriert wird.
- Wissen wird vor dem Hintergrund individueller Erfahrungen interpretiert.
- Wissen wird in unterschiedlichen Situationen immer wieder neu erworben und
- Wissen entsteht in sozialen Kontexten.

Ausgehend von diesen basalen Annahmen des Wissenserwerbes im konstruktivistischen Sinne, soll im Folgenden auf drei wesentliche Säulen autonomen Lernens hingewiesen werden, welche in der Literatur von Aebli (1987) vertreten werden und hier verknüpft mit Gedanken zum Wissenserwerb von Studierenden dargestellt sind.

5.3.1 Autonomes Lernen nach Aebli

Aebli (1987, 185) nennt drei Komponenten, die man bei einer analytischen Betrachtung der Grundformen des autonomen Lernens erkennen kann:

- Die **Komponente des Wissens** betont vor allem die Kenntnis des eigenen Lernverhaltens. Dies setzt Selbstbeobachtung voraus und eine Vorstellung darüber, wie ein Lernprozess optimal verlaufen kann, um so in der Lage zu sein, einen Vergleich zum eigenen Lernverhalten aufstellen zu können. Aebli nennt dieses Wissen auch *„metakognitives"* Wissen und weist auf die Schwierigkeit hin, es Kindern zu vermitteln. Es darf angenommen werden, dass dieser Punkt für Studierende weniger problematisch sein dürfte, da die Hinführung zur Aneignung dieses Wissens einen Teil ihrer theoretischen Ausbildung ausmacht.

- Die **Komponente des Könnens** weist vor allem auf die *„Selbststeuerung"* von Tätigkeiten hin bzw. auf die Fähigkeit Lernverfahren praktisch anzuwenden. Wichtig dabei ist einerseits ein *selbstinstruierendes* Vorgehen und andererseits eine permanente *Selbstprüfung des eigenen Lernerfolgs* bzw. der Annäherung an das Ziel.

- Die **Komponente des Willens** stellt die dritte Säule des autonomen Lernens dar und betrifft in erster Linie Fragen der Überzeugung und Fragen motivationaler Art, Fragen des Wollens. Arbeitsverfahren sollen nicht nur auf Empfehlung hin angewandt werden, sondern der Lernende soll so von ihrem Nutzen überzeugt sein, dass er sie auch ohne Aufforderung anwendet. Er soll fähig werden Probleme autonom zu lösen. (Vgl. Aebli 1987, 185-188)

Konstruktivistisch gesehen verlangen diese drei Komponenten einen äußerst sensiblen Umgang mit Lernenden. Unterrichtsvorhaben, deren Ziel es ist, autonome Lernprozesse auszulösen, müssen immer getragen werden von dem Bewusstsein, dass beispielsweise Regeln für einen Problemlösungsprozess zwar interaktiv vereinbart werden können, deren Übernahme jedoch in subjektiver Art und Weise passiert, ja passieren muss, um wirkliches Lernen zu ermöglichen. Die Lehrenden verstehen sich so gesehen als *Anbieter*, als *Strukturierungshelfer*, die versuchen, ein individuell optimales Anforderungsniveau bei den Studierenden sicherzustellen und durch positive und informative Rückmeldungen Autonomie- und Kompetenzerfahrungen bei Lernenden zu unterstützen.

5.3.2 Kompetenzverständnis nach Beck

Forschungsarbeiten - basierend auf dem drei-Säulen-Modell von Aebli - führten zu der Schlussfolgerung, dass eigenständiges Lernen zu bestimmten Kompetenzaneignungen beiträgt. Die Lernenden sollen in der Lage sein, sich selbst Ziele zu setzen, ihr Lernen zu planen, zu steuern und zu bewerten (vgl. Guldimann 1998, 175). Eigenständiges Lernen verlangt aber auch nach spezifischen Bedingungen. Diese Bedingungen müssen jedoch wiederum von den eigenständigen Lernern effizient genutzt werden. Gelingt ihnen dies, kann eine Kompetenzaneignung in unterschiedlichen Bereichen erfolgen. Im Folgenden sollen diese Kompetenzbereiche in Anlehnung an Beck et al. (1992) im Überblick aufgezeigt werden, da sie zahlreiche Aspekte enthalten, die auch bei den durchlaufenen Lernprozessen mit den Studierenden wesentlich waren.

Kognitiver Kompetenzbereich: Selbstvorgabe von Zielen, Fähigkeit genau zu beobachten Pläne erstellen, unterschiedliche Informationsquellen aufsuchen, differenzierte Lösungswege beschreiten, Entwicklung und Anwendung eines umfangreichen Repertoires an Strategien.

Kommunikativer Kompetenzbereich: Artikulation von Erfahrungen, aktives Zuhören, Austausch von Erfahrungen mit anderen.

Sozialer Kompetenzbereich: Teilnehmende Beobachtung, aktive Teilnahme an nicht eigenen Lernprozessen, beratende Funktion ausüben, Kooperation.

Motivationaler Kompetenzbereich: Eigenständige Zielsetzung, Handeln aus eigenem Antrieb und nach eigener Interessenslage, Selbststeuerung, Ausdauervermögen.

Metakognitiver Kompetenzbereich: Fähigkeit zur Selbsteinschätzung, Fähigkeit Handlungsausführungen selbst zu regulieren, Reflexionsfähigkeit, Nutzen der eigenen Erfahrungen für neue Lernschritte (Vgl. Beck/ Guldimann/Zutavern 1992, 11-12)

Die angeführten Fähigkeiten in oben genannten Kompetenzbereichen dienen den Lernenden bei einer individuellen Vorgehensweise zur Überwachung, Stützung und

Steuerung ihrer kognitiven Prozesse. Lehrende können diese individuellen Vorgehensweisen lediglich durch die Art und Weise wie sie lehren unterstützen. Im Mittelpunkt ihrer Lehrprozesse steht jedoch immer der Lernprozess der Lernenden. *„Wenn wir Glück haben, vermitteln wir mit unserem Unterricht ein WIE, das die Lernenden in hohem Maße dazu befähigt, später auch ohne unserer Hilfe weiterzulernen ..."* (Beck/Guldimann/Zutavern 1995,183).

Zu betonen ist vor allem ein Kompetenzbereich - der motivationale - da in ihm grundlegende Verhaltens- und Handlungsweisen festgelegt werden. Hier wiederum erscheint es wichtig, zwischen dem eigentlichen Prozess des Lernens und dem Prozess der Ausführung des Gelernten zu unterscheiden. Selbstregulativen Kognitionsprozessen folgen Verhaltensänderungen. Von all den beobachtbaren Verhaltensweisen, werden am ehesten jene ausgeführt, deren Folgen für uns wünschenswert sind und mit unseren eigenen Wertvorstellungen und dem Selbstbild übereinstimmen. (Vgl. Zimbardo 1983, 228) Es würde hier zu weit führen die gesamte Theorieentwicklung der menschlichen Antriebsregulation und das umfangreiche Theoriegeflecht der Motivationspsychologie darzustellen. Wichtig erscheint allerdings im Zusammenhang mit motivationalen Kompetenzen eigenständig Lernender festzuhalten, dass der Motivbegriff ein summarischer ist. Eine Analyse der in ihm enthaltenen Teilvorgänge und Teilsachverhalte führt zu vertieften Einsichten in die Verhaltens- und Lernregulationen des Menschen. Unter anderem erscheint die Erwähnung folgender motivationaler Elemente im Hinblick auf Lernprozesse vor allem deshalb als wesentlich, da sie basale Annahmen für den in der Arbeit erörterten Theorieansatz (Zielsetzungstheorie) darstellen. Außerdem sind sie, für die beobachteten Eigenaktivitäten der Studierenden im Forschungsprozess und für den Kompetenzerwerb allgemein, von Bedeutung:

- Selbstgesetzte Leistungsziele,
- persönlicher Anreizwert von Tätigkeiten,
- subjektive Annahmen über die Wahrscheinlichkeit des Eintretens von Ergebnissen,
- Instrumentalität für weitere Zielsetzungen,
- persönliche Zukunftsorientierung,
- Selbsteinschätzung der Leistungsmöglichkeiten und
- Tendenzen der Ursachenattribuierung. (Vgl. Hacker 1986, 177)

Als bedeutsam für autonome Lernprozesse der Studierenden in den „Schulpraktischen Studien" erscheinen vor allem jene Aspekte, die als intrinsische Motivationsaspekte gelten. Sie wurden auch bei der schulpraktischen Arbeit ins Zentrum gerückt:

- Anstreben der Befriedigung eines echten Bedürfnisses in Folge eigener Zielsetzungen,
- Selbsteinschätzung der erbrachten Leistung,
- Einsicht in die zukünftige Nutzbarmachung des Gelernten und
- Bewusstwerdungsprozesse der subjektiven Attribuierungszuschreibungen der eigenen Lern- und Handlungsergebnisse.

5.4 Kompetenzen bewerten und vermitteln

Die vorliegende Arbeit enthält eine Dokumentation, aus der hervorgeht, wie versucht wurde, Prozesse des Beurteilens in den „Schulpraktischen Studien " so zu gestalten und weiterzuentwickeln, dass sie im Dienste einer kontinuierlichen, individuellen Kompetenzaneignung der Studierenden stehen. Die didaktische Strategie war in erster Linie darauf ausgerichtet, den Studierenden Klarheit über ihr vorhandenes Kompetenzpotential zu vermitteln. Durch die Konstruktion einer spezifischen, konzeptionellen Vorgangsweise beim Beurteilen (siehe Kapitel 6) sollten die Studierenden vor allem darin unterstützt werden, ihre schulpraktische Arbeit in gewählten Teilbereichen systematisch und reflexiv zu bewerten. Die daraus resultierende intensive Umsetzungsarbeit in der Schulpraxis wurde von folgenden Leitgedanken getragen:

- Der praktische und aktive Erwerb von Kompetenzen in den „Schulpraktischen Studien" wird von laufenden Reflexionen in den Praxisteams begleitet, die eine experimentelle Grundhaltung fördern sollen. Dabei hat das Einschlagen eines individuellen Lernweges Priorität gegenüber einem Rezipieren von vorgegebenen und als allgemein gültig angesehenen Unterrichtsmodellen.

- Die individuell-spezifische Auswahl und Anwendung von Handlungsmöglichkeiten setzt eine bewusste Wahrnehmung und Selbsteinsschätzung der eigenen Kompetenzen voraus.
- Die eigenen Kompetenzen sind entwicklungsabhängige Variablen, die im Sinne eines zunehmend-qualitativen Lernerwerbes unterstützt bzw. perturbiert werden sollten.
- Einen Teil dieser *Perturbierung* der Lernprozesse, stellt die beratende Begleitung der Studierenden durch AusbildungslehrerInnen und PraxisberaterInnen dar, wobei in diesen kooperativen Prozessen vor allem die Eigenaktivität und Selbstreflexion der Studierenden angeregt werden sollen.

Im Sinne dieser Leitgedanken bei der schulpraktischen Arbeit wurden ein individueller Kompetenzerwerb und die Erreichung eines qualitativ hochwertigen, viablen Umsetzungsrepertoires bei den Studierenden angestrebt. Ein Begleiten und Beraten von Auszubildenden auf deren Entwicklungsweg, das sich-Einlassen auf Lernprozesse mit anderen, verlangt nach persönlicher Auffassung parallel dazu ein sich-Befassen mit dem eigenen Entwicklungsstand und eine ständige kritische Auseinandersetzung mit dem eigenen Kompetenzprofil. Um anderen Personen - im konkreten Fall Lehramtsstudierenden - bei der berufliche Qualifikation Anregungen zum Kompetenzerwerb anbieten zu können bzw. deren Kompetenzen auch bewerten zu können, bedarf es eines hohen Bewusstseins der eigenen Fähigkeiten und Fertigkeiten und auch eines Bewusstseins über die Grenzen der Vermittelbarkeit derselbigen. Diese Überlegung bezüglich dem Bewerten bzw. der möglichen Vermittelung von Kompetenzen sollen durch zwei Zitate betont werden: *„Die Selbsterkenntnis gewinnen wir zum Teil durch kritische Betrachtung und Beurteilung unserer Handlungen, zu einem anderen Teil aus der Beurteilung durch andere. Die eigene Beurteilung ist aber eigenen Vorurteilen nur zu leicht unterworfen, und die Beurteilung durch andere kann irrtümlich sein, oder wir lassen sie uns überhaupt nicht gefallen. Jedenfalls ist die Selbsterkenntnis, die aus diesen beiden Quellen erfließt, mangelhaft und trübe, wie alle menschlichen Urteile, die nur selten frei von der Verfälschung durch Wunsch und Befürchtung sind."* (Alt 1990, 113)

„Wissen lässt sich nicht vermitteln, es lässt sich nicht als eine Art Gegenstand, eine Sache oder ein Ding begreifen, das man – wie Zucker, Zigaretten, Kaffee – von A nach B transferieren kann, um in einem Organismus eine bestimmte Wirkung zu erzeugen. Meine Vorstellung ist dagegen, dass das Wissen von einem Menschen selbst

generiert wird und es im wesentlichen darauf ankommt, die Umstände herzustellen, in denen diese Prozesse der Generierung und Kreation möglich werden. Das Bild des Lernenden wird auf dies Weise ein anderes. Er ist nicht mehr passiv, er ist keine leere Kiste, kein Container, in den eine staatlich legitimierte Autorität (ein Lehrer oder ein weiser Professor) Fakten und Daten und seine enorme Weisheit hineinfüllt." (Foerster 2001, 70)

Ein Bewusstsein über derartige Gegebenheiten zwischen den eigenen Kompetenzen und ihrer fraglichen Vermittlung bzw. zwischen den eigenen Kompetenzen und der Bewertung fremder Kompetenzen erscheint wesentlich bei der Arbeit von Lehrenden. Diese Überlegungen und das Berücksichtigen der angeführten Leitgedanken, führte zu einer Gestaltung eines Teiles der berufspraktischer Ausbildung von Studierenden, welche zum Ziel hatte, nicht oberflächlich zu bleiben, sondern *echte, individuelle Lernprozesse* in Gang zu setzen.

5.5 Kompetenzen umsetzen

Kernpunkt der Entwicklung beruflicher Professionalität ist nicht nur der Aufbau und die Entwicklung möglichst umfangreicher Kompetenzstrukturen, sondern vor allem die Fähigkeit, erforderliche Kompetenzen auch situationsrelevant umzusetzen zu können. Ein individuell erworbenes und individuell zusammengesetztes *Kompetenzprofil* weist ein bestimmtes Muster, eine bestimmte Struktur - eine spezifische Kompetenzstruktur - auf. Diese hat in der konkreten Anwendungs- und Umsetzungssituation in der sie zum Tragen kommt, ihre eigentliche Feuerprobe zu bestehen. Sind die gesetzten Handlungen nicht erfolgreich und führen sie nicht zur gewünschten Zielerreichung, so wird auch eine Veränderung der vorhandenen Kompetenzstruktur angestrebt. Ein wesentliches Element in so einem Prozess stellt die Reflexion dar, da durch diese kontinuierlich überprüft werden kann, ob die gesetzten Handlungen in der jeweiligen Situation auch funktionieren, ob sie passen, ob *Viabilität* (siehe 2.2.3) gegeben ist. Auf dem Weg zur Erreichung selbst gesetzter Ziele der Studierenden treten folgende Fragestellungen ins Zentrum:

- Welche Möglichkeiten bieten sich zur Zielerreichung an?
- Welche davon ist in der gegebenen Situation auszuwählen?
- Für welche Vorgehensweise fällt die persönliche Entscheidung?
- Wie kann die jeweilige Vorgehensweise begründet werden?

Um zur Beantwortung dieser Fragen zu gelangen, ist eine Fülle von Entscheidungen zu treffen. Die Entscheidungsfindungen für Handlungen in hochkomplexen Unterrichtssituationen stellen insgesamt immer einen individuellen Entscheidungsprozess dar, ausgehend von den ersten Planungsschritten bis hin zu situativ spontan getroffenen Entscheidungen in der konkreten Umsetzungssituation. Bei diesem Auswahlprozess werden stets sachbezogene und persönliche Einstellungsperspektiven eingenommen. Diese Entscheidungsfindung erfordert nicht nur Flexibilität, sondern damit einhergehend auch hohe, permanente Reflexionsfähigkeit. Maßgeblich in so einem Ablauf ist nicht nur die Summe der laufend gefällten Entscheidungen, sondern vor allem deren Anordnung. Diese unterschiedliche Aneinanderreihung laufend gefällter, subjektiver Entscheidungen, sowie die daraus resultierenden unterschiedlichen Vorgehensweisen, bilden die eigentliche individuelle *Kompetenz-Umsetzungsstruktur*.

Mittels der Durchführung von Teilbeurteilungsprozessen wurde versucht, bereits vorhandene Kompetenzen der Studierenden zu unterstützen, sie zu ermutigen auch Neues auszuprobieren und dadurch ihre individuelle Kompetenz-Umsetzungsstruktur zu erweitern. Besonders die in Teilbeurteilungsprozessen forcierten Phasen der Reflexion, der Selbsteinschätzung und Selbstbeurteilung zielten durch eine vertieft-analytische Vorgehensweise auf Begründungen für viable, passende bzw. weniger passende Umsetzungen der eigenen Kompetenzen im Unterricht ab.

5.5.1 Kompetenzstrukturen

Die intensive Auseinandersetzung mit der konkreten Umsetzung von Kompetenzen, bot Gelegenheit, die oben angeführten eigenen theoretischen Überlegungen bezüglich eines veränderten, dynamisierten Kompetenzbegriffes und bezüglich der Theorie Gardners (2002) mit zahlreichen Meinungen von Lehrenden aus der Praxis im Rahmen diverser

Seminarveranstaltungen in Verbindung zu bringen. Daraus resultierend konnte die Verfasserin zahlreiche Aussagen bezüglich erforderlicher Fähigkeiten auf zwei unterschiedlichen Ebenen der Lehrtätigkeit in der Schulpraxis festhalten:

Sachbezogene Ebene ⟵⟶	Personenbezogene Ebene
Wissensstrukturen: Inhaltliches Fachwissen in einzelnen Gegenständen, Wissenszugänge und Informationsquellen, Erkennen von Wissenszusammenhängen...	**Intrapersonale Wahrnehmungsstrukturen:** Eigensicht, Eigeneinschätzung, persönliche Einstellungen, Haltungen und Fähigkeiten ...
Erfahrungsstrukturen: Selbsttätig durchgeführte Arbeiten, Dokumentationen eigenständig erbrachter Leistungen, Reflexionsberichte...	**Interpersonale Wahrnehmungsstrukturen:** Offenheit, Bewusstsein einer Perspektivenvielfalt, Empathie...
Planungsstrukturen: Gestaltung von Zielsetzungen, Ablaufgestaltung, sachanalytische Auseinandersetzung, Überlegungen zum Methodeneinsatz...	**Sozialstrukturen:** Kontaktbereitschaft, Kommunikationsbereitschaft, Kooperationsbereitschaft, Umgang mit Problemen und Konflikten, gruppenspezifisches Verhalten...
Methodenstrukturen: Methodenkenntnis und –differenzierung, kritische, zielorientierte Auswahl, Einsatzplanung, organisatorische Begleitarbeiten...	**Führungsstrukturen:** Rollenbewusstsein, Bewusstsein von Situations- und Rahmenkomponenten, Verantwortungsbewusstsein, Organisationsfähigkeiten und -fertigkeiten, subjektiver Führungsstil, Engagement...
Organisationsstrukturen: Inhaltlich und zeitliches Strukturieren einer Gesamtsituation, Moderationsfähigkeiten, Medieneinsatz, Ermöglichen und Leiten verschiedenartiger Kommunikationsformen, Konfliktmanagement	**Reflexionsstrukturen:** Kritische Distanz zu eigenen Vorgehensweisen, Selbstbewertung, Annahme von Fremdbewertungen...
Ausdrucksstrukturen: Sprechfähig- und fertigkeiten, Sprachrichtigkeit, Wahl der mündlichen Ausdrucksweise und spezifischer Einsatz der Sprache, Körpersprache...	**Beurteilungsstrukturen:** Durchführung von Fremdbewertung, bewusste Differenzierung zwischen Beobachtung und Interpretation...

Die hier angeführten Kompetenzstrukturen wurden ohne Anspruch auf Vollständigkeit aufgelistet. Sie werden jedoch als Basiskompetenzen für konkrete Umsetzungsprozesse im komplexen Unterrichtsgeschehen angenommen. Abhängig von den individuellen Entscheidungen des Kompetenzinhabers entsteht aus der Zusammenfügung dieser Basiskompetenzen ein *individuelles Kompetenzkonglomerat*, welches bei der konkreten Umsetzung von Unterrichtstätigkeiten zum Tragen kommt. Die praktische Anwendung dieser Verknüpfungen von individuellen Fähigkeiten und Fertigkeiten ergibt in Summe die persönliche *Umsetzungskompetenz* von LehrerInnen. Aus dieser Umsetzungskompetenz wiederum resultiert die eigentliche pädagogisch-professionelle Qualitätsleistung. Es wird davon ausgegangen, dass die Qualität von Lehr- und Lernprozessen in erster Linie von der Art und Weise wie pädagogische Handlungen durchgeführt werden, abhängig ist. Professionelle Qualität bei der Unterrichtsarbeit entsteht demnach durch fortlaufend und ständig getroffene individuelle Entscheidungen im Prozessgeschehen des Lehrens durch die Lehr*person*. Professionelle Qualität ist so gesehen das variable Ergebnis einer individuellen Zusammenfügung und Anwendung unterschiedlich vorhandener Kompetenzstrukturen von Einzelpersonen.

5.5.2 Prioritätensetzung bei pädagogischen Kompetenzen

Die in Punkt 5.5.1 aufgezeigten *Kompetenzstrukturen* flossen als Diskussionsgrundlage auch in Veranstaltungen der „Schulpraktischen Studien" ein und speziell auch in die von der Verfasserin betreuten Praxisteams. Dies geschah vor allem im Hinblick auf Prozesse des Beurteilens. Dadurch wurde dort die Kompetenzthematik neu aufgerollt und wurde so auch Teil des Forschungsinteresses. In Folge dessen kam es im Rahmen einer gemeinsamen Vorbereitungsveranstaltung unter der Leitung der Verfasserin (AusbildungslehrerInnen, Studierende und PraxisberaterInnen) für ein Blockpraktikum zu einer intensiven Auseinandersetzung mit dem Thema Kompetenzen. Dadurch war es möglich, Rückmeldungen bezüglich der Kompetenzthematik auch auf einer breiteren Basis, als jener in den Kleingruppen der Schulpraxis, einzuholen.

Im Folgenden werden die - auf Grund einer schriftlichen Erhebung (siehe Anhang Nr. 6) - von Studierenden einer Seminargruppe des sechsten Semesters als am wesentlichsten erachteten Kompetenzen für angehende LehrerInnen, aufgezeigt:

Kompetenzen	Bewertung	
Personalkompetenz	94% sehr wichtig 6% wichtig 0% weniger wichtig	
Sozialkompetenz	47% sehr wichtig 53% wichtig 0% weniger wichtig	
Führungskompetenz	59% sehr wichtig 41% wichtig 0% weniger wichtig	
Planungskompetenz	35% sehr wichtig 65% wichtig 0% weniger wichtig	
Arbeitskompetenz	53% sehr wichtig 47% wichtig 0% weniger wichtig	
Sachkompetenz	35% sehr wichtig 65% wichtig 0% weniger wichtig	
Methodenkompetenz	65% sehr wichtig 35% wichtig 0% weniger wichtig	
Sprachkompetenz	47% sehr wichtig 47% wichtig 6% weniger wichtig	

Reihung in der Einschätzung professioneller Kompetenzen durch Studierende des 6. Semesters:

Personalkompetenz   94%
Methodenkompetenz   65%
Führungskompetenz   59%
Arbeitskompetenz   53%
Sozialkompetenz   47%
Sprachkompetenz   47%
Planungskompetenz   35%
Sachkompetenz   35%

Aus diesen Ergebnissen ist klar ersichtlich, dass nach den Einschätzungen von Studierenden am Ende ihrer Berufsausbildung (sechstes Semester), *„Personalkompetenz"* als erstgereihte und somit wichtigste Kompetenz aufscheint. Es folgt mit deutlichem Abstand die Methodenkompetenz und relativ knapp nacheinander Führungs-, Arbeits-, Sozial- und Sprachkompetenz. Die letztgereihten Kompetenzen sind Planungs- und Sachkompetenz. Erwähnenswert ist in diesem Zusammenhang noch, dass die Befragten nur kurz im Rahmen der angesprochenen Veranstaltung mit der Thematik befasst waren. Sie waren auch nie in der intensiven Weise wie jene Teilnehmer der Teilbeurteilungsprozesse (siehe Kapitel 6) mit der Kompetenzthematik konfrontiert. Ihre Antworten waren daher sehr intuitiver Natur. Für die erstgereihte Personalkompetenz wurden in einer anschließenden Diskussion Aussagen getätigt, welche pointiert (kursive Schreibweise) und zusammengefasst folgendermaßen lauteten:

- *Unterrichtsqualität ist untrennbar von der Person.* Diskutiert wurde diese pointierte Aussage dahingehend, dass im Terminus *Lehrperson* schon die Begriffe *Lehren* und *Person* vereint sind. Lehrtätigkeiten sind so gesehen immer mit individuellen, persönlichen Umsetzungsmöglichkeiten verbunden.

- *Authentisches Handeln - sich seiner Sache sicher sein,* bedeutete für angehende LehrerInnen, dass sie nur in einer Art und Weise agieren können, welche sie vor sich selbst verantworten können. Gleichzeitig steigt mit dieser Übernahme von Selbstverantwortung, aber auch die Selbstsicherheit.

- *Flexibilität und Kreativität* erachten die Studierenden als Grundlage für die Bereitschaft Neues auszuprobieren, wodurch es aber auch zu Dekonstruktionen von Bewährtem kommen kann. Diese Dekonstruktionen können wiederum Auslöser für neue Lernprozesse sein. Flexibilität und Kreativität - Eigenschaften die in der Person verankert sind - bilden so das Potential für eine ständige berufliche Weiterentwicklung.

- *Empathie als Basis.* Da der Lehrberuf - so die Begründung der Studierenden - ein Beruf ist, in welchem das Miteinander von Menschen im Zentrum steht, verlangt er vor allem auch großes Einfühlungsvermögen. Das Vorhandensein bzw. die Entwicklung solcher empathischen Fähigkeiten ist grundlegende Voraussetzung für Personalkompetenz.

Abschließend kann festgehalten werden, dass durch die Ergebnisse dieser Diskussion bestätigt wurde, dass in pädagogischen Handlungsfeldern zahlreiche Kompetenzen zwar erforderlich und wesentlich erscheinen, die Personalkompetenz jedoch oberste Priorität besitzt (siehe auch Punkt 6.7.2) Darin kann für das Vorgehen im Forschungsprozess dieser Arbeit, bei dem das Individuelle - das Individuum, die Person - ins Zentrum gestellt wurde, eine Bestätigung gesehen werden. Die in der Arbeit speziell beleuchteten und in den Mittelpunkt gerückten Komponenten wie Selbstbestimmung, Selbsteinschätzung bzw. Selbstbeurteilung bei der Unterrichtsarbeit angehender Lehrpersonen erscheinen wesentlich und sind es demnach wert, gefördert zu werden. Sie gelten als elementare Komponenten für eine professionelle Entwicklung, durch die eine hohe Qualität bei Lehr- und Lernprozessen angestrebt wird. Die Verfasserin schließt diesen Gedankengang mit der Frage, wie nun die Qualität dieser Personalkompetenz beurteilt werden kann. Dabei erscheint folgende Überlegung von Bedeutung. Qualität ist mehr als eine Ansammlung von vorhandenen Kompetenzen einer Lehrperson: *Qualität ≠ additiv verknüpfte Kompetenzen.* Es wirken stets Faktoren aus sachbezogener, situativer und personenbezogener Ebene in immer wieder differenzierenden Kombinationen zusammen. Aus diesen individuellen Zusammensetzungen ergibt sich die jeweilige Qualität. Eine individuelle Kompetenzstruktur kann so betrachtet auch als individuelle Qualitätsstruktur bezeichnet werden. Die eigentliche Problematik dieser veränderbaren Strukturen ist jedoch ihre Messbarkeit.

Betrachtet man die Qualität der jeweiligen Umsetzungskompetenz von Studierenden quasi als ein entstandenes, jedoch jederzeit veränderbares Gesamtprodukt, so erfordert dies eine analytische Auseinandersetzung damit, *wie* die jeweilige Umsetzungskompetenz zusammengesetzt ist. Mit Gardner formuliert würde es in erster Linie eine Frage nach der Zusammensetzung der „*vielfältigen Intelligenz"* (Gardner 2002, 15) der Lehrperson sein. Im Lichte dieser individuellen Vielfalt wäre dann auch die Bewertung der oben angesprochenen Qualitäten nicht mit dem herkömmlichen Beurteilungsinstrumentarium zu bewerkstelligen. Fragen wie beispielsweise *„Kann man sich in einer Gruppe effektvoll äußern? Ist man angesichts einer schwierigen Entscheidung in der Lage, ähnliche, früher erlebte Situationen zu Rate zu ziehen und umsichtig zu urteilen? Alle diese Fähigkeiten sind für die Intelligenzen von zentraler Bedeutung und doch mit Kurzevaluierungen kaum zu erfassen."* (Gardner 2002, 166)

Bei einer Auseinandersetzung über das Zustandekommen einer bestimmten individuellen Qualitätsstruktur gilt es den dazu führenden und beschrittenen Weg, die prozesshaften Tätigkeiten, die zum Produkt, zur realisierten Kompetenzbeschaffenheit führen, genau und unter Einbeziehung unterschiedlicher Perspektiven anzuschauen und zu untersuchen. Dieser Forderung wurde im Forschungsprozess zu den Teilbeurteilungen nachgegangen. Der Fokus richtete sich dabei auf die Beachtung kognitiver Schemata bzw. deren möglicher Veränderung bei der Erbringung von schulpraktischen Leistungen. *„Wo es um Verstehen geht, liegt die Betonung zu Recht auf Leistungen, die beobachtet, kritisiert und verbessert werden können. Die Eleganz einer mentalen Repräsentation ist ohne Belang, wenn sie bei Bedarf nicht aktiviert werden kann. Es ist zwar wenig wahrscheinlich, daß gute Leistungen ohne ein komplexes Geflecht entsprechender mentaler Repräsentationen zustande kommen, aber solchen Leistungen können je nach Situation oder Individuum ganz verschiedene kognitive Schemata zugrunde liegen."* (Gardner 2002, 192)

5.6 Kompetenzen aus der Sicht der Arbeitspsychologie

Spezielle Kennzeichen menschlichen Handelns sind Planmäßigkeit und Zielstrebigkeit im Vorgehen sowie ein ständiges Streben nach Verbesserung im jeweiligen Tun. Dadurch kann menschliches Handeln im weiteren Sinne auch als *„Leistungshandeln"* bezeichnet werden und daraus folgend der Mensch auch als das *„leistende Wesen"* (vgl. Schuler 1991, 2). Durch Handeln in Form von sich permanent verbessernder Leistungen schafft der Mensch sich individuelle Strukturen, die seine Eigenbildung kennzeichnen. Freiwilligkeit und Eigenmotivation stellen notwendige Bedingungen in diesem Prozess dar, allerdings nicht die allein bestimmenden. Menschliche Leistungen sind immer auch abhängig von der Bewertung und einer Deutung durch andere, sowie von gemeinsam festgelegten Güte-, Schwierigkeits- und Tüchtigkeitsmaßstäben, welche aus Vereinbarungen in Sozialgefügen resultieren. Leistung kann demnach auch unter verschiedenen Blickwinkeln gesehen und in der Folge auch dementsprechend beurteilt werden. Sie kann sich als ökonomischer Erfolg, als individuelle Anstrengung, als Überbietung Anderer oder als Ausschöpfung und Präsentation von eigenen Fähigkeiten darbieten. Menschliche Eigenleistungen unterliegen so gesehen unterschiedlichen Vergleichs- und Bewertungsprinzipien. (Vgl. Schuler 1991, 3)

Allgemein kann - zumindest für den abendländischen Kulturkreis - festgehalten werden, dass sich die Persönlichkeit des Einzelnen zu großen Teilen in Werken und Handlungen - also in Leistungen im weitesten Sinn des Wortes - abbildet. Den vielfältigen Möglichkeiten eigenmotivierten Handelns - den Eigenleistungen als persönlichkeitsbildende Aktivitäten - sollte in pädagogischen Ausbildungsfeldern besondere Bedeutung zukommen, da sie auch für das spätere Berufsleben Erfolgsgrundlage sind.

Im Berufsfeld von lehrenden Pädagogen ist Unterrichten die zentrale Tätigkeit, und somit die Hauptaufgabe ihrer Arbeit. Es erscheint daher interessant, die angestrebten Leistungen in diesem Kernbereich der beruflichen Aufgabe, auch aus arbeitspsychologischer Sichtweise und den dazugehörigen Grundannahmen zu betrachten. Vorerst ist festzuhalten, dass die Tätigkeit des Unterrichtens hier als *Arbeit* gesehen und definiert wird. In diesem Zusammenhang werden vor allem jene arbeitspsychologischen Bereiche von der Verfasserin schwerpunktmäßig herausgegriffen und beleuchtet, die im Zusammenhang mit der thematischen Ausrichtung der vorliegenden Arbeit als relevant erscheinen.

Anthropologisch betrachtet zeichnet den Menschen nicht nur seine soziale Natur aus, sondern vor allem seine Offenheit und Lernfähigkeit, ein ihm eigenes Antriebspotential und sein grundlegender Gestaltungswille. So gesehen kann Arbeit ganz allgemein als elementare Tätigkeit bezeichnet werden. In Verbindung mit dem Begriff Arbeit und den dazugehörenden arbeitspsychologischen Grundannahmen sollen hier nun nicht solche - sehr wohl auch auftretenden Faktoren wie Mühsal, Abhängigkeit und Fremdbestimmung bei der Erwerbstätigkeit - in das Zentrum gestellt werden, sondern in erster Linie die Chancen des Menschen, durch seine Arbeitstätigkeit die Welt zu beeinflussen, zu verändern und zu gestalten. Arbeit verändert allerdings nicht nur die äußeren Gegebenheiten dieser Welt, mit ihr verändert sich auch der Mensch. Arbeit hat demnach auch eine identitätsbildende Funktion. Dies ist bereits in ganz alltäglichen Situationen erkennbar, in denen beispielsweise bei der Vorstellung unbekannter Personen unmittelbar nach der Nennung ihres Namens, die der Berufsausübung folgt. Die Frage nach der beruflichen Tätigkeit erscheint uns deshalb als so aussagekräftig, weil das, was ein Mensch arbeitet, zugleich eine große gesellschaftliche Bedeutung hat. Arbeit und Beruf sind in unserer Gesellschaft elementare und bedeutende Attribute einer Person. Der Berufsbegriff wird hier nicht in seiner ursprünglichsten Bedeutung - nämlich als ein *berufen-sein* im geistlichen Sinn - verwendet, vielmehr steht die Begrifflichkeit der *Profession* (französich: *profession*, abgleitet aus dem Lateinischen *professio* = öffentliche Angabe, *profiteri* = öffentlich angeben, *fateri* = bekennen) im Vordergrund (vgl. Kluge 1999, 648). Professionalisierung bezeichnet den historischen Prozess der Entwicklung von Berufsständen zu sogenannten Professionen. Um einen Beruf auf einen professionellen Status heben zu können, sind bestimmte Merkmale, die ihn auszeichnen, nötig. Schwänke nennt in diesem Zusammenhang folgende Komponenten:

- Autonomie,
- spezifisches Berufsethos,
- systematisches und kodifiziertes Wissen,
- wissenschaftliche Ausbildung,
- gesellschaftlich zentrale Dienstleistung (vgl. Schwänke 1988, 31).

Zu den klassischen Professionen zählen beispielsweise Berufe der Medizin und Berufe der Rechtwissenschaften, die diese Merkmale aufweisen. Professionelle Merkmale sind jedoch nicht alleinige Indizien für professionelles Handeln. Als ausschlaggebend dafür gelten nicht nur diese statisch ausgerichteten Kennzeichen, sondern ergänzend auch die dazugehörenden Umsetzungsprozesse. Mit einer Betonung der prozesshaften Entwicklung wird zugleich unterstrichen, dass diejenigen, die als Professionisten gelten wollen, bestimmte Lernphasen durchlaufen müssen. In diesen Lernphasen absolvieren sie zielorientierte Handlungsprozesse, durch die sie berufspezifische Fähigkeiten und Fertigkeiten erwerben.

5.6.1 Perspektive zielorientierter Handlungsprozesse

Zielorientierte Handlungsprozesse werden von grundgelegten Motiven der Handelnden begleitet. Motive können in ihrer Art und Anzahl sehr differenziert zu Tage treten, außerdem entziehen sie sich der unmittelbaren Beobachtung. Dennoch stellen sie eine wichtige Grundannahme bei der Beobachtung menschlichen Verhaltens dar. Um nun von einem als latent angenommenen Motiv zu einer zielgerichteten menschlichen

Handlung zu kommen, bedarf es eines Prozesses. Heckhausen beschreibt diesen Prozess wie folgt: Der Mensch handelt, indem er „... *zwischen verschiedenen Handlungsmöglichkeiten auswählt, das Handeln steuert, auf die Erreichung motivspezifischer Zielzustände richtet und auf dem Weg dorthin in Gang hält"* (Heckhausen 1980, 25).

Im Bereich der Arbeitspsychologie gibt es eine fast unüberschaubare Anzahl theoretischer Konzepte zur Erklärung der Arbeits- oder Leistungsmotivation. Die unterschiedlichen Ansätze lassen sich nach Wiswede überblicksmäßig in drei Gruppen gliedern: Physiologisch orientierte Konzepte, humanistisch orientierte Konzepte und kognitiv orientierte Konzepte (vgl. Wiswede 1991, 211). Die dritte Gruppe der hier angeführten Konzepte - die kognitiven Motivationskonzepte - thematisieren in erster Linie den *Prozess* der Motivation, gelten daher als Prozesstheorien.

Prozesstheorien der Leistungsmotivation
Leistungsmotivationsansätze gehen davon aus, dass es ein Grundbedürfnis des Menschen ist, leistungsorientiert zu handeln und dass diese vollbrachten Leistungen auch selbstwertförderlich wirken. Dabei wird das Leistungsmotiv als ein erlerntes Anlageverhalten mit den zwei Polen Erfolgssuche und Misserfolgsmeidung verstanden. Je nach Stärke der Tendenz in eine Polrichtung, wird man zum *„Erfolgssucher"* oder zum *„Misserfolgsmeider"* (vgl. Heckhausen 1963, 8-9). Das Leistungsmotiv wird zwar als Grundmotiv erachtet - was als Leistung gilt, ist dadurch jedoch noch nicht definiert, sondern wird, wie oben erwähnt, im Sozialisationsprozess individuell erlernt. Ebenso als individuell erweist sich der Umgang mit Leistungsattribuierungen. Erfolg und Misserfolg können subjektabhängig dem eigenen Können oder Willen, den Umständen oder dem Zufall zugeschrieben werden (vgl. Wiendieck 1993, 171). Diese unterschiedlichen Attributionsmuster gelten auch als wesentlich mitzubedenkende Aspekte bei Beurteilungsprozessen von und mit Studierenden. Außerdem stehen sie in einer prozessualen Wechselbeziehung zu deren individuellem Anspruchsniveau. Dieses bestimmt sämtliche Aufgabenerfüllungen. Es bestimmt einerseits die Leistung mit und ist andererseits abhängig von Wertungen. Hacker definiert das *Anspruchsniveau* kurz als *„das selbst gesetzte Niveau eigener Leistungsziele"* (Hacker 1986, 214). Es stellt den für eigene Leistungen angestrebten und relevanten Leistungsbereich dar, in dem eigene Wertungen (persönliche Ziele, Ansprüche und Erwartungen), aber auch fremde Wertungen, die den Persönlichkeitsbereich berühren, von hoher Wirksamkeit sind. In

der Beziehung zwischen Anspruchsniveau und Leistungsniveau muss daher bei allen Anliegen praktischer Leistungsbeeinflussung die Dimension der *äußeren Wertungen* als wesentlich mitbedacht werden:

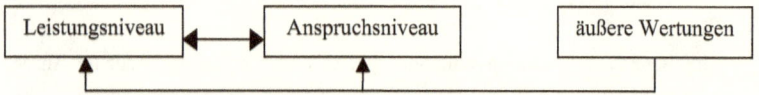

Abb. 9: Einfluss von Wertungen auf das Anspruchsniveau (modifiziert nach Hacker 1986, 214)

Bei Beurteilungsprozessen rücken im Allgemeinen die soeben angesprochenen *äußeren Wertungen* in den Vordergrund. Bei der Beschreibung und Dokumentation der konkret erforschten Beurteilungsprozesse in dieser Arbeit jedoch, ist ein deutliches Anstreben des Gleichgewichtes zwischen Selbst- und Fremdbeurteilung zu erkennen. Bei beschriebener Vorgangsweise im Beurteilungsprozess zeigt sich dies vor allem in der diskursiv geführten Phase bei der Gegenüberstellung von Fremd- und Selbstbeurteilung und der dabei eingenommenen konstruktivistischen Grundhaltung der Beteiligten.

Weiters besteht durch individuell gesetzte Leistungsanforderungen (selbst bestimmte Ziele in Form von selbst bestimmten Arbeitsschwerpunkten für die schulpraktische Arbeit) die Möglichkeit die *Zielbindung* durch intrinsische Motivation zu erhöhen. Die damit einhergehende Erhöhung des eigenen Anspruchniveaus kann letztendlich auch zu einer positiven Veränderung der Leistung führen. Insgesamt bewirken die wechselseitigen Beziehungen von individuellem Anspruchsniveau, gefordertem, bzw. erforderlichem Leistungsniveau und Einfluss von Fremd- und Selbstbewertung einen regulativen, psychischen Kreisprozess, der in folgender Grafik von der Verfasserin schematisch dargestellt wird:

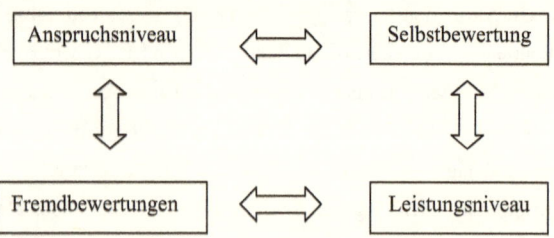

Abb. 10: Wechselbeziehung: Anspruchsniveau - Leistungsniveau

Anspruchsniveau und Leistungsniveau stehen in einer Wechselbeziehung, die jedoch nicht nur unter dem leistungsanalytischen Aspekt zu betrachten ist. Sie entsteht immer auch in beträchtlichem Ausmaß durch ein emotionales und affektiv überformtes Erleben (vgl. Hacker 1986, 217). Dieser Tatbestand findet wiederum im schon erwähnten *„Erfolgs- bzw. Misserfolgserleben"* samt dazugehörigen Attribuierungsneigungen des Einzelnen seinen Niederschlag (vgl. Wiendieck 1993, 171).

„Erfolgs- bzw. Misserfolgserleben" baut auf ein bestimmtes Verhältnis von Leistungsvoraussetzung, Leistungs- und Anspruchsniveau und Wertungen auf. Objektiv Gelungenes wird nur dann als Erfolg erlebt, wenn es aus eigenen Kräften und mit Anstrengung erreicht wurde. Erst dann ist der Erfolg begleitet von einem Gefühl des Stolzes und der Freude und kann so das Selbstbewusstsein stärken und gleichzeitig das eigene Anspruchsniveau steigern. (Vgl. Hacker 1986, 217) Bei intrinsisch motivierten Zielsetzungen handeln Menschen, weil sie es selbst für sinnvoll halten, weil sie ihr eigenes *Konstrukt* verwirklichen möchten und nicht um fremd gesetzte Ziele zu erreichen bzw. eine leichter zu erfüllende Alternative anzustreben. Eigenständig gesetzte Ziele sind nicht nur mit höherem Wohlbefinden verbunden, sie führen auch zu einem verbesserten Leistungsverhalten. Wahrgenommene und genützte Freiheitsgrade der Tätigkeit lassen eigene Interpretationen und Entscheidungen zu. Diese *„Ich-Nähe"* wiederum erhöht die Verbindlichkeit selbst gesetzter Ziele. (Vgl. Hacker 1986, 116)

Selbst gewählte Teilbereiche und für sie relevante selbst gesetzte Ziele der Studierenden werden daher als unerlässliche Basis für erfolgreiche Unterrichtstätigkeiten in der Schulpraxis angesehen. Zusammen mit sinnvoll dosierten Anforderungen und diskursiven Bewertungen können sie in der Konsequenz bedeutsame, persönlichkeitsentwickelnde Wirkungen nach sich ziehen. Leistungsmotivierung verbunden mit Leistungssteigerung - hier konkret pädagogischer Kompetenzzuwachs der Studierenden - ist nach Meinung der Verfasserin durch einen diffizilen Systemcharakter geprägt, welcher durch ein erforderliches rasches Reagieren in Unterrichtssituationen noch intensiviert wird. Durch diesen zeitlichen Druck ist es für Studierende oft schwierig, zwischen dem aktuellen Tun und den übergeordneten Zielen überhaupt noch zu überlegen. Es kommt daher vor, dass Ziele zeitweise aus den Augen verloren werden bzw. durch spontan neu angestrebte Ziele ersetzt werden und so gewisse *Zielkonkurrenzen* entstehen können. Derartige Zieländerungen haben nicht selten einen unbewussten Charakter, nichts desto trotz können sie aber zu erheblichen Veränderungen im Unterrichtsverlauf und im Verhalten der Agierenden führen. Es erscheint daher umso wichtiger, im anschließenden Reflexionsgespräch darauf einzugehen, und die Unterrichtsarbeit auch aus dieser Perspektive zu analysieren. Dies deckt sich auch mit der Aussage Schlömerkempers, dass eine pädagogische Professionalität zwar eine gewisse Unsicherheit pädagogischen Handelns zur Kenntnis nimmt, diese Unsicherheit jedoch nicht mit einer Beliebigkeit des Handelns gleichsetzt, sondern mit der Forderung nach einer möglichst präzisen Reflexion der Voraussetzungen und auch der Folgen des Handelns verbindet (vgl. Schlömerkemper 2001, 315).

5.6.2 Zielbildung und Zielwirkung

Die wirksamen Einflüsse bei der Umsetzung von Zielen in Handlungen zeigen sehr klare Zusammenhänge zwischen Zielsetzungen und Leistungsergebnisse auf, welche auch in Beurteilungsprozessen hohe Relevanz besitzen. Als Grundlage für die in Punkt 5.7 nachfolgend erörterte Zielsetzungstheorie werden vorerst noch einige dafür aufbauende Erkenntnisse aus der Arbeitspsychologie vorgestellt. Grundsätzlich können in einem Handlungsablauf folgende psychologische Phasen angenommen werden:

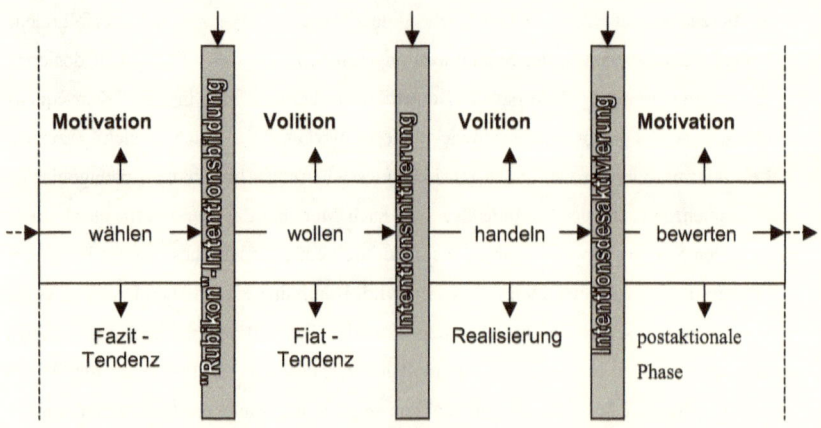

Abb. 11: Modifizierte schematische Darstellung der vier Handlungsphasen des Rubikon-Modells

Soll eine Handlung effektiv sein, kann sie nur durch eine einzelne Zielintention bestimmt sein, welche in der präaktionalen Volitionsphase ihren Ausgang nimmt. Diese Phase steht bei Heckhausen vor dem eigentlichen Intentionierungsschritt. Insgesamt wird der komplette Geschehensablauf von der ersten Wunschregung bis zur Zielrealisierung nach dem Rubikon-Modell (Abb.11) in vier Handlungsphasen dargestellt. Durch die Vielfalt und Weite des Motivationsbegriffes ist es schwierig so unterschiedliche Phänomene wie Wünsche, Willensabsichten, Entschlussfassungen und zielgerichtete Handlungen einzuordnen. Heckhausen stellte eine Unterteilung in Motivierung, Zielsetzung, Vollzug und Nachphase auf, allerdings nur, um eine gewisse Ordnung für die Leistungsmotivationsforschung zu schaffen.

Das Rubikon-Modell der Handlungsphasen hebt hingegen phasenspezifische Eigengesetzlichkeiten heraus und markiert klare Trennlinien zwischen den einzelnen Phasen. Die erste Trennlinie scheidet motivationale Prozesse von volitionalen, weitere Trennlinien grenzen die Phase der Aufnahme und die Phase des Abschlusses einer Handlung voneinander ab. Dadurch wird ihnen der Charakter eines „*Rubikon*" zugeschrieben. um damit auszudrücken, dass wie beim Grenzfluss „*Rubikon*" ein Diesseits und ein Jenseits zwischen Motivation und Volition besteht. In diesem Modell wird zwischen motivationalen und volitionalen Abläufen unterschieden, wodurch die Wünschbarkeit und Realisierbarkeit von möglichen Handlungszielen bei der theoretischen Fragestellung ins Zentrum rückt. Dabei ist die Überprüfung hinsichtlich Zeit und Ressourcen der eigenen Handlungsmöglichkeiten von Bedeutung. Die motivationale Bewusstseinslage orientiert sich an der Realität, währenddessen die volitionale Bewusstseinslage an der Realisierung interessiert ist. Die motivationale Handlungsphase betrifft die Art und Weise, wie mit Inhalten von Informationen und deren Auswahl und Bearbeitung umgegangen wird. Der Fokus bei volitionalen Phasen liegt hingegen bei Handlungsplanungen und Vornahmen, welche die Aufmerksamkeit konzentrieren und für eine selektive Informationsaufnahme sorgen. (Vgl. Heckhausen 1989, 212)

Um von einer Zielbildung zu einer konkreten Umsetzung zu gelangen, muss nach Heckhausen erst eine Handlungsauslösung erfolgen. Er bezeichnet diese variable Größe, die mit jedem Ziel einhergeht, als „*Fiat-Tendenz*" (vgl. Heckhausen 1989, 214). Hat jemand zwischen verschiedenen, konkurrierenden Zielen zu entscheiden, so wird jenes Ziel welches die stärkste Fiat-Tendenz aufweist, zuerst in eine Handlung umgesetzt. Bei miteinander in Konkurrenz stehenden Absichten ein Ziel zu erreichen, kommt jene Absicht mit der stärksten Fiat-Tendenz zur Ausführung. Die Stärke dieser Fiat-Tendenz ist von verschiedene Faktoren, wie beispielsweise von günstigen Gelegenheiten zur Zielerreichung, von der Dringlichkeit des angestrebten Ziels oder von der Anzahl und von den dabei gemachten Erfahrungen bei missglückten Realisierungsversuchen, abhängig (vgl. Heckhausen 1989, 214).

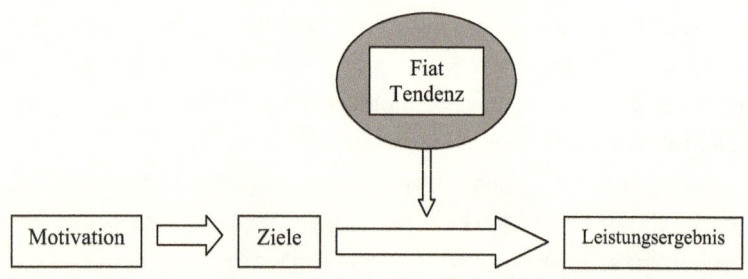

Abb. 12: Eine variable Größe - die Fiat-Tendenz (modifiziert nach dem Modell von Kleinbeck 1993, 49)

Zu diesen Überlegungen Heckhausens existieren zwar kaum wissenschaftliche Untersuchungen, doch tragen andere empirische Ergebnisse - beispielsweise Locke & Latham 1990 - wesentlich zur Ergänzung des Wissensstandes über Umsetzungsprozesse von Zielen in Handlungen bei. Die Zielsetzungstheorie von Locke und Latham gibt weitere, vertiefte Überlegungen dazu frei. Diese sind auch im Kontext des Forschungsinteresses relevant, da für Studierende konkrete Umsetzungsprozesse bei der schulpraktischen Arbeit im Zentrum ihrer Interessen stehen.

5.7 Der Umsetzungsprozess: Vom Ziel zur Leistung - die Zielsetzungstheorie von Locke/Latham

Grundannahmen
Ausgewählte Handlungen im Hinblick auf ein angestrebtes Ziel gelten als das Ergebnis spezifischer Motivationsprozesse, wobei sich drei wesentliche Aspekte der Motivation in den Äußerungsformen der Richtungswahl, der Anstrengung und der Ausdauer des

menschlichen Handelns zeigen (vgl. Heckhausen 1989, 13-14). Menschen wählen jene Ziele aus, die ihren Leistungsvoraussetzungen entsprechen und so auch das Ausmaß ihrer Beanspruchung bei der Aufgabenbewältigung bestimmen. Diese Beobachtungen führten zu jener Grundannahme der Zielsetzungstheorie die besagt, dass Aufgabenziele die Richtung, die Intensität und die Ausdauer menschlichen Handelns bestimmen (vgl. Locke/Latham 1990, 87-94). Belege für diese grundsätzliche Aussage stammen aus der experimentellen Motivationspsychologie. Durch wiederholte Befunde konnte gezeigt werden, dass Leistungen bei Aufgabenbewältigungen direkt von den aufgabenbezogenen Zielsetzungen abhängig sind (vgl. Locke & Latham 1990, 62). Aus zahlreichen Feld- und Laboruntersuchungen (Mento, Steel & Karren 1987; Tubbs 1986) geht eindeutig hervor, dass hohe Zielsetzungen auch zu hohen Leistungen führen. Weiters ergaben Untersuchungen von Locke/Latham (1990), dass Leistungen umso besser werden, je schwieriger ein Ziel zu erreichen ist, vorausgesetzt der Rahmen der verfügbaren Leistungskapazität wird nicht überschritten. Leistungen steigen mit zunehmender Höhe der Ziele und erreichen bei ganz schwierigen Aufgaben ihr Maximum. (Vgl. Locke/Latham 1990, 85; Kleinbeck 1993, 50) Diese Tendenz zu wachsenden höheren Anstrengungen ergibt sich vor allem dann, wenn bestimmte Randbedingungen erfüllt werden, die im Folgenden genannt werden:

- *Spezifische, genaue Ziele fördern die Leistung mehr* als ungenau definierte, allgemeine Ziele. Zielspezifität gilt als wirksamer Einflussfaktor ein Ziel zu erreichen (vgl. Locke/Latham 1990, 108; Kleinbeck 1993, 50). Bestätigt wurde dies bereits durch ein im Jahr 1935 formuliertes Gesetz - das Gesetz der spezifischen Determination von Ach - welches besagt, dass, je spezifischer der Inhalt einer Determination ist, desto rascher und sicherer auch deren Verwirklichung erreicht wird (vgl. Ach 1935, 244; Heckhausen 1989, 193). Das Gesetz wird durch die Annahme erklärt, dass bei spezifischen Zielen die Auswahl der Leistungsvoraussetzungen für die Handlung präziser getroffen werden kann und damit weniger Hindernisse bei der Handlungsdurchführung auftreten.

- Obige Annahme gilt jedoch nur, wenn mit der spezifischen Zielsetzung eine klare *Rückmeldung* verbunden ist. Das Wissen über den eigenen Leistungsstand und die Unterstützung zur Weiterentwicklung durch Rückmeldungen in Verbindung mit einer subjektiven Überzeugung es schaffen zu können, wirken leistungsfördernd (vgl. Locke/Latham 1990, 189).

- Par*tizipation bei der Festlegung von Zielen* stellt eine weitere mögliche leistungssteigernde Variable dar, durch die Personen zu einer engeren Zielbindung und daran gekoppelt auch zu erhöhten Leistungen gelangen können. Vor allem mit Hilfe des Konzepts der Zielbindung fanden Forscher eine Möglichkeit, Fragen nach der Wirksamkeit von Zielmitbestimmung zu stellen und erste Ergebnisse lassen Systematisierungen der Wirkung dieser Variablen zu. (Vgl. Locke/Latham 1990, 170-172; Kleinbeck 1993, 57)

Um den Zusammenhang zwischen Zielsetzungen und Leistungsergebnissen genauer zu beschreiben, werden in Arbeiten von Locke und Latham zur Zielsetzungstheorie zwei Gruppen von einflussnehmenden Wirkgrößen in leistungsorientierten Umsetzungs- bzw. Handlungsprozessen hinzugezogen. Sie werden als *„Moderatoren"* und *„Mediatoren"* bezeichnet (vgl. Locke/Latham1990, 257, 261).

Zwei Wirkgrößen der Zielsetzungstheorie
Die Moderatoren und Mediatoren und sind Teil des *„High Performance Cycle"*, in dem Verbindungen zwischen Arbeitsmotivation und Arbeitszufriedenheit aufgezeigt werden (vgl. Locke/Latham 1990, 252-253).

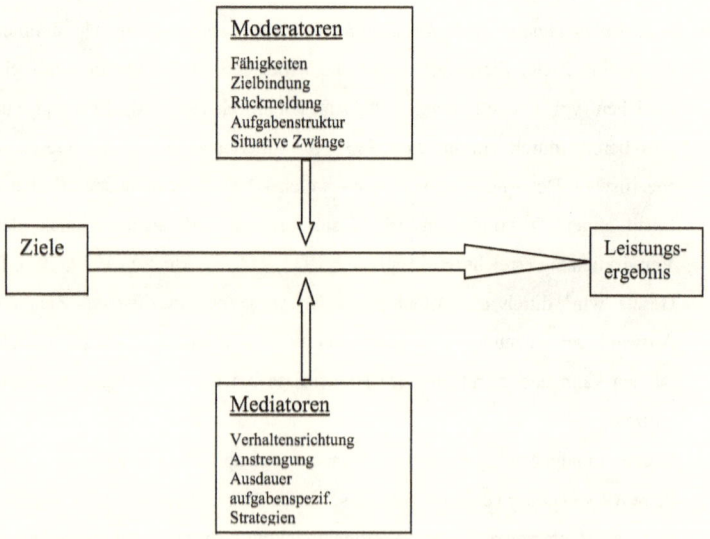

Abb. 13: Wirkgrößen bei der Zielsetzung (modifiziert nach Locke/Latham 1990, 253)

Unter *Mediatoren* sind direkte Wirkmechanismen zu verstehen, durch deren Hilfe Ziele in Handlungen umgesetzt werden. Sie entsprechen in erster Linie den drei wesentlichen Merkmalen motivierter Handlungen - der Richtung der Aufmerksamkeit (Auswahl), der Anstrengung (Intensität) und der Ausdauer.

Unter *Moderatoren* werden Einflussfaktoren für die Wirkung von Zielsetzungen verstanden. Als solche werden persönliche Fähigkeiten, Rückmeldungen über Leistungen, Zielbindung, Aufgabenstruktur (hohe bzw. niedrige Aufgabenkompelxität) und situativ bedingte Zwänge bezeichnet. Ein hohes Leistungsergebnis ist umso wahrscheinlicher, je günstiger die Moderatoren- und Mediatorenbedingungen sind. In diesem Modell wird nicht alleine die direkte Beziehung von Motivation und Leistung angenommen, sondern eine durch mehrere Bedingungen gefilterte und beeinflusste Wechselwirkung. (Vgl. Kleinbeck 1993, 52)

Insgesamt werden als basale Voraussetzung für gute Leistungen einerseits individuelle Kompetenzen angenommen, andererseits muss jedoch auch ein Gefühl der Verpflichtung - *„Commitment"* - gegeben sein (vgl. Locke/Latham 1990, 150). Dieses Gefühl kann durch die Attraktivität der Zielsetzung gegeben sein, aber auch noch zusätzlich dadurch erhöht werden, als die Ziele nicht einfach vorgegeben werden, sondern aus subjektiver Überzeugung selbst festgelegt oder zumindest partizipativ erarbeitet werden. Die daraus resultierende mögliche *intrinsische* Motivation bei der Arbeitstätigkeit ist nach Ulich an drei Grundbedingungen gebunden, nämlich an

- das Wissen über die aktuellen Resultate,
- die erlebte Verantwortung für die Ergebnisse der eigenen Arbeit und an
- die erlebte Bedeutsamkeit der eigenen Arbeitstätigkeit (vgl. Ulich 1991, 83-84).

Diese allgemeinen motivationsfördernden Bedingungen sind auch bei Beurteilungsprozessen, die den Kompetenzerwerb der Studierenden fördern sollen, als wesentlich und daher auch als erstrebenswert einzustufen. Ausgehend von der Grundannahme, dass künftige Ergebnisse in Zielen vorweggenommen werden und weiters ausgehend von der empirisch belegten Gewissheit (Locke/Latham 1990, 62), dass Zielsetzungen das leistungsbezogene Handeln beeinflussen, werden nun die Wirkgrößen der Zielsetzungstheorie detailliert dargestellt. Durch Mechanismen, die von diesen Wirkgrößen ausgehen, kann das Ziel-Leistungsgefüge verändert werden. Wie und in welchem Ausmaß solche Veränderungen stattfinden können, erscheint auch hinsichtlich des Kompetenzerwerbes der Studierenden in der schulpraktischen Ausbildung als interessant.

5.7.1 Mediatoren von Zielsetzungen

Zielorientierte Tätigkeiten lassen sich nach Locke/Latham (1990) durch vier wesentliche Wirkmechanismen beschreiben:

Richtung der Handlung

Durch einen Motivierungsprozess, welcher der eigentlichen Zielsetzung vorausgeht, wird im zielgerichteten Handeln einer Person eine bestimmte Richtung eingeschlagen. Gleichzeitig werden durch diese Richtungsfixierung verschiedene andere Ziele ausgeschlossen, womit auch ein weiteres Agieren in andere Richtungen blockiert wird (vgl. Locke/Latham 1990, 261). Durch diese Prioritätensetzung wird einerseits die Bedeutung des gewählten Ziels erhöht, gleichzeitig sinkt der Anreiz für alternative Handlungen. Der so entstehende eingeschränkte Handlungsbereich ist gekennzeichnet von Tätigkeiten, die auf einem hohem Aufmerksamkeitsniveau ablaufen. Diese Tätigkeiten haben demnach nicht nur vorbereitenden, sondern auch abschirmenden Charakter gegenüber Motivationstendenzen, welche dem gesetzten Ziel entgegenstreben. (Vgl. Kuhl 1987, 115-120)

Intensität der Handlung (Anstrengung)

Parallel mit dem Niveau der Zielsetzungen steigt auch die Anstrengung der Personen, das gesetzte Ziel zu erreichen. Physiologische und psychologische Leistungsvoraussetzungen werden stärker mobilisiert und beansprucht. Diese Leistungssteigerung auf Grund höherer Anstrengung - *„effort"* - durch höhere Zielsetzungen wurde durch Locke und Latham empirisch belegt (vgl. Locke/Latham 1990, 261).

Ausdauer der Handlung

Ziele bestimmen nicht nur die Richtung und den Grad der Intensität, sondern auch die Dauer der Aufmerksamkeit und die Beharrlichkeit - *„persistence"* - (Locke/Latham 1990, 253) bei Handlungen. Hohe Ziele bei gleichzeitigem Vorhandensein eines geeigneten Handlungsspielraumes, erhöhen das Durchhaltevermögen. Man überwindet gegebenenfalls auch Widerstände, um ein Ziel zu erreichen, um weiterhin erfolgsorientiert handeln zu können (vgl. Kleinbeck 1991, 45).

Strategien und Pläne bei Handlungen

Um ein Ziel zu erreichen werden auch aufgabenspezifische Strategien und Pläne entwickelt, wobei man zwischen gespeicherten-aufgabenspezifischen (*„STSS's = Stored Task Specific Strategies"*) und neuen-aufgabenspezifischen Strategien (*„NTSS's = New Task Specific Strategies"*) und Plänen unterscheiden kann (vgl. Locke/Latham 1990, 262). Ziele können die Leistung also indirekt beeinflussen, da sie auch den Aufbau neuer Strategien und die Konstruktion neuer Pläne fördern. *„Creative thinking and problem solving will come into play"* (Locke/Latham 1990, 262). Neue Ideen werden so in die eigentliche Handlung einbezogen und unterstützen diese.

Die hier angeführten Mediatoren und die durch sie ausgelösten Mechanismen können nach Ansicht der Verfasserin im Hinblick auf Zielsetzungen auch als *innere Vermittler* des Menschen bezeichnet werden, da sie individuelle Entscheidungsprozesse bezüglich einer angestrebten Leistung auslösen. Ihr zielsetzungsbedingter Einsatz kann jedoch auch zusätzlich von einer Vielzahl von äußeren Einflüssen gefördert bzw. behindert werden. Im nun folgenden Kapitel werden diese äußeren Einflussfaktoren (*Moderatoren*) beschrieben.

5.7.2 Moderatoren von Zielsetzungen

Moderatoren könnte man - im Gegensatz zu den oben angeführten inneren Vermittlern - auch als *äußere Regulative* bezeichnen. Dies deshalb, da sie als *interindividuell* wirksame Faktoren auftreten und Leistungsergebnisse sowohl im negativen Sinne mäßigen, als auch positiv verstärken können. Sie werden auch im Rahmen dieser Arbeit als besonders bedeutsam eingestuft, da sie unmittelbar mit den eigentlichen Forschungsinteressen - Beurteilen und Kompetenzerwerb von Studierenden - in Verbindung gebracht werden können. Im Zusammenhang mit Moderatoren gelten folgende elementare Einflussfaktoren als empirisch gesichert:

Feedback
Aus einer Reihe von Studien (Erez 1977; Locke/Latham 1990, 259), in denen die Variable *Feedback* systematisch kontrolliert wurde, geht eine signifikante Beziehung

zwischen Zielsetzung, Leistung und Rückmeldung insofern hervor, als nachgewiesen werden konnte, dass Zielsetzungen ohne Feedback nicht leistungswirksam sind. Dabei wird Feedback in Handlungsprozessen zwei Funktionen zugeschrieben:

- Eine *informative Funktion*, die zur Beurteilung der eigenen zielgerichteten Handlung herangezogen wird, und eine
- *motivationale Funktion*, die dazu beiträgt, existierende Motivierungstendenzen auf dem Weg zur Zielerreichung zu erhalten bzw. diese zu verstärken. (Vgl. Kleinbeck 1993, 53)

Beide Funktionen sind in einen Gesamtprozess eingebettet. Durch die informative Funktion einer Rückmeldung werden einzelne Handlungsschritte zum zielbezogenen Handlungsbedarf in Beziehung gesetzt. Dadurch wird das Erkennen von Zusammenhängen bezüglich Ziel-Ergebnis-Diskrepanzen möglich, wodurch gleichzeitig eine Veränderung der zur Zielerreichung benötigten Handlungsintensität und Handlungsausdauer einhergeht. In dieser Veränderung liegt zugleich die Erklärung für die motivationale Funktion der Rückmeldung: Die Lieferung von Informationen über den aktuellen, individuellen Leistungsstand wirkt motivierend für den weiteren Handlungsprozess. Neue Ziele werden gesetzt. Diese gesetzten Ziele spornen zu neuem, verstärktem Einsatz an. Eine Bestätigung dieser motivationalen Funktion von Rückmeldungen liefern beispielsweise empirische Studien von Schmidt (1987) und Kleinbeck (1985), welche Leistungssteigerungen auf Grund von Rückmeldungen belegen. Der moderierende Einfluss von Feedback auf die Zielsetzungswirkung ist somit nicht nur bestätigt, sondern die Ergebnisse weisen darüber hinaus auch auf differenzierte Wirkungsgrade verschiedener Formen von Rückmeldungen hin, nämlich:

- *Spezifische Rückmeldungen* sind analog zu den spezifischen Zielsetzungen leistungssteigernder als unspezifische. Spezifische Rückmeldungen informieren präziser über den aktuellen Leistungsstand und ziehen so eine bessere Kontrolle des Leistungsfortschritts im Hinblick auf das zielbezogene Handlungsresultat mit sich (vgl. Kleinbeck 1993, 54).
- Unterscheidet man zwischen Prozess- und Ergebnisrückmeldungen so kann festgehalten werden, dass zusätzliche Prozessrückmeldungen zu den Ergebnisrückmeldungen leistungssteigernd wirken. Zusätzliche kontinuierliche Informationen können mithelfen, bessere Strategien zu wählen. (Vgl. Kleinbeck 1993, 54)

- *Rückmeldungen über Erfolg und Misserfolg* und deren Auswirkungen wurden beispielsweise schon sehr früh von Schneider & Eckelt (1975) untersucht. In einem von ihnen durchgeführten Experiment zeigte sich, dass negative, kritische Rückmeldungen bezüglich des Leistungsstandes bei den Versuchspersonen neue, höhere Zielsetzungen zur Folge hatten. Nach Schneider signalisiert die Misserfolgsrückmeldung einer handelnden Person, dass die zu lösende Aufgabe einen hohen Schwierigkeitsgrad aufweist. Dies wiederum bewirkt eine Steigerung der Anstrengungsinvestition, in deren Folge eine Leistungssteigerung ermöglicht wird. (Vgl. Kleinbeck 1993, 54-55)

Die hier vorgestellten Befunde und Untersuchungsergebnisse belegen den wirksamen Einfluss von Feedback auf Leistungsergebnisse. Der gegenseitige Bezug von gegebener Information und motivierender Wirkung tritt dabei klar hervor. Vorhandene und rückgemeldete Diskrepanzen zwischen Handlungsergebnissen und Handlungszielen, gepaart mit subjektiven Erwartungen tragen zur Motivierung des Handelnden bei.

Aufgabenstruktur

In der klassischen Zielsetzungstheorie von Locke/Latham (1990) fand eine wesentliche Variable - mit deutlichem Bezug zur Aufgabenstruktur selbst - Eingang in die empirischen Untersuchungen, nämlich die der Aufgabenkomplexität. Wood/Mento/Locke (1987) stellten dabei fest, dass Zielsetzungen umso stärker wirksam wurden, je einfacher die Untersuchungsaufgaben waren. Als Erklärung dafür gaben sie an, dass bei einfachen Aufgaben die dazu benötigten Bewältigungsstrategien oft schon mitgeliefert werden bzw. zumindest ohne großes Alternativenrepertoire leicht zu finden sind. Dadurch kann der Prozess der Umsetzung von Zielen in Handlungsprozesse relativ unkompliziert erfolgen, ebenso wird eine stärkere Zielsetzungswirkung erwartet. Je komplexer eine Aufgabe wird, desto mehr Bewältigungsstrategien stehen zur Auswahl und desto schwieriger wird es vor allem bei unbekannten Aufgaben, die nützlichste, effizienteste auszusuchen und umzusetzen. Je länger Versuchspersonen Zeit haben, sich mit komplexen Aufgaben vertraut zu machen, desto größer ist auch die Chance, die Unterschiede in der Zielwirkung verglichen mit den einfachen Aufgaben, zu minimieren. (Vgl. Kleinbeck 1991, 47) Weiters existieren eine Reihe von moderierenden Variablen, die den Bindungsgrad einer handelnden Person an gesetzten Zielen mitbestimmen. Veränderungen dieser

Zielbindung bewirken auch Leistungsveränderungen. Bedingungen und Einflussgrößen in solch einem Zielbindungsprozess werden in den folgenden Abschnitten behandelt.

Zielspezifität

Die Annahme der Wirksamkeit einer Zielspezifität wurde von Locke/Latham (1990) bestätigt. Es wurde ein stärkerer Einfluss von spezifischen, hohen Zielen als von Zielen allgemeiner Natur auf das Leistungsergebnis festgestellt. *„do best goals"* (Locke/Latham 1990, 260) im Sinne von - *geben Sie Ihr Bestes* - sind zu unbestimmt. In einer solchen Aufforderung kann eine Summe von anzustrebenden Zielen involviert sein, welche mitunter auch konkurrierende Handlungsschritte mit sich bringen, die sich beim Leistungserwerb wiederum als gegenseitig hinderlich erweisen.

Zielbindung

Damit einmal gesetzte, leistungsbezogene Ziele einer Person in Handlungen umgesetzt werden, bedarf es beim Handelnden einer *Bindung* an diese Ziele. Je größer der Wunsch einer Person ist, das gesetzte Ziel zu erreichen, je stärker sich also eine Zielbindung entwickelt, desto stärker wird auch der gesamte Leistungsprozess beeinflusst. Zielbindung wird von Locke/Latham (1990, 257-259) als ein Willensphänomen betrachtet. Ein Motivationszustand, der ein Ziel als wünschenswert und erreichbar erscheinen lässt, stellt nicht auch schon automatisch einen Handlungsanlass dar. Das Problem in der Zielsetzungsforschung war es, den Grad der Zielbindung festzustellen, da bei vielen Untersuchungen fast automatisch eine hohe Zielbindung gegeben war und kaum Zielbindungsvariationen beobachtet werden konnten. Inzwischen ist die Anzahl der Untersuchungen soweit angewachsen, dass Systematisierungen der Wirkung unterschiedlicher Variablen möglich wurden. (Vgl. Kleinbeck 1993, 55)

Bestimmungsfaktoren der Zielbindung

Die folgende Abbildung zeigt, welche Faktoren nach erfolgter Zielsetzung auf die Zielbindung und so letztendlich auch auf die Leistung als Ergebnis Einfluss ausüben können.

Abb. 14: Modifizierte Bestimmungsfaktoren der Zielbindung (nach Kleinbeck 1991, 49)

Die in der Abbildung angeführten Faktoren bestimmen den Umsetzungsprozess der Ziele in Handlungen wesentlich mit. Von ihnen ausgehende Leistungsvariationen können ihren Ursprung in einer der drei angeführten oberen Bedingungsgruppen haben:

- *Motive und Anreiz der Folgen*
  Persönliche Motive kennzeichnen jedes individuelle Streben bezüglich gesetzter Zielerreichung. Der Anreiz der Folgen von Handlungsergebnissen ist umso stärker, je ähnlicher sie den eigenen Zielsetzungen werden.

- *Instrumentalität*
  Eine wesentliche Determinante der Zielbindung ist nicht nur der direkte Anreiz von Folgen, sondern auch die erkennbare Beziehung zwischen erbrachten Handlungsergebnissen und den Ergebnisfolgen. Seit Vrooms Veröffentlichung von „Work and motivation" (1964) wird diese *Ergebnis-Folge-Beziehung* in der arbeitspsychologischen Literatur als *Instrumentalität* bezeichnet Auf die Instrumentalitätstheorie von Vroom aufbauende Studien von Locke, Latham & Erez (1988) konnten zeigen, dass die Zielbindung mit der Schwierigkeit des Zieles abnimmt.

- *Erfolgserwartungen*

    Das Konzept des Selbstvertrauens (*„self-efficacy"*) baut auf das Vertrauen in die eigene Tüchtigkeit auf, d.h. darauf, wie sehr jemand glaubt, die zur Zielerreichung erforderlichen Handlungsabläufe bewältigen zu können (vgl. Bandura 1982, 122-147). In Untersuchungen von Locke/Frederick/Lee/Bobko (1984) konnte eine signifikant positive Beziehung zwischen dem Selbstvertrauen in die eigenen Fähigkeiten und der Zielbindung festgestellt werden. Diese eindeutig positiven Veränderungen traten allerdings nur dann auf, wenn es sich um selbst gesetzte Ziele handelte. Bei fremdbestimmten Zielen war eine Beobachtung dieser Art nicht möglich. Selbst bei Rückmeldungen von weniger guten Leistungen, konnten Personen zu höheren Anstrengungen motiviert werden, wenn ihr Vertrauen in die eigene Tüchtigkeit ein sehr großes war. (Vgl. Kleinbeck 1991, 51)

Dieses Untersuchungsergebnis bezüglich selbst gesetzter Ziele erscheint vor allem auch im Hinblick auf die schulpraktische Arbeit nennenswert. Diese vor allem aus der Sicht dieser Arbeit interessante, aber relativ unerforschte Determinante - die der fremd- bzw. selbst getätigten Zielsetzung - scheint im obigen Modell *„Bestimmungsfaktoren der Zielbindung"* (Abb. 14) nicht auf. Bezüglich der Frage nach den Auswirkungen von persönlichen Mitbestimmungen bei Zielsetzungen variieren Aussagen und Auffassungen in wissenschaftlichen Diskussionen. Längere Zeit vertrat man die Meinung, dass höhere Leistungen durch eine Beteiligung der Personen an der Zielsetzung zu einer größeren Zielbindung führten. In älteren Studien - beispielsweise Meyer/Kay/French (1965) - wird eher der Sachverhalt betont, dass keine Unterschiede bezüglich selbst bestimmter und fremdbestimmter Ziele in der Zielbindung feststellbar sind. Andere Befunde - beispielsweise Locke/Latham/Erez (1988) - zeigen jedoch sehr wohl positive Wirkungen bezüglich Zielbindung auf, wenn die Möglichkeit gegeben ist, Ziele selbst zu setzen oder sie mitzubestimmen. Genau jene Selbstbestimmung bei der Zielfindung und eine möglicherweise daraus folgende Erhöhung der Leistungsergebnisse hat im Kontext dieser Arbeit zentrale Bedeutung für den Unterricht in den „Schulpraktischen Studien.

6 Der Forschungsprozess der vorliegenden Arbeit im Überblick

Während in den bisherigen Ausführungen in erster Linie theoretischen Grundlagen vorgestellt wurden, werden im folgenden Abschnitt die persönlichen Schritte der Verfasserin im Praxisfeld der Pädagogischen Akademie der Diözese Linz aufgezeigt. Nach den Erkenntnissen der Aktionsforschung gelten die folgenden Ablaufschritte als grundlegend für jeden Aktionsforschungsprozess. Die Gliederung des Kapitels 6 folgt daher dieser Grafik.

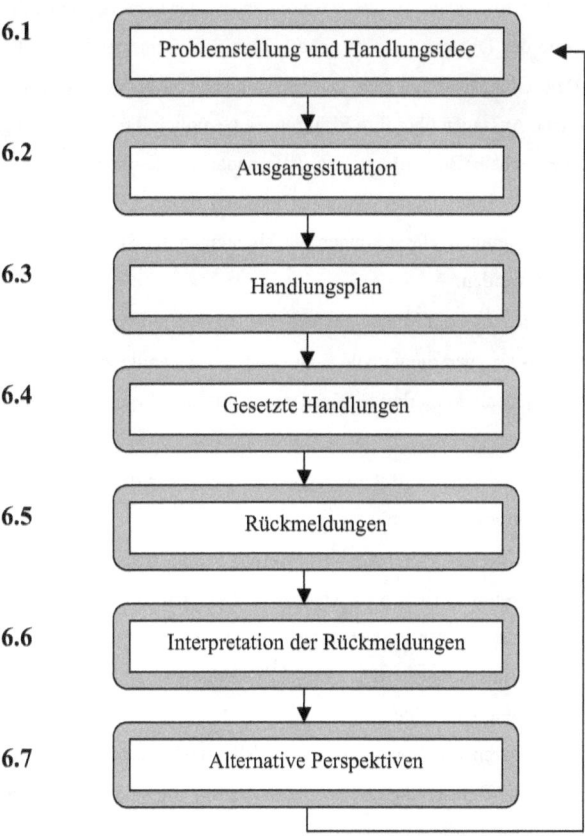

Abb. 15: Der Forschungsprozess der vorliegenden Arbeit im Überblick

6.1 Problemstellung und Handlungsidee

Bedingt durch wiederkehrende Diskussionen über Beurteilungen in den „Schulpraktischen Studien" in unterschiedlichen Foren (PraxisberaterInnenkonferenzen, Praxisteambesprechungen mit Studierenden etc.) wurde ersichtlich, dass die Beurteilungsthematik in den „Schulpraktischen Studien" immer wieder ins Zentrum des Interesses rückt. Für die Verfasserin war dies ein Anlass, die Meinung derjenigen zu erfahren, welche am unmittelbarsten eine Beurteilung zu spüren bekam, nämlich die Beurteilten selbst. Aus diesem Grund wurde in einer Lehrveranstaltung mit Studierenden des sechsten Semesters (Sommersemester 2001) die Thematik Beurteilen und Bewerten diskutiert und behandelt. Fünfzehn Studierende einer Seminargruppe der Pädagogischen Akademie der Diözese Linz, welche bereits fünf Semester lang unter den herkömmlichen Beurteilungsbedingungen der Pädagogischen Akademie beurteilt wurden, tätigten zahlreiche Aussagen über ihre Erfahrungen bezüglich ihrer Beurteilung in der Schulpraxis. Die verbale Beurteilung mit Ziffernnote wurde ihnen von den AusbildungslehrerInnen als Endergebnis ihrer schulpraktischen Leistungen am Semesterende vorgelegt. Zusammengefasst können die Meinungen der Studierenden in einigen Punkten aufgezeigt werden:

- Sie gaben an, dass sie kaum ein Mitspracherecht bei der Beurteilung hatten.
- Sie stellten fest, dass sie zwar die verbale Beurteilung ausgehändigt bekamen, zu diesem Zeitpunkt jedoch keinerlei Einfluss mehr auf das Ergebnis nehmen konnten.
- Sie wünschten sich eine Beteiligung an der Beurteilung durch Selbsteinschätzung ihrer Leistungen.
- Sie erachteten als wichtigstes Mittel zur Verbesserung bei der Beurteilungsarbeit generell den kontinuierlichen Dialog zwischen ihnen, den AusbildungslehrerInnen und den PraxisberaterInnen.

Diese Meinungen geben ansatzweise den subjektiv erlebten *Ist-Zustand* der Studierenden bei ihren Beurteilungen wider.

Ebenso interessant waren die Meinungen der AusbildunglehrerInnen und der PraxisberaterInnen, die für die Beurteilung der Schulpraxis zuständig sind. Im Rahmen der „Schulpraktischen Studien" wurde im November 2001 eine Konferenz durchgeführt, bei der alle AusbildungslehrerInnen der Tagespraktika, alle PraxisberaterInnen und die

Studentenvertretung eingeladen waren und mitwirkten. In acht Arbeitsgruppen bestand die Möglichkeit unterschiedliche Themen zu behandeln. Aus den Rückmeldungen dieser Arbeitsgruppen ging hervor, dass die Beurteilungsthematik insgesamt höchste Priorität besitzt und für alle die im Rahmen der „Schulpraktischen Studien" damit befasst sind, ein zentrales Anliegen darstellt:

Bearbeitete Themen nach Prioritäten gereiht	Arbeitsgruppen							
	1	2	3	4	5	6	7	8
Umsetzungsproblematik bei der Modularbeit	█	█	█	█	█	█	█	
Beurteilung – ein altes Dilemma!	█	█	█	█	█	█		
Portfolioarbeit willkommen, aber großer Infobedarf	█	█	█	█	█	█		
„Theorielastigkeit" in der Praxis	█	█	█	█	█			
Eigenverantwortung der Studierenden	█	█	█	█	█			
Informationsfluss	█	█	█					
Zeitmangel	█	█						
Schwerpunkte genau definieren	█							
Klare Kompetenzverteilung	█							
Qualifikation versus Bezahlung	█							
Planungsseminar	█							
Studienbegleitbrief	█							
Mehr Praxisstunden	█							
Gemeinsame Konferenzen	█							

Abb. 16: Bearbeitung der Themen in den acht Arbeitsgruppen, nach Prioritäten gereiht

Die genaue Befragung, die nur insofern einen unmittelbaren Zusammenhang mit dieser Forschungsarbeit darstellt, als durch sie Meinungen zu akademieinternen Beurteilungsformen (Modularbeit) und zur Beurteilungsproblematik generell eingeholt wurden, wird hier nicht angeführt. Die Zusammenfassung der Ergebnisse der Arbeitsgruppen dieser Konferenz wird jedoch an dieser Stelle aufgezeigt, da so im Überblick und im Kontext dieser Arbeit dokumentiert werden kann, dass Beurteilung grundsätzlich für alle die im Rahmen der „Schulpraktischen Studien" damit befasst sind, ein zentrales Anliegen darstellt.

Beurteilung als gesetzlich geforderte Tätigkeit von AusbildungslehrerInnen war auch ein Thema im Ausbildungslehrgang „Qualifikation von AusbildungslehrerInnen". Dieser viersemestrige Lehrgang wurde ab Sommersemester 2000 an der Pädagogischen Akademie der Diözese Linz als Qualifizierungsmöglichkeit für AusbildungslehrerInnen und PraxisberaterInnen angeboten. In diesem Zusatzstudium kooperierte die Verfasserin in ihrer Funktion als Praxisberaterin mit zahlreichen Studierenden und AusbildungslehrerInnen in der Schulpraxis. In diesem Zusammenhang wurde auch die Absicht immer deutlicher, die Beurteilungstätigkeit in den „Schulpraktischen Studien" genauer zu untersuchen. Im Zuge kontinuierlicher Auseinandersetzungen im Qualifikationslehrgang entwickelte sich die grundlegende Idee, die Art und Weise der Beurteilung von Studierenden zu verändern und zu versuchen, die herkömmliche Form in den Hintergrund zu drängen. Im Gegenzug dazu sollten die Studierenden durch gezielte Gesprächsführung in den Praxisteams zur Selbsteinschätzung und Selbstbewertung ihrer Leistungen angeregt werden. Durch diese eigenen Leistungseinschätzungen der Studierenden erhoffte man sich auch eine Intensivierung der Lernprozesse im Hinblick auf ihren Kompetenzerwerb. Die grundlegende Frage, die sich dabei stellte, war: Ist es möglich, die Beurteilungsthematik durch professionelle Beratungstätigkeit so in den Hintergrund zu stellen, dass das Lernen der Studierenden bezüglich ihrer erforderlichen Kompetenzen in den Vordergrund tritt?

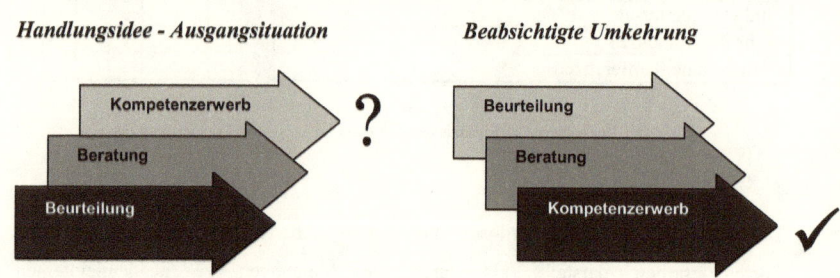

Abb. 17: Handlungsidee und beabsichtigte Umkehrung

Diese Handlungsidee wurde auch durch Ziele und Inhalte des Zusatzstudiums unterstützt. Für dieses Zusatzstudium gelten folgende konkrete Zielstellungen:
- *„als AusbildungslehrerIn ein Selbstverständnis als LehrerbildnerIn gewinnen;*
- *handlungsleitendes Wissen reflektieren und den Studierenden das eigene reflexive Vorgehen erfahrbar machen;*

- *sich selbst in der Auseinandersetzung mit berufsrelevanten Einstellungen und Haltungen persönlich entwickeln; die Fähigkeit zur Analyse des eigenen Unterrichts und zur Verbalisierung eigener Erfahrungen ausbauen;*
- *die akademiespezifischen Zielsetzungen und Ausbildungsinhalte umsetzen;*
- *erwachsenenpädagogische Aspekte von Kommunikation und Beratung beachten..."* (BMUK GZ 17.158/Präs.A/3/98 vom 22. 9. 1998)

Im Zusatzstudium wurde in Teams zusammengearbeitet. Ein Schulpraxisteam setzte sich jeweils aus zwei Studierenden, einer AusbildungslehrerIn und einer PraxisberaterIn (in diesem Fall Verfasserin der Arbeit) zusammen. Die jeweils konkreten Teamzusammensetzungen ergaben sich durch die Praxisorganisationsform, die von der Abteilungsleitung für die Schulpraktische Ausbildung für VolksschullehrerInnen an der Pädagogischen Akademie der Diözese Linz, getätigt wurde. Seit Beginn des Qualifikationslehrganges im Sommersemester 2000 kooperierte die Verfasserin mit jeweils mindestens drei derartig zusammengesetzten Schulpraxisteams. Die Zusammenarbeit war gekennzeichnet durch intensiven fachspezifischen Austausch und durch kollegiale Beratung, basierend auf einer dialogischen Orientierung.

Folgende thematische Vertiefungsgebiete wurden im Zusatzstudium in geblockten Studienveranstaltungen und ergänzenden Selbststudien bearbeitet:
- Beraten
- Unterrichten
- Beurteilen
- Organisieren

Diese Teilgebiete wurden im Qualifikationslehrgang als Module getrennt behandelt. Bei den laufenden Diskussionen kam jedoch immer wieder zum Ausdruck, wie vernetzt sie in der Praxis sind. Jedes dieser Vertiefungsgebiete beinhaltete eigenständige Elemente, die sich in der Schulpraxis aber relativ schwer voneinander trennen lassen. Sie bedingen sich wechselseitig und ergänzen einander. So gesehen stellt die schulpraktische Arbeit ein Tätigkeitsfeld dar, welches sich zwar theoretisch nach unterschiedlichen Bereichen analysieren lässt, diese Teilbetrachtungen in der Praxis jedoch sehr eng verwoben sind und immer wieder synthetisch zusammenwirken. Durch die längerfristige Zusammenarbeit bekamen alle Beteiligten die Gelegenheit dieses Zusammenwirken in der eigenen beruflichen bzw. zukünftigen beruflichen Situation systematisch zu beobachten. Dadurch wurde es auch möglich, der eigenen Praxis gegenüber eine forschende Haltung einzunehmen.

Im Zuge des Zusatzstudiums wählte das Praxisteam aus den Vertiefungsgebieten des Qualifikationslehrganges den Themenbereich Beurteilen aus. Dies geschah aus mehreren Gründen:

- Aus der Beratungsphilosophie der Gruppe heraus, stellte die Beurteilungsthematik in Sinne oben beschriebener Handlungsidee eine besondere Herausforderung dar.
- Ferner war es allen Teammitgliedern ein Bedürfnis, sich vertieft mit der Beurteilungsthematik auseinanderzusetzen, da immer wieder Unstimmigkeiten in diesem Bereich auftraten.
- Ebenso erachtete es das Praxisteam als äußerst interessant, die Beurteilungsthematik in Verbindung mit dem neuen Studienplan, der im Hinblick auf die Hochschulentwicklung erstellt wurde, vertieft zu bearbeiten.

Aus diesen Sichtweisen und der intensiven Auseinandersetzung wurde somit im Sommersemester 2001 im Praxisteam die Vereinbarung getroffen, sich mit dem Beurteilen schwerpunktmäßig zu befassen. Das Motto der Gruppe lautete: *Vom Beurteilen zum Beraten im Kontext von Handlungserfahrungen der Studierenden in der Schulpraxis*. In dieser gewählten Formulierung wird ausgedrückt, dass es sich nicht um eine einfache Bearbeitung der Beurteilungsthematik handelt. Die Wörter *vom ... zum* betonen das prozessuale und dynamische Vorgehen bei der Beurteilungs- bzw. Beratungsarbeit. Diese Dynamik begleitete von Beginn an auch die gesamte Praxisteamarbeit, von der eigentlichen Problemdefinition bis hin zur Entwicklung von relevanten Fragestellungen und methodischen Überlegungen. Eine offene Herangehensweise sollte mithelfen den Weg *vom Beurteilen zum Beraten* besser zu verstehen. Zwei besondere Herausforderungen standen dabei im Zentrum:

- Erstens innerhalb der gegebenen schulpraktischen Rahmenbedingungen eine Vorgehensweise bei der Praxisarbeit zu finden, bei der *individuelle* Wege für *alle* Beteiligten - AusbildungslehrerInnen, Studierende, PraxisberaterInnen - ermöglicht werden können.
- Zweitens sollte diese gefundene Vorgehensweise *gleichzeitig* für die gesetzlich geforderte Beurteilungsarbeit *so* genutzt werden, dass diese für Studierende mehr *lernfördernd* denn *urteilend* ist.

Um zu versuchen diese Vernetzungen zu schaffen, beschloss das Praxisteam eine eigene, teaminterne Konzeption zu überlegen und diese in der Praxis umzusetzen. Die Organisation dieser Umsetzungsarbeit und die forschende Begleitung des Vertiefungsgebietes *Beurteilen* wird ab dem Zeitpunkt der Teamentscheidung von der Verfasserin der vorliegenden Arbeit übernommen und koordiniert.

6.2 Ausgangssituation

An diesem qualitativ-empirischen Forschungsvorhaben in der Praxis waren Personen mit differenzierten Positionen und Zielstellungen beteiligt. Ihre Kooperation war von unterschiedlichen Anliegen und Interessen geprägt. Diese verschiedenen Interessen werden als grundlegende Bedingungen, sowohl in den inhaltlichen Grundüberlegungen der Ausgangslage zum Forschungsprozess als auch in der konkreten Prozessbeschreibung aufgegriffen, erörtert, definiert und beschrieben. Dieses Vorhaben sollte einerseits die Praxis unterstützen, ist demnach handlungsorientiert. Andererseits sollte es auch zur Gewinnung generalisierbarer Erkenntnisse einen Beitrag leisten. Daraus ergab sich ein Spannungsfeld, in dem das Festlegen einer systematischen Vorgehensweise wesentliche Voraussetzung für das in-Gang-bringen des Forschungsprozesses und in der Konsequenz auch für sein Gelingen war. In der Ausgangssituation stellten sich zahlreiche Fragen bezüglich der Bedingungen für den Prozessverlauf des Forschungsvorhabens. Es ging vorerst um die Analyse der Ausgangsbedingungen, die nach Popp als *Bedingungsanalyse* auf Basis systemtechnischer Überlegungen bezeichnet wird. Im Anschluss daran erfolgt die *Prozessanalyse*, bei der es um eine möglichst präzise Deskription der Prozessdurchführung geht (vgl. Popp 2001, 406).

Im Folgenden wird nun die konkrete Situation des Schulpraxisteams, wie sie sich zu Beginn des Forschungsprozesses zur Beurteilungsthematik präsentierte, angeführt. Im Handlungsfeld der „Schulpraktischen Studien" treffen Personen (Studierende, AusbildungslehrerInnen und PraxisberaterInnen) mit differenzierten Aufgabestellungen zusammen. In der vorliegenden Ausgangssituation vereinbarten so zusammengesetzte Schulpraxisteams auf Basis einer bereits schon länger andauernden Zusammenarbeit mit der Verfasserin im Rahmen des Lehrganges „Qualifikation von AusbildungslehrerInnen", den Fokus auf Prozesse des Beurteilens zu richten.

6.2.1 Die Beteiligten und ihre Situation

Beurteilungsaspekte werden von den Praxisteammitgliedern aus verschiedenen Blickwinkeln gesehen, da diese auf Grund ihrer unterschiedlichen Funktion auch unterschiedliche Aufgabenbereiche wahrzunehmen haben. Das Definieren und Festhalten der jeweiligen Anliegen im Tätigkeitskontext der Aufgabenbereiche erscheint an dieser Stelle wesentlich, um bezogene Standpunkte, Argumentationen und Meinungen, welche im Verlauf des Forschungsprozesses von Praxisteammitglieder zum Ausdruck kommen, einordnen und verstehen zu können.

Praxisteammitglieder und ihre Anliegen im Tätigkeitskontext	Aufgabenbereiche
AusbildungslehrerInnen Im Zuge des an der Pädagogischen Akademie der Diözese Linz angebotenen Lehrganges „Qualifikation für AusbildungslehrerInnen", werden AusbildungslehrerInnen intensiver als bisher in die Ausbildungsprozesse der „Schulpraktischen Studien" eingebunden und auch vermehrt konfrontiert mit theoretischen, humanwissenschaftlichen und fachdidaktischen Themen, die in den Seminaren und Vorlesungen der PADL angeboten werden. In Kurzform dargestellt bedeutet dies: Praxis mit Ausrichtung und Blick auf die Theorie. **Praxis ⇒ Theorie** Die Hauptfragestellung dieser Beteiligten lautet dabei: *Wie brauchbar ist Wissenschaft für die Praxis?*	Das Praxisfeld, in dem Ausbildungslehrer-Innen agieren, ist die jeweilige Schule mit den ihnen zugeteilten Klassen. Der tägliche Praxisbezug ist demnach permanent gegeben. Weiters umfasst ihr Aufgabengebiet im Rahmen der „Schulpraktischen Studien" die Begleitung und Beratung der Studierenden in der Praxis. Damit untrennbar verbunden ist auch eine Beurteilung der von Studierenden erbrachten Leistungen. **Praxisschule ⇒ Pädagogische Akademie**

Studierende Studierende absolvieren im Laufe ihres Studiums in den „Schulpraktischen Studien" ihre praktische Ausbildung. Sie können so versuchen theoretische Konzepte in die Praxis zu transferieren und zu erproben. Dabei ergeben sich häufig Widersprüche zwischen Theorie und Praxis, die eine besondere Herausforderung für berufspraktische Lösungsansätze darstellen.	Im Rahmen des Studiums an der Pädagogischen Akademie sind die Studierenden in Seminargruppen eingebunden. In den „Schulpraktischen Studien" hingegen haben sie die Möglichkeit *alleine* als LehrerInnen zu agieren, wobei sie für diese praktische Erprobung und Umsetzung sowohl bei AusbildungslehrerInnen als auch bei PraxisberaterInnen Unterstützung finden. Ihre Unterrichtsarbeit mit den SchülerInnen wird von AusbildungslehrerInnen und PraxisberaterInnen bewertet und beurteilt.
Theorie ⇒ Praxis	**Pädagogische Akademie ⇒ Praxisschule**
Die Hauptfragestellung dieser Beteiligten lautet dabei: *Wie kann theoretisches Wissen in die praktische Umsetzung transferiert und integriert werden?*	
PraxisberaterInnen PraxisberaterInnen sind wie auch die AusbildungslehrerInnen eingebunden in das Zusatzstudium „Qualifikation für AusbildungslehrerInnen". Sie haben einen wichtigen Stellenwert als agierende Vermittler und Koordinatoren zwischen AusbildungslehrerInnen und Studierenden. Weiters sind sie verantwortlich für die Beurteilung der Leistungsergebnisse der Studierenden bei der schulpraktischen Arbeit.	PraxisberaterInnen nehmen eine Mittelstellung ein. Sie sind das Bindeglied zwischen der Institution Pädagogische Akademie und der Institution Praxisschule. Ihr Arbeitsfeld umfasst einerseits Vermittlung bzw. Verbreitung von theoretischen Grundlagen und andererseits Beratung, Betreuung und Beurteilung der Studierenden in der Praxis.
Theorie ⇔ Praxis	**Pädagogische Akademie ⇔ Praxisschule**
Die Hauptfragestellung dieser Beteiligten lautet dabei: *Wie kann theoretisches Wissen in die Praxis gewinnbringend einfließen und umgekehrt, wie können praktische Erfahrungen in theoretisches Wissen integriert werden, bzw. dieses erweitern?*	

Diese Gegenüberstellung hilft mit, die Ausgangslage zu präzisieren und macht deutlich, dass je nach Aufgabenbereich der Praxisteammitglieder auch ihre Anliegen und ihre Nähe bzw. ihre Distanz zur Praxis bzw. Theorie variieren.

6.2.2 Rechtliche Grundlagen und praktische Umsetzungssituation

Auf Basis der rechtlichen Grundlagen zur Beurteilungsthematik haben sich die AusbildungslehrerInnen und die Praxisberaterin (Verfasserin der Arbeit) im Rahmen des Qualifikationslehrganges mit den praktischen Umsetzungsmöglichkeiten beim Beurteilen auseinandergesetzt und eine gruppeninterne, individuelle Interpretation der rechtlichen Situation gefunden.

Rechtliche Situation	Praktische Situation
Beurteilung der Schulpraktischen Studien § 8 der gültigen Studienordnung (siehe Anhang Nr. 1)	Individuelle Interpretationen und Umsetzungen des Studienplanes durch das Praxisteam
Beurteilungskriterien (stark gekürzt): Kriterien für ein positive Beurteilung der Leistungen in den „Schulpraktischen Studien" sind Bereitschaft und Fähigkeit zum Aufbau professionellen Berufskönnens unter Berücksichtigung persönlicher Handlungskompetenz und möglicher vorhandener Defizite, fachspezifisches Grundlagenwissen, didaktisch-methodische Fähigkeiten, Methodenvielfalt und Fähigkeit zum aufgabenspezifischen Einsatz der Unterrichtsmethoden, mündliche und schriftliche Sprachbeherrschung aus Deutsch, - inter - und intrapersonale Kompetenz (u.a. Eigeninitiative, Aktivität und Kreativität, Kommunikations- und Interaktionsfähigkeit, angemessene Gesprächsführung mit SchülerInnen, Eltern, LehrerInnen. Bereitschaft zur Zusammenarbeit mit diesen Personengruppen, Verantwortungsbewusstsein, Pünktlichkeit, Bereitschaft zur Selbstkritik und zu adäquater Selbsteinschätzung.	Studierende haben sich in den „Schulpraktischen Studien" für die Tätigkeit als LehrerInnen und ErzieherInnen grundlegend zu qualifizieren. In den „Schulpraktischen Studien" sollen sie zu eigenverantwortlichem und selbstständigem Agieren angeleitet werden. Ausgehend von persönlichen Interessen soll die Bearbeitung schulpraktischer Themen das pädagogische Handlungswissen und Umsetzungsvermögen im Hinblick auf das zukünftige Berufsfeld festigen und erweitern. Kooperatives Zusammenwirken in Ausbildungsteams unterstützt die Entwick-lung einer *flexiblen und reflexiblen Lern-kultur*, die einen wesentlichen Beitrag zur pädagogischen Professionalisierung darstellt.

Durch diese Gegenüberstellung der gültigen Studienordnung mit der praktischen Situation wird aufgezeigt, dass im Rahmen der rechtlichen Möglichkeiten durchaus Raum für Individualität gegeben ist, gleichzeitig sind aber auch die Grenzen der Handlungsmöglichkeiten zu erkennen.

6.3 Handlungsplan

Anfänge des Forschungsprozesses
Für das gewählte Vertiefungsgebiet Beurteilen stand die in der Arbeit bereits beschriebene Reflexionskultur und Beratungsphilosophie im Zentrum. Daraus ergab sich ein bestimmter Plan bei der Beurteilungs- und Beratungsarbeit im Sinne forschenden Lernens für das Praxisteam. Für interaktive Prozesse des Beurteilens wurde folgende Vorgehensweise als zielführend erachtet und gemeinsam geplant:

- Betrachtung der Ist-Situation
- Festlegen der konkreten Vorgehensweise im Handlungsablauf und Ausarbeitung des Handlungsplanes für Teilbeurteilungsprozesse
- Permanenter Erfahrungsaustausch im Team
- Durchführung und Umsetzung des Handlungsplanes
- Festhalten der laufenden Erkenntnisse in Bezug auf Beurteilung
- Evaluation anhand von eingeholten Rückmeldungen und der gemeinsamen Reflexion im Praxisteam

Dieser Ablauf entspricht auch einem grundsätzlich zyklischen Vorgehen bei Aktionsforschung.

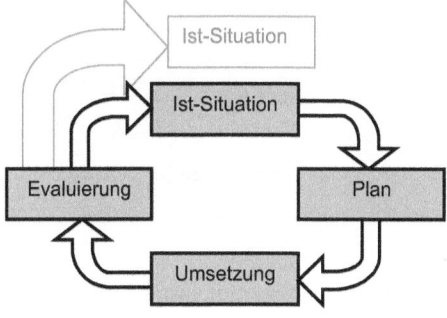

Abb. 18: Aktionsforschungszyklus

Im Zentrum des Denkansatzes dieser Forschungsrichtung steht die professionelle berufliche Entwicklung bzw. Weiterentwicklung von praktizierenden LehrerInnen.

Dabei richtet sich der Fokus auf deren Erfahrungen und auf deren vorhandene Kompetenzen in pädagogischen Handlungsfeldern. Im Kontext des hier in der Arbeit vertretenen konstruktivistischen Denkansatzes können diese - auf Basis von Erfahrung erworbenen - Kompetenzen nicht im üblichen Sinne an Studierende *weitergegeben, vermittelt, unterrichtet* bzw. *gelehrt* werden. Kompetenzen, welche die Studierenden erwerben sollen, können so gesehen nur durch deren eigene Erfahrungen, durch eigenes Erproben, durch selbsttätiges Agieren erworben werden.

Der vorliegenden Forschungsarbeit liegen sowohl konzeptionelle Grundannahmen der Aktionsforschung, als auch Grundannahmen des konstruktivistischen Denkansatzes zugrunde. Die intensive Einbindung der Studierenden in den Forschungsprozess ist dabei ein wesentliches Charakteristikum des Vorgehens. Durch eine solche Einbindung eröffnen sich für die Studierenden gute Möglichkeiten ihr pädagogisches Können aktiv zu erwerben und zu reflektieren. Sie können ihr theoretisches Wissen mit praktischen Handlungen verknüpfen, indem sie es planend für den Einsatz in der Praxis reflektieren, im Unterrichtsgeschehen erproben und im Schulpraxisteam reflektieren. Dadurch kann die Verknüpfung zwischen Wissen und Handeln systematisch beobachtet, überdacht und dokumentiert werden.

Nach gründlichem Erfahrungsaustausch im Praxisteam und anregenden Diskussionen unter Berücksichtigung der rechtlichen Ausgangslage, standen die angestrebten Ziele im Hinblick auf Prozesse des Beurteilens fest:

- Schaffung von Rahmenbedingungen, die eine persönlichkeitsorientierte Lernkultur erlauben.
- Schriftliches Festlegen von Vereinbarungen.
- Beachten von Freiräumen für Gestaltungsmöglichkeiten bei der Unterrichtsplanung und Umsetzungsarbeit der Studierenden.
- Nutzung von Freiräumen für individuelle Lern- und Entwicklungsperspektiven der Studierenden.
- Anstreben einer prozessorientierten, integrativen Beurteilungsweise.

Für die Konkretisierung dieser Ziele waren zahlreiche Umsetzungsschritte erforderlich, die in den folgenden Punkten beschrieben werden.

6.4 Gesetzte Handlungen

6.4.1 Umsetzungsschritt 1: Erstellen eines Beurteilungsrahmens

Von der Praxisberaterin (Verfasserin dieser Arbeit) wurde ein Beurteilungsrahmen ausgearbeitet und im Praxisteam kritisch diskutiert, ehe er als Basis für die geplanten Beurteilungsprozesse herangezogen wurde. Er diente in folgender Form (Abb. 19) als Grundlage für die Weiter- und Zusammenarbeit von Studierenden AusbildungslehrerInnen und Praxisberaterin.

Beurteilungsrahmen
„Schulpraktische Studien"

Rahmenbedingungen werden beeinflusst und strukturiert durch ein vorgegebenes System, in dem Beurteilung bzw. Benotung verankert ist.
Die Beurteilung ist die Bewertung der Arbeitsergebnisse der Studierenden in einem zeitlich festgelegten Lernabschnitt. Die bewerteten Ergebnisse dienen zugleich als Basis für den nächsten individuellen Entwicklungsschritt.
Bewertungsarbeit ist prozessorientiert, dokumentarisch festzuhalten und durch eine dialogische Orientierung im Ausbildungsteam zu unterstützen.
Die Studierenden haben die Möglichkeit ihren Weg zur pädagogischen Professionalisierung temporär, quantitativ und auch qualitativ - durch Auswahl von Teilbereichen - selbst mitzugestalten.
Ein Teilbereich ist durch folgende Gütekriterien gekennzeichnet: - Er stellt einen individuell gewählten Arbeitsschwerpunkt der Studierenden dar. - Die Studierenden formulieren dabei ihre Lernziele selbstständig. - Der gewählte Teilbereich unterliegt einem Reflexionsprozess, in dem Selbst- und Fremdeinschätzung einander abwechseln.
Die eigene Entwicklungsrichtung wird sowohl auf persönlicher als auch auf sachlich-inhaltlicher Ebene vom Studierenden selbst festgelegt.
Leistungsvergleiche durch Vereinbarung von Kriterien und deren Überprüfung anhand von Indikatoren führen zu Transparenz im Beurteilungsprozess.

Abb. 19: Beurteilungsrahmen

Dieser Beurteilungsrahmen hatte nicht nur die grundsätzlichen rechtlichen Überlegungen zu berücksichtigen, sondern sollte auch die nötigen Freiräume sicherstellen, um individuelle Vorgehensweisen und Umsetzungsvarianten der Studierenden zu ermöglichen.

6.4.2. Umsetzungsschritt 2: Dokumentation von Vereinbarungen

Durch die Möglichkeit der Auswahl von Teilbereichen war für Studierende die Gelegenheit geschaffen worden, an einem solchen Teilbereich für eine bestimmte Zeit sehr intensiv zu arbeiten. Diese vertiefte Auseinandersetzung sollte auch speziell beurteilt werden und zwar in einer Form, bei der interaktive Bewertungen zur Entwicklung des jeweiligen Teilbereiches und der dazu erforderlichen Kompetenzen beitragen sollten. Für dieses Geschehen wurde der Terminus *Teilbeurteilungsprozess* gewählt. Durch das Wort Teil wird eine gewisse Nichtabgeschlossenheit vermittelt und so ein wesentliches Ziel der Vereinbarungen im Hinblick auf Beurteilung, nämlich das Anstreben einer schrittweisen, prozessorientierten Beurteilungsweise, ausgedrückt. Parallel mit dieser schrittweisen Beurteilungsart und durch sie angeregt, soll ein iterativer Kompetenzerwerb einhergehen bzw. ermöglicht werden. Ein schrittweises Erwerben von Kompetenzen stellt einen intensiven Lernprozess dar.

Zur Unterstützung eines solchen Lernprozesses bedarf es kontinuierlicher, konsequenter Rückmeldungen und Bewertungen, die zur Orientierung des Studierenden bei der Einschätzung ihrer Kompetenzen beitragen. Eine Beurteilung - *ein einmaliges Urteil* - am Ende des Studiensemesters wurde so gesehen im Praxisteam als nicht zielführend erachtet. Vielmehr wurde von allen Beteiligten ein schrittweises Vorgehen und ein Betrachten und interaktives Bewerten von Teilleistungen als die intensivste Lernmöglichkeit angenommen. Aus diesem Grund, konnten die Studierenden Teile einzelner Kompetenzbereiche, die ihnen persönlich wichtig waren, schwerpunktmäßig auswählen und diese - in einem von ihnen festgelegten Zeitraum - verstärkt bearbeiten. Die daraus resultierenden Ergebnisse standen im Zentrum der Reflexion und wurden im Praxisteam mit Hilfe von Beurteilungsinstrumenten (Formblättern) *integrativ* (siehe Kapitel 2) bewertet. Diese Bewertungen wurden von Grundüberlegungen, welche auf konstruktivistischen Denkansätzen hinsichtlich individueller Lernprozesse basieren, getragen und durch zahlreiche Umsetzungsschritte konkretisiert.

Zu konkret durchgeführten Teilbeurteilungsprozessen wurde im Team (Ausbildungslehrerinnen, Praxisberaterin) im Rahmen des Qualifikationslehrganges und auf Basis inhaltlicher Grundüberlegungen eine bestimmte Vorgehensweise beim Beurteilen von Studierenden vereinbart und schriftlich dokumentiert. Dieses verschriftlichte Ergebnis wurde als Informationsblatt an die Studierenden ausgehändigt. Es diente in den einzelnen Praxisteams als Orientierungs- und Diskussionsgrundlage. In den darauf folgenden diskursiven Auseinandersetzungen an den Praxistagen wurden offene Fragen der Umsetzung erörtert und die kritischen Anmerkungen der Studierenden dazu behandelt. Das Informationsblatt für die Studierenden sah folgendermaßen aus:

Teilbeurteilungsprozess - Vereinbarungen

- Das Schulpraxisteam (Studierende / AusbildungslehrerInnen / Praxisberaterin) führt ein Gespräch über allgemeine Anforderungen/Qualitätsansprüche in den „Schulpraktischen Studien" und die daraus resultierenden Fragen für die Beurteilung.

- Erhebung und Reflexion des „Ist–Zustandes" in der gemeinsamen Arbeit und Besprechen von Angeboten und Möglichkeiten zur Weiterentwicklung der Studierenden in den „Schulpraktischen Studien".

- Studierende haben die Möglichkeit durch intensive Bearbeitung von persönlich gewählten Teilbereichen, ihre Benotung in den „Schulpraktischen Studien" noch aktiver mitzubestimmen.

- Die Inhalte und die dafür gewählten Ziele und Kriterien dieser Teilbereiche, werden gemeinsam im Praxisteam besprochen, definiert und schriftlich vereinbart.

- Weitere Schritte sind eventuelle Begriffsklärungen und Besprechen der Vorgangsweisen im Beurteilungsprozess im Hinblick auf Rückmeldungen.

- Beginn, Häufigkeit und Ende der Bearbeitung von Teilbereichen werden von Studierenden festgelegt und im Praxisteam besprochen.

- Gemeinsames Suchen und schriftliches Fixieren von relevanten Kriterien und dazugehörigen möglichen Indikatoren für den vereinbarten Teilbereich. (maximal zehn)

- Für den jeweiligen Teilbeurteilungsprozess werden davon wiederum diejenigen Kriterien und Indikatoren ausgewählt, (maximal fünf) die persönlich und situationsbezogen relevant und am wesentlichsten erscheinen.

- Den Kern des Teilbeurteilungsprozesses soll das Reflexionsgespräch darstellen, in dem Selbsteinschätzung und Fremdeinschätzung in gemeinsamer Evaluation auf Basis der Rückmeldungen begründet reflektiert werden.

- Ein weiteres wesentliches dynamisches Element im Teilbeurteilungsprozess stellt die Frage nach der persönlichen Konsequenz für die Weiterarbeit dar.

Dieses Informationsblatt beinhaltet in komprimierter Form den gesamten Verlauf eines Teilbeurteilungsprozesses und kann so gesehen als Leitfaden für dessen gesamten Ablauf gelten. Betrachtet man den letzten Punkt des Informationsblattes, so kann man deutlich erkennen, dass hier ein Lernprozess endet, gleichzeitig durch die Fragestellung nach der persönlichen Konsequenz für die Weiterarbeit aber wiederum ein neuer beginnen kann. Hier schließt sich demnach der Kreis im Prozessgeschehen, ein neuer Ist-Zustand ist erreicht, welcher gleichzeitig wiederum als Grundlage für die weitere Arbeit dient. Gemeinsames Festlegen zukünftiger, neuer zu bearbeitender Teilbereiche stellt somit den ersten Schritt auf einem neuen Lernniveau dar.

Einstiegsreflexion und Diskussionsextrakt
Die oben erwähnte diskursive Auseinandersetzung auf Grund der ausgehändigten Informationsblätter *„Teilbeurteilungsprozess - Vereinbarungen"*, brachte nicht nur Klarheit in die Vorgehensweise bei Teilbeurteilungsprozessen, sondern auch zahlreiche Fragen, sowohl inhaltlicher Natur bezüglich der zu wählenden Teilbereiche, als auch Fragen zur konkreten Arbeit mit den Beurteilungsinstrumenten (Formblätter), mit sich. Prinzipiell hielten die meisten Studierenden die Idee, nur kleine, dafür mehrere Bereiche der Unterrichtsarbeit zeitlich versetzt und schwerpunktmäßig intensiv zu bearbeiten, persönlich für sehr zielführend. Auch erachteten sie die offene Kooperation als gleichberechtigte Teammitglieder als angenehme Arbeitsvoraussetzung, für das sich-Einlassen auf diesen bevorstehenden Prozess.

Die Beurteilungsinstrumente für die angestrebte Durchführung von Teilbeurteilungsprozessen umfassten drei Formblätter (Anhang Nr. 2, 3, 4), welche von der Verfasserin auf Basis der im Qualifikationslehrgang gemeinsam mit den Ausbildungslehrerinnen erarbeiteten Beratung-/Beurteilungsphilosophie erstellt wurden. Im Rahmen der Teambesprechungen wurden diese Formblätter anfangs vor allem im Hinblick auf ihre praktische Handhabung teilweise sehr skeptisch begutachtet. Auch trugen einige Begrifflichkeiten, wie beispielsweise Indikatoren, Kriterien, Teilbeurteilung ... zu einer anfänglichen Verwirrtheit bei, welche jedoch in den klärenden Teamgesprächen ausgeräumt werden konnten. Ebenso wurden kritische Vermutungen dahingehend geäußert, dass eine Vorgehensweise in dieser Konzeption mit erhöhtem schriftlichem Arbeitsaufwand verbunden ist, da viele Umsetzungsschritte genau zu dokumentieren sind.

Vergleiche der Studierenden und Ausbildungslehrerinnen mit der bisher vertrauten Beurteilungsform in den „Schulpraktischen Studien" der Pädagogischen Akademie ergaben, dass erbrachte Leistungen der Studierenden zwar am Ende des Semesters bewertet wurden bzw. werden, die Studierenden selbst jedoch bisher nicht in einer so aktiven und direkten Weise in den eigentlichen Prozess, welcher zur Beurteilung führt, eingebunden waren. Dieser Vergleich war außerdem ausschlaggebend dafür, dass Mehrarbeit befürchtet wurde.

6.4.3 Umsetzungsschritt 3: Arbeit mit dem Formblatt

Das entwickelte Beurteilungsinstrument für einen Teilbeurteilungsprozess in der Art eines Formblattes bietet neben den personellen und terminlichen Daten, vor allem Raum für die Dokumentation von Kriterien und Indikatoren hinsichtlich der individuellen Schwerpunktsetzungen der Studierenden und für persönliche Anmerkungen.

Organisation

Die Praxisberaterin konnte auf Grund ihrer Funktion - Betreuung mehrere Praxisteams - und wegen der räumlichen Distanzen der Praxisschulen, nur zu unterschiedlichen Terminen in den jeweiligen Teams anwesend sein. Deshalb war es termin- und organisationsbedingt nur zeitweise möglich, die Teams in ihren laufenden Teilbeurteilungsprozessen zu begleiten und zu betreuen. Umso wichtiger war in der Einstiegsphase eine intensive Klärung anstehender Fragen bei der Arbeit mit den Formblättern, um so eine möglichst sichere Durchführung des Teilbeurteilungsprozesses zu gewährleisten.

Sowohl Ausbildungslehrerin als auch die Studierenden erhielten je ein solches Formblatt, mit zwei angestrebten Zielen: Erstens diente das Formblatt der komprimierten Sichtbarmachung und des schriftlichen Festhaltens der Bearbeitung eines gewählten Teilbereiches. Zweitens diente es dazu, den gewählten und bearbeiteten Teilbereich individuell - sowohl von Studierenden als auch von AusbildungslehrerInnen - zu bewerten. Diese individuellen Bewertungen sollten wiederum die Grundlagen für das später im Team integrativ durchgeführte Beurteilungsgespräch sein, welches einer gemeinsamen *Urteilsfindung* - dem Finden einer gemeinsamen Beurteilung - diente. Im

Folgenden nun die einzelnen Prozessschritte, der hier im Überblick dargestellten Vorgehensweise bei Teilbeurteilungsprozessen:

Vorgehensweise

Für einen jeweils gesetzten Schwerpunkt (Teilbereich) wurden im Team die dafür als am wesentlichsten erachteten Kriterien, welche den Teilbereich zugleich auch am besten charakterisieren, gesammelt. Die Kriterien sollten anschließend mit Hilfe dazugehöriger Indikatoren überprüft werden. Dieser Konkretisierungsschritt erwies sich insofern als schwierig, da sich das Finden und das gemeinsame Festlegen von Kriterien als äußerst problematisch herausstellte, da im Team eine Fülle von Kriterien gefunden wurden, deren Reihung bzw. Prioritätensetzung zeitlich und inhaltlich intensive Diskussionen in Anspruch nahm.

Noch komplizierter und komplexer war die Suche nach - zu den Kriterien passenden - möglichst relevanten Indikatoren. Die dabei zu leistende Denkarbeit und die intensive Auseinandersetzung mit der jeweiligen inhaltlichen Thematik bei der Kriterien bzw. Indikatorenfindung stellte für alle Beteiligten eine gewisse mentale Belastungsprobe dar. Besonders das Finden der Indikatoren wurde als Knochenarbeit empfunden. Um die Weiterführung des geplanten Vorhabens überhaupt zu gewährleisten, war es für die Teams enorm wichtig, dass sie durch die Begleitarbeit der Praxisberaterin sowohl theoretische, als auch praktische Unterstützung erhielten.

In den Beratungsgesprächen, in denen die Praxisberaterin gemeinsam mit Ausbildungslehrerin und Studierenden die oben beschriebenen Schwierigkeiten analysiert hat, kam man zur Erkenntnis, dass trotz der diffizilen Findung von Kriterien und Indikatoren, diese unabdingbar sind, um *pädagogische Ziele intersubjektiv überprüfbar* zu machen.

Die nun folgenden im Team erörterten theoretischen Überlegungen trugen unter Anderem zum besseren Verständnis bei. Laut einer Definition in Prim/Tillmann werden Indikatoren folgendermaßen beschrieben: *„Indikatoren sind direkt wahrnehmbare Phänomene, mit deren Hilfe man begründet auf das Vorliegen der nicht unmittelbar wahrnehmbaren Phänomene schließen zu dürfen glaubt."* (Prim/Tillmann 1973, 55)

In Anlehnung an diese Definition dienen Indikatoren einer indirekten Erfassung von Phänomenen und Verhaltensweisen. Sie deuten auf diese hin und bilden nicht deren tatsächliche Eigenschaften ab. Darin liegt vermutlich *„die größte Schwierigkeit bei psychologischen und erziehungswissenschaftlichen Messungen"* (Kerlinger 1979, 663).

Indikatoren helfen mit, dass Begriffe die sich nicht unmittelbar beobachten lassen und somit auch schwer zu operationalisieren sind, greifbar gemacht werden können. Dabei wird davon ausgegangen, dass die Interpretation dieser Begriffe bzw. Phänomene mithilft, das Geschehen in komplexen Strukturen - im konkreten Fall das komplexe Unterrichtsgeschehen - durchschaubarer zu machen. Um die Gültigkeit von Aussagen bzw. Urteilen und Bewertungen zu erhöhen, sollen bei komplexen Aufgabenstellungen immer mehrere Indikatoren einbezogen werden. Dadurch ist auch die Möglichkeit einer Auswahl und Reduzierung gegeben, um so die am wesentlichsten erscheinenden Indikatoren festlegen zu können.

Zu betonen sei jedoch hier nochmals das interpretative Moment in der diskursiven Vorgehensweise. In dieser kann es immer nur zu teilweisen Übereinstimmungen kommen, da die Beteiligten ihre unterschiedlichen Perspektiven einbringen. Umso mehr ist ein intensiver, gemeinsamer und permanent reflexiv-diskursiver Austausch erforderlich, durch welchen es verstärkt zu einer umfangreicheren Strukturierung der Sichtweisen kommt. Die prinzipielle Vorgehensweise bei all den notwendigen Teilschritten im Bewertungsprozess, wird im folgenden Prozessablauf an einem Beispiel - dem der Suche nach einem Kriterium - dargestellt:

Prozessablauf zur Festlegung eines Kriteriums

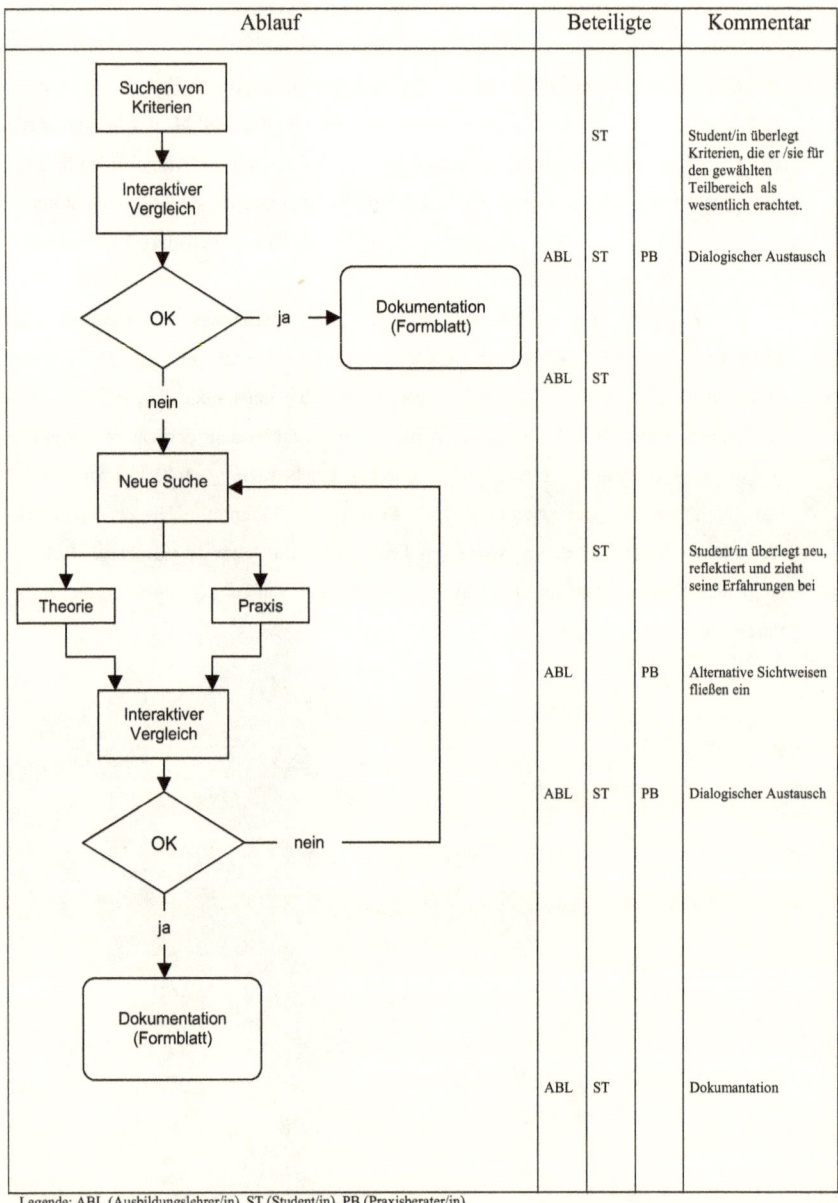

Abb. 20: Prozessablauf zur Festlegung eines Kriteriums

Das Suchen, Finden und Festlegen von Kriterien und dazugehörigen Indikatoren wurde von den Studierenden erst nach einer gedanklich-theoretischen Auseinandersetzung im Sinne eines oben dargestellten Prozessablaufes als wirklich grundlegende, unersetzliche Vorarbeit für eine Beurteilung angesehen. Es erschien dann jedoch allen als eine transparente Art, die Realisierung eines gesetzten Zieles, möglichst *objektiv* überprüfen zu können.

Erst dieses Bewusstwerden in den durchgeführten Diskussionen und Gesprächen und in der Folge das eigenständige Erkennen der Zusammenhänge bezüglich Beurteilung bewirkte, dass die Formblätter auch wirklich angenommen und als Instrument für den Teilbeurteilungsprozess akzeptiert und eingesetzt wurden. Die Konsequenz dieser Einsichten war die endgültige gemeinsame Festlegung eines Leitfadens bezüglich des Vorgehens in den Praxisteams:

- Auswahl des Teilbereiches,
- Suchen, Finden und Festlegen von Kriterien,
- Suchen, Finden und Festlegen von Indikatoren,
- Beobachtung der festgelegten Kriterien samt Indikatoren,
- Individuelle Protokollierung der Beobachtungsergebnisse,
- Selbstbeurteilung der Studierenden,
- Fremdbeurteilung durch die Ausbildungslehrerin,
- Diskutieren der Übereinstimmungen und Abweichungen bei Selbst- und Fremdbeurteilung im Reflexionsgespräch,
- Gemeinsame, interaktiv-kommunikative Urteilsfindung im Reflexionsgespräch,
- Dokumentation der Ergebnisse des Reflexionsgespräches und
- Festgehalten der Überlegungen der Studierenden hinsichtlich ihrer persönlichen Konsequenzen für die Weiterarbeit.

6.4.4 Umsetzungsschritt 4: Beobachtung der schulpraktischen Arbeit

Nach der oben beschriebenen intensiven Such- und Festlegungsphase, in welcher Kriterien und Indikatoren eines jeweiligen Teilbereiches im Mittelpunkt standen, galt es nun, diese auch im Unterrichtsgeschehen der jeweils agierenden Studentin zu beobachten, mit der Absicht, die Ergebnisse dieser Beobachtungen in die anschließende eigentliche Beurteilungsarbeit einfließen zu lassen. Dies wurde in Form von Einzelbeobachtungen aller am Teilbeurteilungsprozess Teilnehmenden durchgeführt. Diese Art der Beobachtung lässt sich, dem in der methodischen Literatur verwendeten Begriff *„teilnehmende Beobachtung"*, zuordnen (vgl. Altrichter 1990, 102).

Sowohl Ausbildungslehrerin, hospitierende Studentin und Praxisberaterin waren dabei nicht passive Empfänger von Eindrücken, sondern aktive Datensammler, wobei in anschließenden Beratungsgesprächen immer wieder die Problematik aufgeworfen wurde, dass die Beobachtungen einerseits stets gelenkt wurden von eigenen Annahmen, Haltungen und Erwartungen, andererseits sollten jedoch die zu beobachtenden Situationen möglichst neutral erfasst werden.

Die bewusste Einnahme der Beobachterrolle sorgte für eine gewisse Distanzierung der Beobachterinnen. Schon in zahlreichen vorher geführten Gesprächen wurde deutlich artikuliert, dass diese Verhaltensbeobachtungen nur Aufschlüsse über direkt sichtbares Verhalten, nicht jedoch über handlungssteuernde Gedanken und Gefühle der Akteure geben können. Hier wurde also bereits von den Teammitgliedern eine deutliche Trennlinie zwischen *Beobachtbarem* und *Interpretativem* gezogen. Unterstützt wurden diese Vereinbarung durch vorher im Team besprochene theoretische Möglichkeiten der verschiedenen Methoden der Verhaltensbeobachtungen bei denen ebenso klar zwischen Bedingungen eines Verhaltens - also der Situation, und dem eigentlichen Verhalten - also den Reaktionen und letztlich zwischen den - aus diesen Reaktionen folgenden Konsequenzen, unterschieden wird. Eine Zuordnung in dieser Form wurde bei den individuell konzipierten Beobachtungsaufzeichnungen mitgedacht. Die Art und Weise der Protokollierung der Beobachtungen wurde, unter Beachtung oben genannter theoretischer Komponenten, selbst festgelegt. (Vgl. Wahl/Weinert/Huber 1984, 288-290) Diese Aufzeichnungen wurden von jedem Teammitglied in das persönlich von ihm geführte Praxistagebuch, aufgenommen und integriert. Auf Grund einer prinzipiellen Teamvereinbarung - die Praxistagebücher nicht offen legen zu müssen - liegt das Datenmaterial der Beobachtungen daher nicht direkt als Dokument vor. Es stellte jedoch die permanente Kommunikationsgrundlage für die Beratungs- und Beurteilungsgespräche dar und fließt daher nur in komprimierter Form anhand des Beurteilungsinstrumentes *Formblatt* so in die Datendokumentation ein.

Allgemein sei noch anzumerken, dass die Beobachtungssituation insgesamt gesehen alleine durch die Anzahl der Teilnehmenden (LehrerInnen, Studentin, durchschnittlich 20 SchülerInnen) eine hochkomplexe war. Eine Totalerfassung aller ablaufenden Ereignisse war daher kaum möglich. Im Praxisteam wurde deshalb - und auch auf Grund der individuell gesetzten Ziele der Studierenden - vereinbart, dass der Fokus bei den durchzuführenden Beobachtungen sich auf den jeweils zu beurteilenden Teilbereich richten sollte.

Durch eine gemeinsame zeitliche Festlegung der Beobachtungen und die Zentrierung der Aufmerksamkeit auf die jeweils relevanten, pädagogischen Zielsetzungen der Studierenden, wurde der ökonomische Aspekt bei der praktischen Durchführung dieser Beobachtungen berücksichtigt, um eine rasche Erschließung der Daten für die anschließenden Teambesprechungen zu gewährleisten. Diese meist sofortige Überprüfung der Daten im Forschungsfeld in dort durchgeführten vergleichenden und interpretierenden Gesprächen, stellte ein sehr direktes Herangehen an die Gewinnung von Erkenntnissen bei komplexen Lehr- und Lernprozessen dar. Datensammlung durch Beobachtung, Datenanalyse in Beratungsgesprächen und Datenverwertung in den Teilbeurteilungen, waren bewusst eng aneinander gereihte Schritte, meist an einem einzigen Praxistag, welche zu einem zügigen und effizienten Vorankommen im Prozessgeschehen der Teilbeurteilung, beitrugen.

Trotz aller Beachtungen oben angeführter Aspekte und trotz des Umganges miteinander im Sinne kritischer Freunde, waren die Anforderungen an die Beurteiler groß und wurden im Praxisteam immer wieder thematisiert. Dezidiert wurde von Studierenden angesprochen, dass alleine durch die Anwesenheit der Beobachter und durch das Wissen um die gezielte Beobachtung zumindest gelegentlich gewisse Hemmschwellen entstanden, welche wiederum Einfluss nahmen auf das konkrete unterrichtliche Handeln der Studierenden und somit auch auf den Unterrichtsverlauf. Durch verstärkten kommunikativen Austausch wurde versucht, diesem Phänomen entgegenzuwirken. Ferner wurde als ein Defizit der Beobachtung das Fehlen der nonverbalen Komponente der Kommunikation auf Seiten der SchülerInnen, meist einfach bedingt durch deren Sitzpositionen und durch die Sitzpositionen der Beobachter, angegeben. Außerdem fehlten manchmal detaillierte Kenntnisse über die individuellen Lernvoraussetzungen der SchülerInnen, welche jedoch im Kontext der Unterrichtsarbeit mitbestimmende Voraussetzungen des Verlaufes von Lernprozessen darstellen und außerdem wesentliche Zusatzinformationen bezüglich Indikatorenüberprüfung liefern könnten. Man einigte sich in den Teams darauf, dass eine Totalerfassung der Ereignisse selbst bei Fokussierung und Reduzierung auf nur einen Teilbereich, einfach nicht möglich ist, dass dieses Manko jedoch zumindest durch die höhere Anzahl der Beobachter und daraus resultierend durch eine höhere Anzahl der unterschiedlichen Wahrnehmungsblickwinkel, vielleicht einen Ausgleich erfahren kann.

6.4.5 Umsetzungsschritt 5: Selbstbewertung der Studierenden

Dem nächsten Schritt im Beurteilungsprozess - der Selbstbewertung der Studierenden - wurde besondere Beachtung geschenkt und dementsprechend auch reichlich Platz im gesamten Prozessgeschehen eingeräumt. Die im vorhergehenden Abschnitt beschriebene Beobachtungsphase diente in erster Linie dem Sammeln von *Außensichten*, von Fremdbeobachtungen, welche letztendlich in einer Fremdbeurteilung mündeten. Beim Umsetzungsschritt *„Selbstbewertung der Studierenden"* ging es jedoch in erster Linie um die Selbsteinschätzung der Studierenden, welche in einer dokumentierten Selbstbeurteilung mündete.

Im Praxisteam wurde diesem Schritt extreme Bedeutung beigemessen. Selbstbeurteilung und Partizipation am Beurteilungsprozess samt der dazugehörigen Problematik, findet sich in der Literatur (Kleber 1992, Becker 1991, Jäger 2000) vor allem bezüglich der herkömmlichen Schüle-Lehrer-Beziehung behandelt. Die darin meist intentionale Grundabsicht - durch adäquate Einschätzung der eigenen Leistungsmöglichkeiten auch das eigenen Sicherheitserleben zu verstärken - sollte hier in die Lernprozesse von Studierenden ebenso Eingang finden. Dabei wurde von der Annahme ausgegangen, dass eine begründete Einstellung zu sich selbst und zum eigenen berufsrelevanten Verhalten von vornherein bessere Erfolgschancen bieten kann. Die Bereitschaft zu einer solchen intensiven Selbstreflexion war bei manchen Studierenden allerdings nicht von vornherein gegeben. Sie wurde oft erst durch eine - auch theoretische - Auseinandersetzung mit Zielen und Zweck von Selbstreflexion und Selbsteinschätzung, welche in den Beratungsgesprächen angeregt wurde, geweckt.

Im Teilbeurteilungsprozess wurde die eigene Reflexionsfähigkeit konkret durch die Auseinandersetzung mit der Bewertung des eigenen, schwerpunktmäßig gesetzten Teilbereiches von den Studierenden verlangt, und auf dem Formblatt auch in komprimierter Art dokumentiert.

In den Beratungs-Beurteilungsgesprächen kam oftmals zum Ausdruck, dass diese eingeforderte Verschriftlichung eine sehr bewusste und selbstkritische Reflexionsarbeit von den Studierenden verlangte. Vor allem fanden sie es interessant und zugleich hilfreich, das eigene pädagogische Handeln sozusagen aus einer distanzierten Position nochmals zu betrachten und sie wurden sich durch diesen Schritt oftmals erst der Komplexität von Situationen im Unterricht bewusst.

6.4.6 Umsetzungsschritt 6: Fremdbeurteilung durch die Ausbildungslehrerin

Aus den in den Praxistagebüchern aufgezeichneten individuellen Ergebnissen der durchgeführten Beobachtungen durch die Ausbildungslehrerin und die jeweils nicht unterrichtenden Studierenden, ergab sich für die jeweils beobachtete Studierende die Fremdbeurteilung. Der Weg zu dieser Beurteilung, samt den dabei auftretenden Schwierigkeiten, auf Basis von Beobachtungen wurde in Umsetzungsschritt 4 bereits detailliert beschrieben. Die individuellen Ergebnisse der Beobachter - die in den Praxistagebüchern aufgezeichnet wurden - sind auf dem Formblatt in komprimierter Art und Weise dokumentiert, und somit zum öffentlichen Datenmaterial gemacht worden. Diese komprimierten Ergebnisse bildeten die Grundlagen für den nächsten Umsetzungsschritt, bei dem es um die Zusammenführung von den jeweiligen individuellen Ergebnissen aus der Selbsteinschätzung und Selbstbeurteilung der Studierenden und der oben beschriebenen Fremdbeurteilung geht.

6.4.7 Umsetzungsschritt 7: Zusammenführung der Ergebnisse aus Selbst- und Fremdeinschätzung

Die Zusammenführung der Beobachtungsergebnisse von Ausbildungslehrerin und Studierenden stellte einen der heikelsten Schritte im Prozessgeschehen dar. Das Offenlegen der komprimierten Ergebnisse von beiden Seiten und die daraus folgenden diskursiven Beurteilungsgespräche waren Kernpunkte bei der gemeinsamen *Urteilsfindung* in Teilbeurteilungsprozessen. Dieser Umsetzungsschritt berücksichtigt in besonderem Maße, die in dieser Arbeit in den unterschiedlichen Kapiteln theoretisch beschriebenen und ausführlich behandelten, konstruktivistischen Denkansätze. Es sind in ihm sowohl Elemente von Beratung, von Zielerreichungsprozessen, von Rückmeldung, von diagnostischer Urteilsfindung als auch Elemente individueller Lehr- und Lernprozesse, enthalten.

Durch das für diesen Umsetzungsschritt entwickelte Instrument - dem gemeinsam zu bearbeitenden Formblatt - war es möglich, die Ergebnisse der Fremdbeurteilung sowie die Ergebnisse aus der Selbstbeurteilung in übersichtlicher Form festzuhalten und darzustellen.

Dokumentation auf dem Formblatt
Die Dokumentation auf dem gemeinsamen Formblatt zeigt bezüglich der Erfüllung der vereinbarten Kriterien Übereinstimmungen und Abweichungen von Studierenden und Ausbildungslehrerinnen auf. Die Erfüllung der Kriterien umfasst eine mögliche Reihung von *„sehr gut", „gut", „erfüllt", „großteils", „wenig"* bis *„nicht erfüllt"*. Die Anzahl der Übereinstimmungen (Ü) und die Anzahl der Abweichungen (A) liegt zwar klar und transparent in numerischer Weise als quantitatives Ergebnis vor, sagt jedoch noch nichts über die - in diesem Prozessschritt enthaltenen und wesentlich wichtigeren - qualitativen Aspekte aus. Das Formblatt wurde vielmehr zur Dokumentation der kommunikativ erfolgten Zusammenführung der Ergebnisse aus Selbst- und Fremdeinschätzung der AusbildungslehrerInnen und der Studierenden verwendet. (Formblatt siehe Anhang Nr. 4)

Reflexionsgespräche als Basis für die Beurteilungsdokumentationen
In ausführlichen Reflexionsgesprächen in den Praxisteams wurden die Übereinstimmungen, bzw. Abweichungen bei der Kriterienerfüllung anhand der individuellen Beobachtungsaufzeichnungen in den Praxistagebüchern diskutiert. Wurde in der Beobachtungsphase eine möglichst sachlich-objektive Vorgehensweise angestrebt, so kam in dieser Phase der Zusammenführung der Beobachtungsresultate das interpretative Element gewollt hinzu. Durch die zu leistenden Begründungen für Übereinstimmungen bzw. Abweichungen im Hinblick auf die Kriterienerfüllung, war das Artikulieren von subjektiv-interpretativen Aussagen unumgänglich. Dieser kommunikative Austausch brachte zusätzliche individuelle Begründungen, welche hinter den auf dem Formblatt komprimiert dokumentierten und auch numerisch

vorliegenden Ergebnissen lagen, zutage. Auf Grund der Offenlegung der Wege, welche zu den Begründungen führten, zeigte sich im Diskurs, dass selbst bei übereinstimmenden Ergebnissen unterschiedliche Argumentationslinien zur jeweiligen Begründung führten. Diese interessante Begleiterscheinung gab Einblick in die vielfältigen und sehr unterschiedlichen Denkmuster der Teammitglieder. Durch die konstruktivistische Brille gesehen, ist dieses Faktum jedoch plausibel und verständlich. Diese informelle Begleiterscheinung wäre es wert, näher untersucht zu werden. Die Auseinandersetzung mit diesem Phänomen würde jedoch den Rahmen dieser Arbeit sprengen.

Im Anschluss an den ausführlichen kommunikativen Austausch in Beurteilungsgesprächen war auf dem Formblatt von der Ausbildungslehrerin ein verbaler Kurzkommentar einzutragen, in welchem das gemeinsam erstellte Beurteilungsergebnis prägnant zum Ausdruck gebracht wurde. Um der rechtlichen Forderung zu entsprechen, war neben diesem verbalen Kurzkommentar die - im Praxisteam als aussagearm angesehene - Ziffernote einzutragen.

Persönliche Konsequenz für die Weiterarbeit der Studierenden
Im Sinne vom Beachten einer dynamischen, individuellen Lernspirale und, wie im ersten Umsetzungsschritt anhand der gemeinsamen Vereinbarungen zum Teilbeurteilungsprozess beschrieben, erfolgte nach diesem Abschließen durch eine Beurteilung ein weiterer bedeutsamer Schritt: Das Festhalten und Dokumentieren der persönlichen Konsequenz aus diesem abgeschlossenen Teilbeurteilungsprozess für die persönliche Weiterarbeit der Studierenden. Mit dem Verschriftlichen des nächsten Teilschrittes soll eine *verbindliche* Weiterführung im Sinne eines kontinuierlichen Kompetenzerwerbes dokumentiert werden, welche mit Datum und Unterschrift jeweils von Ausbildungslehrerin und Studierenden bestätigt wird.

Ein Teilbeurteilungsprozess war somit formell abgeschlossen, jedoch durch das Vereinbaren der persönlichen Konsequenzen für die Weiterarbeit der Studierenden war die Fortführung eines Lernprozesses gesichert. Sowohl neue inhaltliche Vereinbarungen (beispielsweise Aspekte der Unterrichtseröffnung, weiteres Beachten von Unterrichtskriterien, ...) als auch Vereinbarungen bezüglich der im Teilbeurteilungsprozess nun erfahrenen und als bewährt erachteten Vorgehensweise folgten (Beispiele der Dokumentation siehe Anhang Nr. 7, 8, 9, 10, 11, 12) .

Schulpraktischer Studienbegleitbrief

Diese neuerlichen Vereinbarungen konnten aus zeitlichen Gründen und teilweise aus Gründen des organisatorischen Wechsels der Studierenden zu anderen AusbildungslehrerInnen an anderen Praxisschulen nicht mehr weiterverfolgt werden. Die von ihnen gemachten Erfahrungen bezüglich Teilbereiche in der praktischen Unterrichtsarbeit und die daraus folgenden persönlichen Konsequenzen bezüglich Weiterarbeit konnten jedoch insofern berücksichtigt und weitergegeben werden, als sie im *„Schulpraktischen Studienbegleitbrief"* von den Studierenden festgehalten und eingetragen wurden. Dieser Begleitbrief (siehe Anhang Nr. 13) wurde von der Abteilungsleitung für die „Schulpraktischen Studien" in Kooperation mit der Verfasserin mit dem Ziel konzipiert, dass die auf ihm eingetragenen Informationen bezüglich Tätigkeitsbereiche und individueller Lernerfahrungen eine Orientierungsbasis für das Praxisteam im darauf folgenden Semester darstellen sollten. Diese Grundintention war auch als eine Unterstützung für die Fortführung der von den Studierenden begonnenen Arbeit während des Forschungsprozesses gedacht, um so zumindest durch die Weitergabe von Informationen eine zukünftige Thematisierung und Auseinandersetzung der bisher erbrachten Leistungen in anderen Praxisteams zu gewährleisten. An dieser Stelle ist anzumerken, dass sämtliche AusbildungslehrerInnen der Pädagogischen Akademie, die nicht von der Verfasserin in den „Schulpraktischen Studien" betreut und begleitet wurden, diesen Begleitbrief samt einer Information über die dahinter stehende Philosophie, nach dem ersten Forschungssemester mit den ausgesandten Schulpraxisunterlagen zu Semesterbeginn erhielten. Er war auch Thema in Konferenzen für AusbildungslehrerInnen.

Der Forschungsprozess des Beurteilens mit Fokussierung auf einen Teilbeurteilungsprozess endete an dieser Stelle, nicht jedoch der Forschungsprozess bezüglich der Gesamtthematik. Die Verfasserin nahm in den Umsetzungsschritten 1-7 die assoziierte Position ein, allerdings mit den bereits beschriebenen, terminlich-organisatorischen Einschränkungen. Ab dem Zeitpunkt der nun folgenden Evaluierung der Teilbeurteilungsprozesse wechselte die Verfasserin von der assoziativen in die dissoziative Position, um die Zusammenfassung, Analyse und Interpretation der Ergebnisse aus den Teilbeurteilungsprozessen aus einer Metaperspektive wahrnehmen zu können.

6.5 Rückmeldungen

Prinzipiell haben Rückmeldungen für jedes Prozessgeschehen eine wesentliche Bedeutung. Sie können zu Weiterentwicklungen im Rahmen eines Prozessverlaufes beitragen, indem sie wesentliche Steuerungseffekte auslösen und so für den Prozess richtungsbestimmend werden können. (siehe auch 5.7.2 Feedback) Auch in den durchgeführten Teilbeurteilungsprozessen eröffneten die Rückmeldungen der Beteiligten neue Sichtweisen und Perspektiven sowohl auf sachlicher Ebene als auch auf der Ebene von persönlichen Einstellungen. Sie halfen mit herauszufinden, ob Ziel und Zweck des Vorhabens, nämlich das Beurteilen zu Gunsten des Lernens der Studierenden in den Hintergrund zu rücken, erreicht wurde. Ebenso konnten neue Aspekte der Gestaltung einfließen und dazu beitragen, Veränderungen herbeizuführen. Rückmeldungen eröffneten bei allen Beteiligten die Möglichkeit, den Prozess gemeinsam zu reflektieren und dessen Entwicklung selbst mitzubestimmen. Neue gedankliche Bausteine wurden eingebracht, die wiederum zu konstruktiven Handlungsstrategien führten.

Schriftliche Rückmeldung
Bei den detailliert beschriebenen Umsetzungsschritten waren die Forschungsbeteiligten zwar schon laufend in den Beratungs- und Beurteilungsgesprächen mit Reflexionen und Rückmeldungen konfrontiert, diese bezogen sich jedoch auf kleine Einheiten des jeweils von den Studierenden gewählten Teilbereiches. In diesem Abschnitt wird nun beschrieben, wie mit Hilfe des Rückmeldeblattes als Evaluierungsinstrument der gesamte Teilbeurteilungsprozess und die unmittelbar mit ihm verbundenen Thematiken - von den an diesem Prozess Beteiligten - gesehen, erfahren und bewertet wurden. Grundlegenden Prinzipien über Rückmeldungen wurden in den Teams vor diesem Gesamtevaluierungsschritt durch das Rückmeldeblatt nochmals genau thematisiert. Theoretische Grundlagen und praktische Erfahrungen bezüglich Rückmeldungen trugen ebenso bereits laufend dazu bei, die anfänglich besprochene und vereinbarte Reflexions- und Rückmeldekultur entwickeln zu können.

Die Ergebnisse der nun eingeholten Rückmeldungen sollten mithelfen, für die Durchführung weiterer Teilbeurteilungsprozesse neue Perspektiven und Erkenntnisse zu gewinnen. Neue Erkenntnisgewinne sollten einerseits der eigenen Praxis der

Forschenden - besonders deren Kompetenzerwerb - dienen, andererseits sollten dadurch auch neue Aspekte in die Umsetzungsarbeit beim Beurteilen in den „Schulpraktischen Studien" der Pädagogischen Akademie der Diözese Linz, einfließen können.

Das Rückmeldeblatt wurde in Form von offenen Fragen gestaltet, da diese individuellere Möglichkeiten der Rückmeldungen zulassen und subjektiv Empfundenes dadurch besser zum Ausdruck kommen kann. Die Antworten auf dem Rückmeldeblatt sollten sich - so wurde in den Teams besprochen - nicht in kurzen ja/nein Aussagen erschöpfen, sondern möglichst differenziert und begründet dargestellt werden.

Begründung für differenzierte Gestaltung der Rückmeldeblätter der Ausbildungslehrerinnen

Teilbeurteilungsprozesse wurden über eine Zeitraum von drei Semestern (Sommersemester 2001 bis Sommersemester 2002) und mit jeweils Studierenden aus dem 2., 3., 4. und 5. Ausbildungssemesters durchgeführt. Da die Studierenden jeweils nach einem Semester den Ausbildungsplatz wechselten, stiegen sie auch nach einem Semester aus dem Forschungsprozess wieder aus. Die vier Ausbildungslehrerinnen hingegen arbeiteten kontinuierlich über den gesamten Forschungszeitraum von drei Semestern mit. Die wiederum neu in den Prozess einsteigenden Studierenden, mussten jedes Semester mit den Vorgehensweisen der Teilbeurteilung vertraut gemacht werden. Daher blieben auch die Fragestellungen auf dem Rückmeldeblatt der Studierenden gleich. Beispiele dieser Rückmeldungen befinden sich im Anhang dieser Arbeit (Anhang Nr. 14 bis Nr. 19).

Die in den Forschungsprozess Involvierten (Ausbildungslehrerinnen und Studierende) setzten sich sehr intensiv mit den Fragestellungen des Rückmeldeblattes auseinander, sodass auch alle Rückmeldeblätter retourniert und der Verfasserin zur Auswertung zur Verfügung gestellt wurden. Im folgenden Punkt 6.6 werden die Rückmeldungen der oben genannten Akteure zusammengefasst. und durch aussagekräftige Zitate der Befragten belegt.

6.6 Die Rückmeldungen der einzelnen Akteure

6.6.1 Zusammenfassung der Ergebnisse der Rückmeldeblätter der Studierenden

Die Evaluationsfragen betrafen folgende Bereiche:
- Organisation in Bezug auf Einstieg in den Teilbeurteilungsprozess
- Inhaltliche Auswirkungen der Teilbeurteilungen auf die schulpraktische Arbeit
- Beurteilung
- Individueller Lern-/Kompetenzzuwachs
- Visionen

Gravierende Unterschiede zwischen den Ergebnissen der Studierenden des 1. Studienabschnittes und den Ergebnissen der Studierenden des 2. Studienabschnittes konnten nicht festgestellt werden. Die Ergebnisse - samt exemplarisch zitierten Rückmeldungen - im Einzelnen:

Bereich der Organisation in Bezug auf den Einstieg in den Teilbeurteilungsprozess
Der Einstieg in den Teilbeurteilungsprozess wurde von Ausbildungslehrerinnen und Praxisberaterin vorgeschlagen und von den Studierenden vorerst ohne Kritik angenommen. Dieses erste Akzeptieren könnte durch eine gewohnte, von hierarchischen Strukturen geprägte, auftragsempfangende Haltung erklärt werden. In den ersten Gesprächen, in denen sowohl die konzeptionellen Grundlagen als auch die geplante Vorgehensweise kommuniziert wurden, tauchten aber doch zahlreiche Fragen bei den Studierenden auf, leise Zweifel wurden angemeldet. Die dabei auftretenden Fragen konnten jedoch durch gründliche Erklärungen, sowie durch die schriftlichen Unterlagen, in denen der Prozessverlauf dokumentiert wurde, zur Zufriedenheit beantwortet werden. Die ebenso von den Studierenden geäußerte Angst vor vermehrtem Arbeitsaufwand blieb jedoch. Im Zuge der ersten Umsetzungsschritte verschwanden die anfänglichen Befürchtungen langsam. Auch aus den vorliegenden Antworten der Rückmeldeblätter ist klar zu entnehmen, dass die anfängliche Skepsis verschwand und die Problematik abgeschwächt werden konnte. Der Einstieg wurde so im Nachhinein von den Studierenden insgesamt als positiv bezeichnet.

„*Zuerst war ich dagegen. Doch jetzt bin ich der Meinung, dass sie durchaus hilfreich sind. Ich lernte viel und beschäftigte mich mit einem Thema sehr intensiv.*

Solange Teilbeurteilungsprozesse prozessorientiert bleiben, bin ich dafür" (Anhang Nr. 15).

Bereich der inhaltlichen Auswirkungen auf die schulpraktische Arbeit

Die Einflüsse auf die schulpraktische Arbeit wurden von den Studierenden insgesamt als ausgesprochen positiv beurteilt. Vor allem eine bewusstere, intensivere und auch kreativere Auseinandersetzung mit bestimmten Teilbereichen wurde als vorteilhaft für die eigene Kompetenzerweiterung betrachtet. Die Kriterienfindung und die Suche nach relevanten Indikatoren zu den gewählten Teilbereichen, wurden zwar als anstrengende und intensive, aber sehr zielführende und sich lohnende Arbeit erlebt. Die Möglichkeiten der Mitbestimmung im Prozessgeschehen wurden angenehm, aber auch herausfordernd empfunden. Grundsätzlich waren die Studierenden dafür, diese eingeschlagene Vorgehensweise beizubehalten.

„Mir wurde mehr über gewisse Dinge in der Schulpraxis bewusst, ich finde es auch sehr gut, dass nur Teile des Unterrichts herausgenommen werden und diese genau vorbereitet werden" (Anhang Nr. 16).

Bereich der Beurteilung

Aus den Antworten der Studierenden geht hervor, dass Teilbeurteilungsprozesse auch im Hinblick auf die Gesamtbeurteilung als hilfreich erachtet werden, da so die noch immer gesetzlich erforderliche Ziffernnote besser begründbar, transparenter und aussagekräftiger wird. Auch individuelle Bemühungen fließen stärker in die Bewertung ein. Weiters wurde als positiv erachtet, dass die Teilbereiche bessere Konzentrationsmöglichkeiten im komplexen Unterrichtsgeschehen erlauben.

„Die Gesamtbeurteilung besteht für mich nicht nur aus "Stundenhalten" sondern auch aus den davor überlegten Ideen und Bemühungen in der Stundenplanung" (Anhang Nr. 14).

Bereich des individuellen Lernzuwachses

Speziell im Bereich des individuellen Lernzuwachses wurde von allen Studierenden ein hoher persönlicher Lernzuwachs angegeben, der vor allem von den - durch häufige Reflexionen unterstützten - Selbsteinschätzungen ausging. Dadurch kam es zur

Steigerung der eigenen Sicherheit und des Selbstbewusstseins in Bezug auf professionelles, pädagogisches Handeln.

"Teilbeurteilungsprozesse erachte ich als hilfreich, ich bemühte mich noch mehr, die Stunden gut zu durchdenken. Es hat auch positive Auswirkungen auf die eigene Person" (Anhang Nr. 14).

Bereich der Visionen

Transparenz bei Beurteilung, die Abschaffung der Ziffernnote, das Überdenken der herkömmlichen Vorgehensweisen in Bezug auf Beurteilung, sowie verstärkte Reflexion der persönlichen Entwicklung waren die hauptsächlichen Wünsche für eine zukünftige Beurteilung im Rahmen der „Schulpraktischen Studien".

"Reflexiv zu sein ist sicher eine entscheidende Fähigkeit, die in der Praxis generell mehr im Vordergrund stehen sollte" (Anhang Nr. 16).

6.6.2 Zusammenfassung der Ergebnisse der Rückmeldeblätter der AusbildungslehrerInnen

Wie bereits an anderer Stelle beschrieben, waren die Ausbildungslehrerinnen über alle drei Semester in die Forschungsarbeit zu den Teilbeurteilungsprozessen involviert. Sie beschreiben ihre dabei gemachten Erfahrungen in Individualberichten (Anhang Nr.23, 24, 25) und wurden in drei Durchgängen mit evaluierenden Fragestellungen konfrontiert. Diese Fragestellungen bezogen sich, teilweise ähnlich wie bei den Studierenden, auf folgende Bereiche:

- Einstieg in Teilbeurteilungsprozesse
- Pädagogische Professionalität
- Auswirkungen von Teilbeurteilungsprozessen auf die schulpraktische Arbeit
- Auswirkungen von Teilbeurteilungsprozessen außerhalb der Arbeit der „Schulpraktischen Studien"
- Persönliche Einstellungen und individueller Lernzuwachs
- Visionen

Der Bereich der Beurteilung wurde nur insofern abgefragt, als Bewährtes im Teilbeurteilungsprozess genannt werden sollte, da die prinzipielle Konzeption des Beurteilungsprozesses ohnehin mit den Ausbildungslehrerinnen im Vorfeld, gemeinsam mit der Verfasserin, intensiv behandelt wurde. Die Ergebnisse - samt exemplarisch zitierten Rückmeldungen - im Einzelnen:

Bereich des Einstiegs und Veränderungen im Bereich der pädagogischen Professionalität

1. Durchgang

Die Ausbildungslehrerinnen fanden laut ihren Antworten die gemeinsame Auswahl der Teilbereiche und die dabei von ihnen eingenommene, begleitende Funktion als sehr positiv und fühlten sich dadurch mehr als Berater denn als Beurteiler. Sie erlebten sich als Unterstützer der Studierenden beim Erwerb von Selbstkompetenz. Auch die durchschrittenen Bewusstwerdungsprozesse bezüglich einer strikten Trennung von Deskription und Interpretation wurden für den ständigen Ausbau der eigenen pädagogischen Professionalität als wichtige Veränderung sehr bewusst wahrgenommen.

2. und 3. Durchgang

Im zweiten sowie im dritten Durchgang wurden keine wesentlichen Veränderungen angegeben, durch die bereits vertraute Vorgehensweise wurde die Arbeit jedoch als leichter erlebt.

„Da die Schwerpunkte gemeinsam ausgewählt und überprüft wurden, konnten sich die Studenten gut damit identifizieren und sie als wertvoll empfinden. Sie hatten positive Erkenntnisse: Eine Studentin erzielte eine deutlich Verbesserung in der Gesprächsführung, die andere hatte eine reichhaltige Sammlung an Spielideen. Beide gewannen an Sicherheit und Selbstbewusstsein" (Anhang Nr. 19).

Bereich inhaltlicher Auswirkungen auf die schulpraktische Arbeit

1. Durchgang

Als bewährt und unbedingt beizubehalten wurde das Selbstfinden von Kriterien und Indikatoren durch die Studierenden erachtet, da so eine bessere Identifikation mit den selbst gesetzten Zielen und den damit verbundenen Anstrengungen ihrer Zielerreichung gegeben war. Die Ausbildungslehrerinnen gaben an, dass sie erlebten, dass die Studierenden in der Folge verstärkt eigenverantwortlich handelten, so aber auch an Sicherheit und Selbstbewusstsein gewannen. Der Selbsteinschätzung wurde durch die anfangs klar definierten Rahmenbedingungen auch der notwendige zeitliche Raum gegeben. Es war so möglich, innerhalb der Teilbereiche in jenen Bereichen, wo Lernbedarf bestand, länger zu verweilen.

2. und 3. Durchgang

Auch in diesen beiden Durchgängen wurde die Bearbeitung von Teilbereichen als anstrengend und intensiv, aber zielführend erachtet, vor allem deshalb, weil es dadurch bei der Praxisarbeit einen klaren roten Faden gab. Bewährt hat sich aus der Sicht der AusbildungslehrerInnen wiederum auch das selbstständige Suchen und Festlegen von Kriterien und Indikatoren.

„Durch das Arbeiten mit den Indikatoren trenne ich bewusster Interpretation und Deskription" (Anhang Nr. 18).

„Ich empfinde die Transparenz im Beurteilungsprozess sehr angenehm, vor allem bei weniger guten Stunden hilft es mir und dem Studenten bei einer Analyse" (Anhang Nr. 18).

„... als sehr positiv erlebte ich die gemeinsame Reflexion von Selbst- und Fremdeinschätzung" (Anhang Nr. 18).

Bereich der Auswirkungen außerhalb der Arbeit der „Schulpraktischen Studien"

1. Durchgang

Die intensive Auseinandersetzung mit - von den Studierenden unterschiedlich gewählten - Teilbereichen hatte eine Sensibilisierung für das eigene Unterrichtsgeschehen zur Folge. Auch die vertiefte Beschäftigung mit der Beurteilungsthematik zeigte Auswirkungen auf den eigenen Beurteilungsstil, vor allem intensivierten sich Beurteilungsgespräche mit Schülern und Eltern.

2. und 3. Durchgang

Die im ersten Durchgang schon angeführte Entwicklung der eigenen Sensibilität der AusbildungslehrerInnen bei der Unterrichtsarbeit und vor allem beim Beurteilen erfuhr eine weitere Steigerung, zugleich wurde dabei an Sicherheit gewonnen. Das herkömmliche Notensystem wurde in Folge dessen als noch ungeeigneter erkannt.

„Ich agiere seitdem auch sicher wieder sensibler im Beurteilungsprozess mit meinen Schülern" (Anhang Nr. 18).

Bereich der persönlichen Einstellungen und des individuellen Lernzuwachses

1. Durchgang

Die Frage nach Auswirkungen der intensiven Beurteilungsarbeit auf persönliche Einstellungen ergab, dass Vertrauen, Wertschätzung, positives Feedback und Beratung als unverzichtbare Basis für individuelle Lernfortschritte angesehen werden.

2. und 3. Durchgang

Die für den zweiten Durchgang veränderte Fragestellung bezüglich der Relation Arbeitsaufwand und Ergebnis, wurde deshalb als wichtig erachtet, um erfahren zu können, ob eine Fortführung des Prozesses weiterhin auch persönlich von den Ausbildungslehrerinnen mitgetragen werden kann. Der Tenor der Antworten ergab eine eindeutige Befürwortung. Begründungen, wie - *„effiziente Arbeitsweise"*, *„Konzentration auf das Wesentliche"* oder *„Basis für sinnvolle Weiterarbeit"* - waren ausschlaggebend. Auch im dritten Durchgang wurde von den Ausbildungslehrerinnen befunden, dass der Zeitaufwand für die intensive Beurteilungsarbeit in einem ausgewogenen Verhältnis zum Ergebnis stand.

„Ich sehe meine Rolle als Ausbildungslehrerin jetzt noch mehr als Berater der Studierenden, der sie bei der Entwicklung ihrer Selbstkompetenz und der Auseinandersetzung mit der Schulpraxis begleitend unterstützt" (Anhang Nr. 17).

Bereich der Visionen

Zusammenfassend für alle drei Durchgänge wurde angegeben, dass Klarheit und Transparenz die wesentlichsten Elemente für Beurteilungsprozesse darstellen. Die AusbildungslehrerInnen wünschten sich für ihre Arbeit mit den Studierenden, die Rolle der Wegbereiter - anstelle die der Urteiler - übernehmen zu können.

„..., dass noch mehr Wert auf die Entwicklung eines individuellen Studienprofils gelegt wird" (Anhang Nr. 17).

„ ..., dass eine Ziffernnote an Bedeutung verliert und sie daher von der Akademie als notwendige Beurteilung nicht mehr gefordert wird" (Anhang Nr. 19).

6.7 Alternative Perspektiven

Die Forschungstätigkeiten im Erkundungsfeld der schulpraktischen Ausbildung von Studierenden wurde in den vorangegangen Punkten explizit dargestellt. Dadurch wurde ein rasch abrufbares und relativ eindeutiges Handlungswissen angestrebt. Das Erkenntnisinteresse richtete sich dabei auf die strategische Beeinflussung der Praxissituation, konkret auf die mögliche Einflussnahme in Beratungssituationen und in Beurteilungsprozessen. Dieses methodische Vorgehen erwies sich für die Praxis als tauglich und ermöglichte es, mit den für diese Arbeit leitenden theoretischen Auffassungen regionale Sinnverknüpfungen herzustellen.

Die Ergebnisse des bisherigen Forschungsgeschehens sind Produkte vielfältiger Verarbeitungsprozesse im Denken, Wahrnehmen und Handeln von PraktikerInnen. Sie haben Konstruktcharakter. Es mischen sich deskriptive, normative und weltanschauliche Elemente. Glaube, Meinungen und Wissen gehen ineinander über. Um eine schärfere Trennung dieser aufgezeigten Konstrukte zu erreichen, erscheint es notwendig, alternative Perspektiven hinzuzuziehen und den methodischen Umgang selbstkritisch zu betrachten. Wissenschaftliches Vorgehen zielt auf sehr genaue, nachvollziehbare Informationen ab. Der ständige Zweifel, ob einzelne Phänomene auch richtig gesehen werden und ob durch ihr Aufzeigen eine Verallgemeinerung zu erreichen ist, prägt dieses Vorgehen.

Im Folgenden wird die methodische Vorgangsweise daher ganz bewusst in der Absicht gewechselt, die Reichhaltigkeit, Tiefe und Breite der Daten zu gewährleisten. Die so gewonnenen zusätzlichen Anhaltspunkte für die inhaltlichen Problemstellungen sollen als weitere Argumentationen für zukünftige Arbeiten herangezogen werden können und zwar im Sinne von *„argumentum"* = Beweismittel; das, was der Erhellung dient; *„arguere"* = beweisen, erhellen (Kluge 1999, 51). Ferner stellt die *„Hinzuziehung alternativer Perspektiven"* (Altrichter 1990, 90) eines der vier großflächigen Gütekriterien von Aktionsforschung dar. Begründet wird dieses Kriterium dadurch, dass es der zentralen Idee traditioneller empirischer Gütekriterien entspricht. Diese zentrale Idee ist dadurch gekennzeichnet, dass die Verlässlichkeit und Glaubwürdigkeit von Forschungsergebnissen durch wiederholte Überprüfungen zu verschiedenen Zeitpunkten (Reliabilität), durch verschiedene Beobachter (Objektivität) und durch unterschiedliche Forschungsprozesse hinsichtlich des zu untersuchenden

Phänomens (Validität) zu sichern sei. Die Qualität der Forschung ist demnach dadurch zu steigern, dass *„über einen Forschungsprozeß ein zweiter darübergelegt wird"* *(Altrichter 1990, 91),* um so mögliche Diskrepanzen aufzudecken. Diese können beispielsweise auf methodische Schwächen zurückzuführen sein, die durch weiteres forschendes Vorgehen einer Erklärung zugeführt werden sollten. Als alternative Perspektiven kommen dabei sowohl Sichtweisen anderer Personen, als auch die einer anderen Forschungsmethode in Frage (vgl. Altrichter 1990, 91-92). Beide werden in diesem Punkt der Arbeit berücksichtigt:

- **Perspektive anderer Personen**

Bis zum Punkt 6.7 resultieren die Ergebnisse des Forschungsprozesses aus Aussagen einer relativen kleinen Anzahl von Personen. Diese Gruppe - die bereits ausführlich beschriebenen Praxisteams - agierte nach Kroath quasi als *Micro-„scientific community".* Kroath übersetzt und erklärt eine solche *„scientific community"* als *„öffentliches Forum",* welches die Einzelergebnisse nach selbst gesetzten Qualitätsstandards kritisch bewertet und dadurch sicherstellt, dass die *„individuellen Untersuchungen der eigenen Praxis tatsächlich als Forschungsaktivitäten"* angesehen werden können (vgl. Kroath 2002, 83). Die Praxisteams einigten sich wie beschrieben auf ein gemeinsames Forschungsthema, welches nach dem prinzipiellen Zyklus von Aktionsforschungsprozessen bearbeitet wurde. Durch die geringe Anzahl von Mitwirkenden in diesem Prozess traten jedoch folgende Fragen in den Mittelpunkt des Interesses:

→ Wie gehen *andere Personen,* die sich nicht so intensiv mit dieser Thematik auseinandergesetzt haben, damit um?

→ *„Wie kann man mit Aussagen, die nur wenigen Personen sehr wichtig sind, umgehen?"* (Schratz, Iby, Radnitzky 2000, 72)

→ Wie sehen andere Personen die Kooperation in den Praxisteams?

→ Wie schätzen sie die Möglichkeiten ein, den Kompetenzerwerb der Studierenden zu beeinflussen?

→ Wie gehen sie mit der Arbeit des Beurteilens um?

→ Sehen sie mögliche Zusammenhänge zwischen dem Beurteilen, dem Beraten und der Kompetenzaneignung bei den Studierenden?

Auf Grund dieser Fragen, die eben bedingt durch die geringe Personenanzahl im Forschungsprozess aktuell wurden, kam das Vorhaben, einen größeren Personenkreis zu befragen, zustande. Als geeignetste Zielgruppe erschienen die AusbildungslehrerInnen, da diese im Rahmen der „Schulpraktischen Studien" am häufigsten und am regelmäßigsten mit den Studierenden zusammen arbeiteten. Aus dem Wunsch die Daten dieses Personenkreises zu erfassen, resultierte das Hinzuziehen der Perspektive einer anderen Forschungsmethode.

- **Perspektive einer anderen Forschungsmethode**

Die durchgeführte schriftliche Befragung wurde als das am besten zu administrierende Instrument der Datensammlung für die gezielt ausgewählte Gruppe erachtet. Für diese Befragung wurde ein Fragebogen als Untersuchungsinstrument ausgearbeitet, welcher die in dieser Arbeit relevanten Themenbereiche abdeckte. Die Auswertung erfolgte mittels ALMO - Allgemeines lineares Modell (www.almo-statistik.de). Beabsichtigt war, durch statistische Analysen die Beziehungen zwischen den einzelnen Variablen zu überprüfen. Die bisher, durch das Vorgehen in den Praxisteams gewonnenen Erkenntnisse, sollten so durch die Daten einer größeren Anzahl von Personen ergänzt werden. Dadurch konnte eine andere methodische Perspektive - die einer umfassenden statistischen Erhebung - in den Forschungsprozess einfließen.

6.7.1 Der Fragebogen

Die Konzeption des Untersuchungsinstrumentes:
Der ausgesandte Fragebogen (Anhang Nr. 21) enthält Fragen zu folgenden Bereichen:
- Bereich 1: Demographischen Daten der befragten Personen.
- Bereich 2: Persönliche Einstellungen und Meinungen der Ausbildungslehrerinnen. Diese Fragen betrafen vier spezifische Kategorien: Zusammenarbeit mit den Studierenden,
Bewertung der Studierenden,
Zusammenarbeit mit den PraxisberaterInnen und der Institution *Pädagogische Akademie,*
Kompetenzen.

- Bereich 3:   Arbeitsverhalten und Kompetenzen derjenigen Studierenden, mit denen die AusbildungslehrerInnen im Sommersemester 2003 zusammengearbeitet hatten.

Insgesamt wurden durch den Fragebogen 69 Variablen erfasst (siehe Anhang Nr. 21).

Fragearten:
- Mittels quantitativer Fragen wurde den Probanden die Möglichkeit gegeben, ihren Grad der Zustimmung oder Ablehnung auszudrücken.
- In einer ebenfalls enthaltenen Rangordnungsskala konnte die persönliche Bedeutungszumessung erforderlicher Kompetenzen für den Lehrberuf durch die befragten AusbildungslehrerInnen festgehalten werden.
- Mittels einer Einschätzungsskala wurden die konkret vorhandenen Kompetenzen von Studierenden bewertet. Beim Aufbau dieser Einschätzskala bildeten sowohl theoretische Überlegungen (beispielsweise Gardner 2002) als auch zahlreiche Aussagen aus der Schulpraxis den gedanklichen Hintergrund.

Durchführung:
Es wurden alle 66 AusbildungslehrerInnen befragt, die im Rahmen der „Schulpraktischen Studien" in der VolksschullehrerInnenausbildung im Sommersemester 2003 mit Studierenden des zweiten bzw. des vierten Semesters zusammenarbeiteten (siehe Anhang Nr. 20). Insgesamt wurden daher 66 Fragebögen ausgegeben, 57 davon auf dem Postweg, 9 wurden persönlich ausgehändigt. 42 Fragebögen betrafen AusbildungslehrerInnen, die mit Studierenden des 2. Semesters zusammenarbeiteten. 24 Fragebögen betrafen AusbildungslehrerInnen, die mit Studierenden des 4. Semesters zusammenarbeiteten. 54 Fragebögen wurden retourniert. Das ergab eine Rücklaufquote von 81,81 %.

Der Fragebogenkonstruktion wurden folgende Hypothesen zu Grunde gelegt:
- Wenn schulpraktische Leistungen der Studierenden beurteilt werden, spielen die persönlichen Einstellungen und Meinungen der AusbildungslehrerInnen eine wichtige Rolle im Beurteilungsprozess.

- Wenn sich AusbildungslehrerInnen bei ihrer Arbeit mit den Studierenden auf deren Defizite konzentrieren, hat das Auswirkungen auf die Einschätzung weiterer Variablen.

- Wenn sich AusbildungslehrerInnen bei ihrer Arbeit mit den Studierenden auf deren Stärken konzentrieren, hat das Auswirkungen auf die Einschätzung weiterer Variablen.

- Wenn AusbildungslehrerInnen den Studierenden zutrauen, ihre schulpraktischen Leistungen selbst einzuschätzen, ergeben sich daraus weitere positive Folgerungen.

- Wenn AusbildungslehrerInnen angeleitet werden, die schulpraktischen Leistungen der Studierenden nach einem vorgegebenen Kompetenzprofil zu beurteilen, ergibt sich daraus eine fruchtbare Auseinandersetzung mit den Studierenden.

6.7.2 Ergebnisse der Befragung

Die Variablennummern (V) entsprechen dem Codeplan. „*Wert*" bezeichnet die Ausprägungen, beispielsweise: V1 = Geschlecht
Wert 1 = weiblich
Wert 2 = männlich
KW = kein Wert

Zahl der eingelesenen Datensätze: 54
Ergebnisse: Siehe Anhang Nr. 22, laut ALMO (Allgemeines lineares Modell - www.almo-statistik.de)

Die Endergebnisse der statistischen Auswertungen werden in diesem Punkt durch grafische Darstellungen präsentiert. Ferner sind jeweils subjektive Interpretationen angefügt, wenn dies der Sachverhalt notwendig macht.

Demographische Daten (V1, V2, V3, V4)

Variable 1 - Geschlecht: weiblich: **92.59 %**
                                          männlich: **7.41 %**

Variable 2 - Semesterstand der zu betreuenden Studierenden:
Ich arbeite im Sommersemester 2003 mit Studierenden des **2.** Semesters: **62.96 %**
                                                                                            4. Semesters: **37.04 %**

Variable 3 - Dienstjahre der AusbildungslehrerInnen:

Dienstjahre: 1- 7:   **9,26%**
                     8-15:   **18,52%**
                     16-25:   **37,04%**
                     26 und mehr: **35,19%**

Variable 4 - Art der Ausbildung der AusbildungslehrerInnen:
                                      74,40% Volksschullehramt
                                      0,00% Hauptschullehramt
                                      3,70% Sonderschullehramt
                                      5,56% VS & HS
                                    14,81% VS & ASO
                                      0,00% HS & ASO
                                      0,00% VS & HS & ASO
                                      1,85% ASO&WE&HW

- Bei den AusbildungslehrerInnen sind eindeutig die weiblichen Personen in der Mehrzahl. Diese Erscheinung überrascht nicht, da sie den derzeit allgemeinen berufsdemographischen Gegebenheiten von LehrerInnen entspricht.
- Die AusbildungslehrerInnen betreuen mehr Studierende des 2. Semesters - eine Verteilung, die sich durch die Zahl der Inskriptionen der Studierenden ergibt.
- Die überwiegende Mehrheit (über 70%) der AusbildungslehrerInnen steht seit mehr als 16 Jahren im Schuldienst. Diese Tatsache erlaubt verschiedene Annahmen, beispielsweise, dass die AusbildungslehrerInnen über einen großen Erfahrungsschatz verfügen, in ihren Handlungen weitgehend verfestigt sind, usw.

> *Persönliche Einstellungen und Meinungen der AusbildunglehrerInnen (V5 bis V21)*

Bei den Auswertungen scheinen je nach Relevanz eindimensionale bzw. mehrdimensionale Ergebnisse auf. Zusammenhänge wurden durch mehrdimensionale Auswertungen gefunden. So konnten einerseits Hypothesen bestätigt bzw. falsifiziert, andererseits auch neue Abhängigkeiten entdeckt werden. Um interessante Zusammenhänge leichter lesbar zu gestalten, wird fallweise der betreffende Wortlaut aus dem Fragebogen jeweils nochmals angeführt (Skala: 4 = sehr ... 0 = gar nicht). Die meisten Ergebnisse werden durch Grafiken verdeutlicht, wobei die Prozentanteile gerundet dargestellt sind. Alle Interpretationen erfolgen jeweils unmittelbar nach dem Aufzeigen der statistischen Ergebnisse.

Tabelle 1:
Eindimensionale Auszählung - V6, V7
V6: Defizitorientierung bei AusbildungslehrerInnen
V7: Fähigkeit der Selbsteinschätzung bei Studierenden

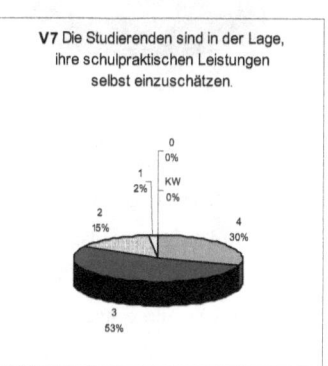

(Skala: 4 = sehr ... 0 = gar nicht, KW=kein Wert)

Die zweidimensionale Auswertung der beiden Variablen V6 mit V7 zeigt in signifikanter Weise den Zusammenhang zwischen Defizitorientierung bei AusbildungslehrerInnen und ihrer Einschätzung der Studierenden hinsichtlich deren Fähigkeit zur Selbsteinschätzung. AusbildungslehrerInnen, die sich besonders auf die

Defizite ihrer Studierenden konzentrieren, geben an, dass die Studierenden weniger in der Lage sind, ihre Leistungen selbst einzuschätzen. Es herrscht diesen Aussagen nach bei der schulpraktischen Arbeit insgesamt eine Defizitorientierung vor (siehe Anhang Nr. 22 - Tabelle 2: Mehrdimensionale Auswertung V6 mit V7).

Tabelle 3:

Eindimensionale Auszählung - V5, V9

V5: Konzentration der AusbildungslehrerInnen auf die Stärken der Studierenden

V9: Hilfreiche Anregungen der PraxisberaterInnen

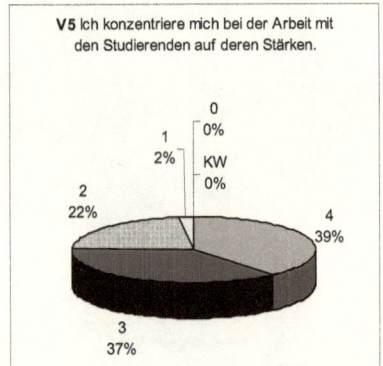
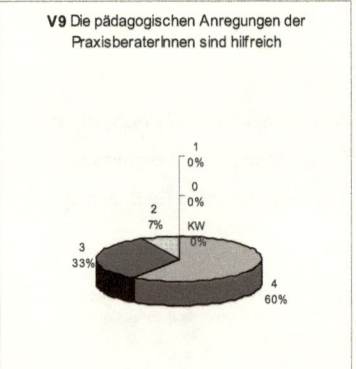

(Skala: 4 = sehr ... 0 = gar nicht, KW=kein Wert)

Durch das Rechenergebnis der zweidimensionale Auswertung der beiden Variablen V5 mit V9 wird aufgezeigt, dass AusbildungslehrerInnen, die sich bei ihrer Arbeit mit den Studierenden auf deren Stärken konzentrieren, angeben, dass sie auch die pädagogischen Anregungen der PraxisberaterInnen eher als hilfreich empfinden (siehe Anhang Nr. 22 - Tabelle 4: Mehrdimensionale Auswertung V5 mit V9).

Tabelle 5:

Eindimensionale Auszählung - V13, V5

V13: Intensivierung des Kontaktes mit den PraxisberaterInnen

V 5: Konzentration der AusbildungslehrerInnen auf die Stärken der Studierenden

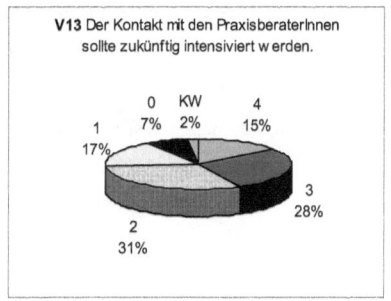 

(Skala: 4 = sehr ... 0 = gar nicht, KW=kein Wert)

Aus den Berechnungen der zweidimensionalen Auswertung von V13 mit V5 geht bezüglich Intensivierung des Kontaktes mit den PraxisberaterInnen Folgendes hervor: Im Hinblick auf hilfreiche, pädagogische Anregungen seitens der PraxisberaterInnen geben jene AusbildungslehrerInnen, welche sich auf die Stärken der Studierenden konzentrieren, an, dass sie in hohem Ausmaß intensiven Kontakt zu den PraxisberaterInnen wünschen (siehe Anhang Nr. 22 - Tabelle 6: Mehrdimensionale Auswertung V13 mit V5).

Tabelle 7:
Eindimensionale Auszählung - V6, V14
V 6: Defizitorientierung bei AusbildungslehrerInnen
V14: Kompetenzförderung durch AusbildungslehrerInnen

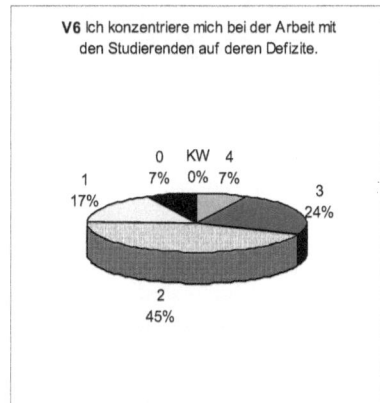 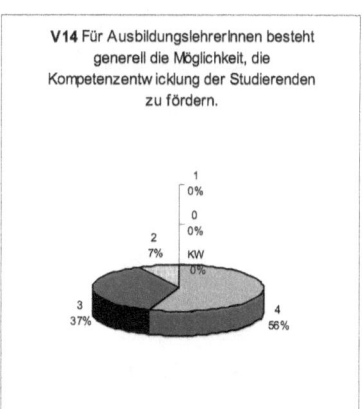

(Skala: 4 = sehr ... 0 = gar nicht, KW=kein Wert)

Aus den Berechnungen der zweidimensionalen Auswertung der Variablen V6 mit V14 geht hervor: AusbildungslehrerInnen, die sich weniger auf die Defizite der Studierenden konzentrieren, geben eher an, dass sie glauben, deren Kompetenzen fördern können. Dieses Ergebnis lässt den Schluss zu, dass eine Defizitorientierung bei AusbildungslehrerInnen auch den Glauben an ihre eigene Wirksamkeit in Lehrprozessen schwächt (siehe Anhang Nr. 22 - Tabelle 8: Mehrdimensionale Auswertung V6 mit V14).

Tabelle 9:
Eindimensionale Auszählung - V7, V14
V 7: Fähigkeit der Selbsteinschätzung bei Studierenden
V14: Kompetenzförderung durch AusbildungslehrerInnen

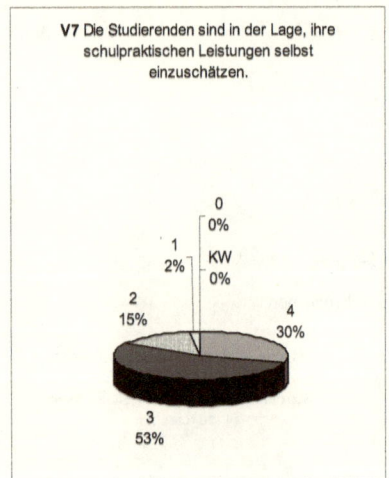

(Skala: 4 = sehr ... 0 = gar nicht, KW=kein Wert)

Das Ergebnis der zweidimensionalen Auswertung der beiden Variablen V7 mit V14 bestärkt eine grundlegende Ausgangshypothese der gesamten Fragebogenkonstruktion: Kompetenzen der Studierenden können durch deren Selbsteinschätzung gefördert werden. AusbildungslehrerInnen, die den Studierenden die Selbsteinschätzung zutrauen, geben an, dass sie auch überzeugt sind, bei den Studierenden den weiteren Kompetenzausbau noch fördern zu können (siehe Anhang Nr. 22 - Tabelle 10: Mehrdimensionale Auswertung - V7 mit V14).

Tabelle 11:
Eindimensionale Auszählung - V7, V15
V 7: Fähigkeit der Selbsteinschätzung bei Studierenden
V15: Übereinstimmung von Selbst und Fremdbewertung

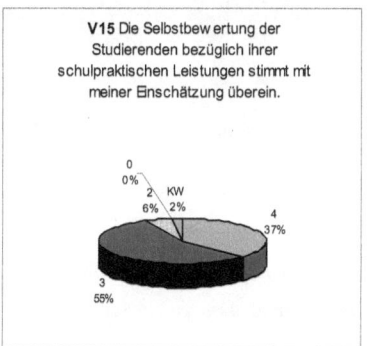

(Skala: 4 = sehr ... 0 = gar nicht, KW=kein Wert)

Die zweidimensionale Auswertung der Variablen V7 mit V15 ergibt folgendes Bild: AusbildungslehrerInnen, die Studierenden bei deren Fähigkeit sich selbst einschätzen zu können, hoch bewerten, geben eher an, dass ihre eigenen Bewertungen auch stärker mit den Einschätzungen der Studierenden übereinstimmen. Das deutet darauf hin, dass die Möglichkeit einer intersubjektiven Überprüfung von Leistungen durch Selbst- und Fremdeinschätzung gegeben ist. Die Variable 7 weist jedoch stark auf das dafür nötige Vertrauen in die Fähigkeiten der Studierenden hin (siehe Anhang Nr. 22 - Tabelle 12: Mehrdimensionale Auswertung - V7 mit V15).

Tabelle 13:

Eindimensionale Auszählung - V14, V15

V14: Kompetenzförderung durch AusbildungslehrerInnen
V15: Übereinstimmung von Selbst und Fremdbewertung

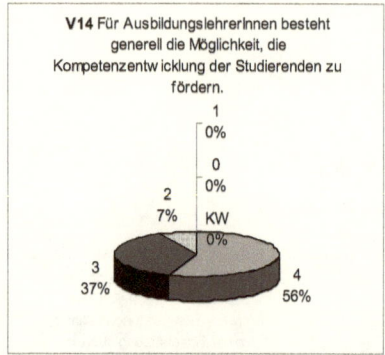
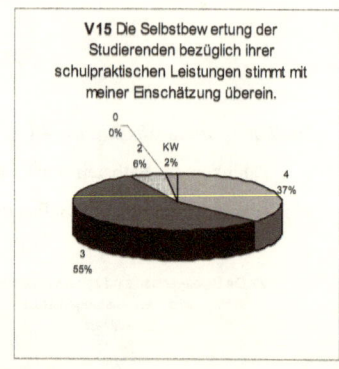

(Skala: 4 = sehr ... 0 = gar nicht, KW=kein Wert)

Die zweidimensionale Auswertung der Variablen V14 mit V15 zeigt folgendes Ergebnis: AusbildungslehrerInnen, die an die Möglichkeit glauben, die Kompetenzentwicklung der Studierenden fördern zu können, geben an, dass sie auch beobachten, dass deren Selbstbewertung mit ihrer Bewertung übereinstimmt (siehe Anhang Nr. 22 - Tabelle 14: Mehrdimensionale Auswertung V14 mit V15). Dies weist wiederum auf die Möglichkeit einer intersubjektiven Bewertung von Leistungen hin.

Tabelle15:

Eindimensionale Auszählung - V16, V17 ,V18 ,V19, V20, V21

V16: Selbstkompetenz
V17: Sozialkompetenz
V18: Klassenführungskompetenz
V19: Lehrkompetenz
V20: Sachkompetenz
V21: Sprachkompetenz

Die angeführten Kompetenzen waren nach Einschätzung ihrer Wichtigkeit (*1=sehr wichtig ... 6=nicht wichtig*) zu reihen (siehe Anhang Nr. 22 - Tabelle 15: Eindimensionale Auszählung - V16, V17, V18 ,V19, V20, V21).

Tabelle 16:

Rang 1 wurde den Variablen folgendermaßen zugewiesen:

	Selbst-kompetenz	Sozial-kompetenz	Klassen-führungs-kompetenz	Lehr-kompetenz	Sach-kompetenz	Sprach-kompetenz
Nennungen	44,44	16,67	11,11	9,26	3,70	1,85
Kein Wert	12,97	18,52	16,67	18,52	18,52	16,67

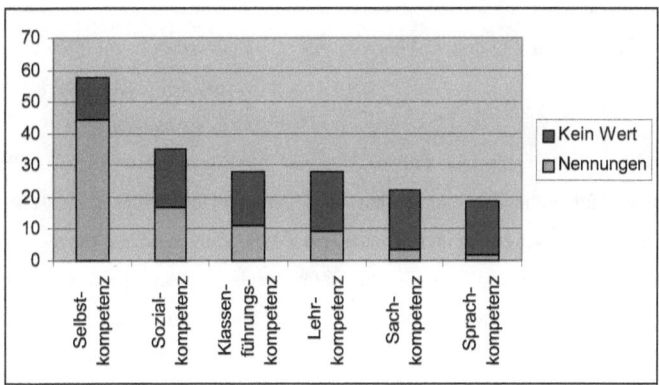

Diese Auswertung zeigt, dass die Entscheidung zu einer Reihung der Kompetenzen schwierig zu sein scheint. Die Sicherheit der Entscheidung ist bei Selbstkompetenz am größten, da hier die wenigsten „KW" (kein Wert) sind. Auf Grund der insgesamt vielen „KW" kann auch angenommen werden, dass Entscheidungen, die in den Bereich von Wertesystemen fallen, den Befragten schwierig erscheinen.

Wenn nur Wert 1 (sehr wichtig) berücksichtigt wird, dann ist laut obiger Reihung die Selbstkompetenz weitaus am höchsten ausgewiesen (siehe auch Kapitel 5.5.2) Auch wenn man die Werte 1 und 2 kumuliert, ergeben sich in der Reihung nur geringe Veränderungen (Lehrkompetenz - 31,48% - tritt vor Klassenführungskompetenz - 22,22%, Sprachkompetenz - 14,81% - tritt vor Sachkompetenz - 12,96 %).

> *Einschätzung des Arbeitsverhaltens und der Kompetenzen der Studierenden, mit denen die AusbildungslehrerInnen im Sommersemester 2003 zusammengearbeitet haben (insbesondere V23 bis V45, V47 bis V69 und Zusammenhänge mit den hier genannten Variablen und Variablen aus Bereich 2).*

Zusammenhänge werden durch mehrdimensionale Auswertungen bzw. durch Mittelwerte angegeben. Um interessante Zusammenhänge leichter lesbar zu gestalten, werden die konkreten Fragestellungen bzw. Termini jeweils nochmals angeführt

Für Variablen aus dem Bereich 2 gilt die Skala: *4=sehr... ... ... 0 = gar nicht*

Bei den Variablen V26 bis V45 und V50 bis V69 gilt: *4=überdurchschnittlich vorhanden ...1=überhaupt nicht vorhanden.*

Ebenso werden die Ergebnisse fallweise durch Grafiken verdeutlicht. Alle Interpretationen erfolgen jeweils unmittelbar nach dem Aufzeigen der statistischen Ergebnisse. Bei der Einschätzung der Kompetenzen von Studierenden (Tabelle 22) erscheint eine Profilerstellung am besten dafür geeignet, den professionellen Entwicklungsstand der Studierenden im Sommersemester 2003 aufzuzeigen.

Tabelle 21:
Mittelwerte für die Variablen 26 bis 45 und die Variablen V50 bis V69
(siehe Anhang Nr. 22)

Tabelle 22:
Profilauswertung an Hand der beiden jeweils in der Zeile angegebenen Variablen - insgesamt von V26 bis V45 und von V50 bis V69.

Fragestellung: In welchem Ausmaß sind Ihrer Meinung nach die Teilaspekte der angeführten Kompetenzen bei der Studentin/bei dem Studenten vorhanden?

Selbstkompetenz (V26/50, V27/51, V28/52)
Sozialkompetenz (V29/53, V30/54, V31/55, V32/56)
Klassenführungskompetenz (V33/57, V34/58, V35/59, V36/60)
Lehrkompetenz (V37/61, V38/62, V39/63)
Sachkompetenz (V40/64, V41/65, V42/66)
Sprachkompetenz (V43/67, V44/68, V45/69)

KOMPETENZPROFIL

	überhaupt nicht vorhanden	geringfügig vorhanden	ausreichend vorhanden	überdurchschnittlich vorhanden
	0	1	2	3	4

- V26/50 Selbstbewusstsein
- V27/51 Selbstsicherheit
- V28/52 Selbstverantwortung
- V29/53 Kommunikation
- V30/54 Kooperation
- V31/55 Einfühlungsvermögen
- V32/56 Zuwendung zu Kindern
- V33/57 Rollenklarheit
- V34/58 Organisieren
- V35/59 Gruppenleitung
- V36/60 Umgang mit Konflikten
- V37/61 Method. – didakt. Geschick
- V38/62 Methodenwahl und -einsatz
- V39/63 Umgang mit Medien
- V40/64 Sachkundliches Wissen
- V41/65 Tafelschrift
- V42/66 Rechtschreibung
- V43/67 Klarheit und Verständlichkeit
- V44/68 Gehobene Umgangssprache
- V45/69 Stimmeinsatz (Artikulation, Tonalität…)

Die Profilauswertung bestätigt grundsätzlich den Trend der AusbildungslehrerInnen, bei der Beurteilung der Schulpraxis vordergründig das Positive zu sehen. Bei der Einschätzung der Kompetenzen der Studierenden sind nur geringe Unterschiede zwischen *„ausreichend vorhanden"* und *„überdurchschnittlich vorhanden"* zu beobachten. Als einziger Punkt fällt auf, dass die Einschätzung der Kompetenz zum *„Umgang mit Konflikten"* geringer eingeschätzt wird. Im Bereich der Sozialkompetenz wird den Studierenden deutlich überdurchschnittliche Kompetenz bescheinigt. Neben der Profilauswertung an Hand der Mittelwerte über alle Fragebögen hinweg, sind in der Praxis die Kompetenzprofile der einzelnen Studierenden wesentlich aussagekräftiger und sind ein ausgezeichnetes Mittel der Dokumentation, wenn in Beratungs- und Beurteilungsgesprächen Feedback gegeben wird.

Tabelle23:

Eindimensionale Auszählung - V7, V23, V24, V25, V47, V48, V49
V 7: Fähigkeit der Selbsteinschätzung bei Studierenden
V23/V47: Kooperation der Studierenden
V24/V48: Engagement der Studierenden
V25/V/49: Selbstverantwortliches Handeln der Studierenden
(siehe Anhang Nr. 22)

Tabelle 24, 25, 26, 27, 28, 29:

Mehrdimensionale Auswertungen V7 mit { *V 23/47*, *V 24/48*, *V 25/49* } (siehe Anhang Nr. 22)

Mit den Analysen der mehrdimensionalen Auswertung der Variable 7 mit den Variablen V23/47, V24/48 und V25/49 wird der Frage nachgegangen, inwiefern sich die Fähigkeit der Studierenden sich selbst einschätzen zu können, auch auf andere Variablen - wie beispielsweise ihr Engagement - auswirkt. Der vorliegende Datensatz bestätigt nochmals die grundsätzliche Ausgangsüberlegung der Verfasserin für ihre Arbeit, dass das Vertrauen der AusbildungslehrerInnen in die Fähigkeit der Studierenden, ihre Leistungen selbst einschätzen zu können, sich auf mehrere Bereiche auswirkt. So geben jene AusbildungslehrerInnen, die den Studierenden großes Vertrauen entgegenbringen, auch an, dass sie die Studierenden als kooperativ, engagiert und selbstverantwortlich handelnd erleben.

Tabelle 30:

Eindimensionale Auszählung - V6, V37

V 6: Defizitorientierung bei AusbildungslehrerInnen

V37: Methodisch-didaktisches Geschick der Studierenden

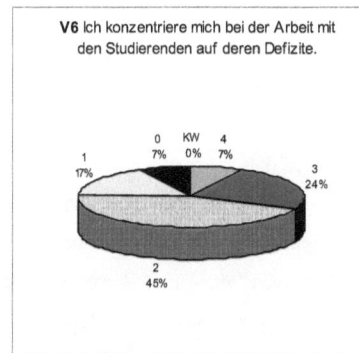
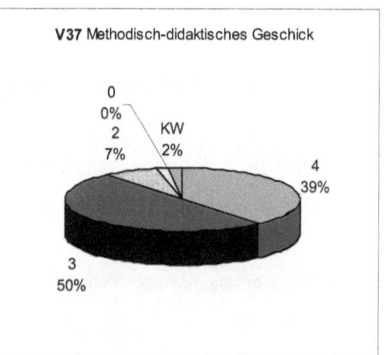

(Skala: 4 = sehr ... 0 = gar nicht, KW=kein Wert)

Beim Datensatz ab Tabelle 30 wird nochmals bestätigt, dass AusbildungslehrerInnen, die sich bei ihrer Arbeit mit den Studierenden auf deren Defizite konzentrieren, auch angeben, deren methodisch-didaktisches Geschick niedriger einzuschätzen. Die statistischen Analysen zeigen so eine Verbindung zwischen eher negativen Einstellungen der AusbildungslehrerInnen und deren daraus folgenden - ebenso eher negativen Bewertungen der Studierenden auf (siehe Anhang Nr. 22 - Tabelle 30 bis 33).

Die gesamte Datenanalyse im Punkt 6.7.2 zeigt auf signifikante Weise, dass subjektive Grundhaltungen der AusbildungslehrerInnen die Bewertung der Leistung von Studierenden sowohl in positiver als auch in negativer Richtung beeinflussen. Ebenso lässt das Antwortverhalten der AusbildungslehrerInnen den Schluss zu, dass die Fähigkeit der Studierenden zur Selbsteinschätzung relativ hoch angesehen wird. Die berechneten Werte weisen darauf hin, dass das Potential zur Selbstbewertung bei den Studierenden durchaus vorhanden ist. Als interessant für weiterführende Arbeiten erscheint die Frage, wie diese Erkenntnis in der Praxis hinkünftig nutzbar gemacht werden kann. Durch diese Fragestellung (neue Problemstellung) wird ersichtlich, wie sich der in Abb. 15 dargestellte Kreislauf des in der Arbeit durchgeführten Forschungsprozesses schließt.

7 Resümee und Ausblick

In der vorliegenden Arbeit wurde sowohl mit qualitativen als auch mit quantitativen Forschungsmethoden gearbeitet. Diese weisen bestimmte Differenzen auf (siehe 1.3). Auf Grund dieser Unterschiede erscheint auch ein getrennter Rückblick angebracht.

7.1 Resümee aus dem qualitativen Forschungsprozess

Unter Bezugnahme auf die Forschungsintentionen dieser Arbeit werden an dieser Stelle die Teilergebnisse zusammengefasst. Ziel des Forschungsgeschehens war die Lösung des sich permanent stellenden Problems der Beurteilung. Parallel zu einer neuen Form der Vorgehensweise beim Beurteilen sollte auch eine neue Form des bewusst gesteuerten Kompetenzerwerbes ermöglicht werden. Wie aus den Rückmeldungen der Studierenden und aus den Individualberichten der AusbildungslehrerInnen hervorgeht, ist dieses Ziel großteils erreicht worden. Obwohl immer wieder Schwierigkeiten auftauchten, hatte die gewählte, integrative Vorgehensweise in Beurteilungsprozessen insgesamt positive Auswirkungen auf

- die Auseinandersetzung mit selbst gewählten Zielbereichen, welche bewusster, intensiver und auch kreativer bearbeitet wurden;
- die Kritikfähigkeit der Studierenden, bedingt durch kontinuierlich durchgeführte Selbsteinschätzungen;
- das eigenständige Finden und Festlegen von relevanten Kriterien und dazugehörigen Indikatoren für den entsprechenden Zielbereich und in der Konsequenz auch auf dessen intensivere Durchdringung und auch auf eine bessere Umsetzung in der Praxis;
- auf die Erfahrung der Studierenden hinsichtlich ihrer Weiterentwicklung - sie registrierten sehr genau die Effekte ihres gesteigerten Könnens;
- die Erhöhung des Bewusstseins einer absolut notwendigen Trennung von Deskription und Interpretation bei Beobachtungen, die für Bewertungen herangezogen werden;
- den Umfang der Mitbestimmung von Studierenden im Beurteilungsprozess (seine Erweiterung wurde von den Teammitgliedern als Herausforderung gesehen);

- heikle Beratungssituationen, da durch Vereinbarungen und deren schriftliche Dokumentation ein klarer, transparenter Weg gekennzeichnet war;
- die Vereinbarungs-, Rückmelde- und Reflexionskultur in den Praxisteams;
- die Ausübung der Rolle der AusbildungslehrerInnen, welche sich durch die erhöhte Mitbestimmung der Studierenden mehr als BegleiterInnen denn als BeurteilerInnen sahen;
- die Übernahme der Eigenverantwortung im Handeln der Studierenden;
- die Selbstbestimmung bei der Zielfindung, daraus folgend auch auf die Zielbindung und so in der Konsequenz auch auf die erbrachte Leistung - angewandte, umgesetzte Kompetenz.

Hinsichtlich der in der vorliegenden Arbeit aufgezeigten möglichen Bestimmungsfaktoren der Zielbindung kann nach den Erkenntnissen des vorliegenden Forschungsprozesses ein weiterer Bestimmungsfaktor - *selbstgesetzte Ziele* - hinzugefügt werden. Es wird angenommen, dass diese Erweiterung der Bestimmungsfaktoren der Zielbindung vor allem durch motivationale Faktoren im selbst gewählten Zielbereich begründet liegt und auch gerechtfertigt ist. Die freie Wahl der Studierenden bezüglich der Bearbeitung eines Schwerpunktes fällt in den motivationalen Auswahlbereich, noch enger eingegrenzt in den Bereich der intrinsischen Motivation. Intrinsisches Verhalten erfolgt um seiner selbst willen oder durch eng damit zusammenhängende Zielzustände (vgl. Heckhausen 1989, 456).

Dies unterscheidet das Vorgehen auch von den Untersuchungen von Locke/Latham, die durch ihre Zielsetzungstheorie vor allem ein Volitionsproblem genauer untersucht haben. Dabei handelte es sich in den meisten Fällen um einfache Schnelligkeitsaufgaben in Laborsituationen, bei denen den Versuchspersonen Ziele zugewiesen und die eigene Entschlussbildung abgenommen wurde. In einer Reihe von Studien konnten Locke/Latham die Effektivität von selbst gesetzten Zielen nachweisen. Auch wenn es hauptsächlich Laborexperimente waren, die sie anführten, scheint eine Übertragung dieser Erkenntnis in die Situation der LehrerInnenbildung gerechtfertigt zu sein, da durch sie ein grundsätzliches Leistungsverhalten nachweislich aufgezeigt wird (vgl. Locke/Latham 1990, 167). Aus einer anderen Gruppe von Laborexperimenten geht jedoch wiederum hervor, dass es weniger auf die Methode ankommt mit welcher ein Ziel gesetzt wird, als vielmehr auf den Schwierigkeitsgrad des Ziels, welches das Ergebnis positiv beeinflusst. *"In sum, it would appear that the findings obtained in the laboratory experiments generalize to the field."* (Locke/Latham 1990, 169) Da insgesamt aus den genannten Studien nicht eindeutig hervorgeht, ob selbst gewählte Ziele einen wirklichen Vorteil bringen, wurde in der vorliegenden Arbeit versucht, zur Thematik *Selbstbestimmung bei Zielsetzungen* mehr Sicherheit zu bekommen.

Ergebnisse der beschriebenen Zielsetzungstheorie ließen unter anderem wesentliche Erkenntnisse in die durchgeführte Forschungsarbeit einfließen. Die Wirkgrößen *(Moderatoren* und *Mediatoren)* im Ziel-Leistungsgefüge wurden bei den integrativ gestalteten Beurteilungsprozessen kontinuierlich mitgedacht. Daraus abzuleitende pragmatische Aspekte wurden auch bei der konkreten Umsetzungsarbeit mit den Studierenden berücksichtigt. Dadurch wurde eine aufgabengerechte Selbsteinschätzung und Selbstkontrolle ihres Leistungsverhaltens angestrebt und diese auf ihre Wirksamkeit hin hinterfragt. Ziele wurden spezifisch und individuell festgelegt. Eine intersubjektive Überprüfung erfolgte durch gemeinsam festgelegte Kriterien und Indikatoren. Neben dadurch angestrebten Leistungsansprüchen beinhaltete diese Vorgehensweise vor allem auch die Absicht, die *„Kompetenzen zum autonomen Handeln"* (Weinert 2002, 355) zu stärken, um dadurch eigenständige Urteilsbildungen - orientiert an persönlichen Zielen und individuellen Verhaltensspielräumen - aufzubauen und zu unterstützen.

Das Ziel-Leistungsgefüge bei der schulpraktischen Arbeit wurde jedoch nicht nur, wie dies bei Locke/Latham der Fall ist, im Hinblick auf volitionale Prozesse untersucht. Schulpraktische Arbeit wurde vor allem auch aus dem Blickwinkel motivationaler Bewusstseinslagen der Studierenden gesehen. Somit rückte die erste Phase im Handlungsprozess - die prädezisionale Motivationsphase - in den Vordergrund der Betrachtungen.

Durch einen metavolitionalen Kontrollprozess (Fazit-Tendenz) wird der Prozess des Abwägens zu einem Ende gebracht. *"Dabei mag der Schwellenwert für die zu behebende Ungewißheit bei Problemen großer Tragweite höher liegen als bei Problemen geringerer Tragweite. Je vollständiger man Gründe und Gegengründe für einen Entschluß abgewogen hat, umso näher fühlt man sich dem Akt des Entschlusses."* (Heckhausen 1989, 213) Entschlüsse müssen im Unterrichtsgeschehen rasch gefasst werden, metavolitionale Kontrollprozesse müssen daher sehr schnell ablaufen, sind jedoch von der ursprünglichen motivationalen Bewusstseinslage stark beeinflusst.

Für die Ausbildungphase von LehrerInnen bedeutet dies eine besondere Herausforderung: *„Dieser Anspruch stellt hohe Anforderungen an eine professionalisierende LehrerInnenbildung, da sie einerseits Sicherheit im Handeln anstrebt, in der Berufsperspektive aber permanent von Unsicherheitsfaktoren bestimmt wird."* (Schratz 2002, 33) Bei der schulpraktischen Arbeit erleben die Studierenden diese *Unsicherheitsfaktoren* und sie müssen lernen, durch ihr eigenständiges Handeln damit umzugehen. Will man diese Lernprozesse unterstützen, so verlangt dies von den Lehrenden Einfühlungsvermögen und ein besonderes Beachten der motivationalen Bewusstseinslagen der Studierenden bereits im Vorfeld ihrer Handlungsinitiierungen.

Erst daran anschließend kommt es in der präaktionalen Volitionsphase zur eigentlichen Handlungsinitiierung, also zu jener Vorgehensweise, die sich *konstruktiv* in der prädezisionalen Phase aufgebaut hat. Durch diese individuell-konstruktiven Auswahlprozesse werden differenzierte Handlungsweisen erklärbar. Kompetenzen kommen demnach auch je nach individuellem Verlauf dieser Intentionsbildungen zum Einsatz. Auf diese Art und Weise bildet sich ein persönliches Kompetenzprofil heraus, welches seinen Ausgang immer bei persönlichen Konstrukten nimmt und somit untrennbar mit der Selbstwahrnehmung der Person verbunden ist.

Auf Grund obiger Überlegungen ist beim Kompetenzerwerb der Studierenden nicht nur der volitionale Bereich angesprochen, sondern sehr wohl auch die erste Phase des Rubikonmodells - die *prädezisionale Motivationsphase.* "Hier geht es um das *Abwägen von möglichen Handlungsalternativen"* (Heckhausen 1989, 212). Erst am Ende dieser Phase kommt es zur Bildung einer Intention. Bevor dieser *Rubikon* überschritten wird, befinden sich jedoch bereits viele Überlegungen - kognitive Konstrukte - in einer Art Wartezustand. *"In Wirklichkeit sind seit langem in den prädezisionalen Motivationsphasen Intentionen gebildet worden, die noch alle auf ihre Realisierung warten* (Heckhausen 1989, 212). Insofern befinden sich immer auch viele Intentionen in der präaktionalen Volitionsphase, die miteinander für die eigentliche Handlungsinitiierung im Wettstreit stehen. Welche Intention bei diesem Wettstreit zum Zuge kommt, liegt in erster Linie in der Person selbst und darin, wie sie den Einfluss möglicher Moderatoren nach ihren eigenen Gesetzen verarbeitet.

Die Einzigartigkeit der von den Studierenden subjektiv gemachten Erfahrungen in ebenso einzigartigen, nicht wiederholbaren Unterrichtssituationen lässt eine starre Reglementierung von Handlungsrichtlinien (und deren Beurteilung) kaum zu. Es geht in solchen Situationen darum, zu lernen, nach eigenständigen Planungen zu handeln, diese

Handlungspläne jedoch bei Bedarf auch rasch abzuändern. Das bedeutet aber auch permanente Selbsteinschätzung der eigenen Handlungen. Der Erwerb bzw. der Ausbau dieser Fähigkeit der Selbsteinschätzung und der ständigen Selbstbewertung der eigenen Handlungen darf bei Studierenden als ein bedeutsames Ziel in ihrer Ausbildungsphase angenommen werden. In zukünftigen konzeptionellen Überlegungen erscheint es daher ratsam, Selbsteinschätzungs- und Selbstbewertungsprozesse bei den Studierenden zu forcieren und vor allem kontinuierlich einzusetzen. Auf das dafür notwendige Instrumentarium bei konkreten, praktischen Umsetzungen wird unter anderem im Punkt 7.3 eingegangen.

7.2 Resümee aus dem quantitativen Forschungsvorgehen

Durch Hinzuziehen einer alternativen Perspektive wurde eine im Forschungsprozess nicht involvierte Gruppe durch eine statistische Befragung hinzugezogen. Die Ergebnisse dieser quantitativen Untersuchung bestätigen die auch im qualitativen Forschungsprozess gemachten Erfahrungen. Die so hergestellte Verbindung von qualitativem und quantitativem Vorgehen bei der Untersuchung eines Forschungsinteresses erscheint als eine geeignete Methode, persönliche, qualitative Aussagen mit Auswertungen quantitativer Ergebnissen zu vergleichen. Dadurch wird es möglich, erstere mit Zahlen zu belegen und damit auch statistisch zu bestätigen bzw. zu widerrufen.

Zusammenfassend kann durch die statistischen Ergebnisse festgehalten werden, dass mehrheitlich Aussagen von AusbildungslehrerInnen vorliegen, welche ausdrücken, dass die Studierenden in der Lage sind, ihre Leistung eigenständig und kritisch einzuschätzen. Die Bewertungen der AusbildungslehrerInnen bezüglich dieser Fähigkeit der Studierenden liegen großteils im oberen, positiven Bereich der Einschätzskala. Seitens der AusbildungslehrerInnen ist dafür jedoch Vertrauen in die Fähigkeiten der Studierenden nötig. Geben die AusbildungslehrerInnen an, sich bei der schulpraktischen Arbeit auf die Stärken der Studierenden zu konzentrieren und auf deren Fähigkeiten zu vertrauen, wird nicht nur die Arbeitshaltung der Studierenden sehr positiv eingeschätzt, sondern auch der weitere Ausbau ihrer Kompetenzen. Bei defizitorientierten Einstellungen von AusbildungslehrerInnen hingegen schwindet bei diesen, laut ihren

Angaben, auch der Glaube an die eigenen Möglichkeiten der Kompetenzförderung bei Studierenden. Die Beziehungsebene zwischen AusbildungslehrerInnen und Studierenden ist daher eine maßgebliche Komponente in Lehr- und Lernprozessen in den „Schulpraktischen Studien". Ebenso belegen die statistischen Ergebnisse, dass eine grundlegende, auf Defizitbehebung ausgerichtete Arbeitshaltung von AusbildungslehrerInnen, die Kompetenzförderung der Studierenden eher negativ zu beeinflussen scheint.

Insgesamt wird durch die Berechnungen bestätigt, dass die Selbsteinschätzung der Studierenden mit der Fremdeinschätzung der AusbildungslehrerInnen bezüglich ihrer schulpraktischen Leistungen übereinstimmt. Man darf also annehmen, dass eine intersubjektive Überprüfung möglich ist. Es verlangt jedoch verstärkt die Beachtung einflussnehmender Faktoren (Moderatoren und Mediatoren) auf dem Weg zur Bewertung von vorhandenen Kompetenzen. Als die für am wichtigsten erachtete Kompetenz stellte sich auch bei der statistischen Auswertung die Selbstkompetenz der Lehrpersonen heraus. Das bedeutet wiederum bei der Betrachtung von Lehr- und Lernprozessen, die Persönlichkeit der Studierenden in den Vordergrund zu rücken. Neuweg weist darauf hin, dass in einer Rückbesinnung auf den Faktor *Lehrerpersönlichkeit* mehrere Chancen liegen: *„Erstens könnten wir dadurch bescheidener werden, was die Grenzen unserer eigenen Wirksamkeit anlangt. Zweitens wäre nahegelegt, in den Lehramtsstudien persönlichkeitsdiagnostisches Inventar einzusetzen und den StudentInnen zu helfen, sich ein Stück weit selbst besser kennenzulernen. Und drittens müssten wir uns fragen, ob wir nicht stärker als bisher auf Passungen und Nicht-Passungen zwischen bestimmten Persönlichkeitsstrukturen einerseits und bestimmten pädagogischen und didaktischen Instrumenten andererseits achten müssten"* (Neuweg 2002 b, 1). Bei der konkreten Verwertung bzw. Umsetzung dieser Chancen ist jedoch mitzubedenken, dass eine Betonung der Subjektivität nicht mit Beliebigkeit zu verwechseln ist. In diesem Spannungsfeld von Individualität und allgemeiner Gültigkeit liegt die eigentliche Herausforderung. Vorrangig erscheint dabei der professionelle Einsatz und Umgang mit pädagogisch-didaktischen Instrumenten des Feedbacks und der Selbsteinschätzung hinsichtlich erforderlicher Kompetenzen. Von diesen ausgehend und durch diese angeregt scheint auch die individuelle Kompetenzentwicklung der Studierenden profitieren zu können. Sie werden daher als einzusetzende Regulative in Lernprozessen schon während der Ausbildungsphase von LehrerInnen verstärkt einzufordern sein.

7.3 Ausblick

Die vorliegende Arbeit stellt einen Ansatz und somit einen Beitrag in die zuletzt im Punkt 7.2 beschriebene Richtung dar. Die hier präsentierte Erforschung des pädagogisch-professionellen Kompetenzerwerbs in Verbindung mit Prozessen des Beurteilens bezieht sowohl konstruktivistische als auch psychologische Aspekte der möglichen Steuerung von Lernprozessen mit ein. Studierende werden dadurch in ihrer *Handlungssicherheit* ermutigt und positiv bestärkt. Es kann ihnen jedoch kein Erfolgsversprechen bezüglich genereller Anwendbarkeit mitgeliefert werden, vielmehr sollen sie lernen, ihr zukünftiges Arbeitsfeld selbst zu erkunden und Unterrichts- und Erziehungsaufgaben eigenverantwortlich zu planen, durchzuführen und selbstkritisch zu reflektieren. Die in der Praxissituation letztendlich von ihnen erbrachte Leistung ist jedoch wesentlich beeinflusst vom Feedback, das sie darüber erhalten. In zukünftigen konzeptionellen Überlegungen sind daher speziell mögliche Formen von entwicklungsförderlichen Rückmeldungsarten einzubauen.

Die allgemeine Bedeutsamkeit von Feedback wird in dieser Arbeit durch die Beschreibung der forcierten Beratungstätigkeit und ihrer Auswirkungen deutlich gemacht. Dabei werden Rückmeldungen von AusbildungslehrerInnen, PraxisberaterInnen und Studierenden als gleich nützliche Feedbackquellen erachtet. Während bei bisherigen Beratungsprozessen nach wie vor eher die Lehrenden in den Mittelpunkt gestellt sind, sollen bei zukünftigen Beratungskonzeptionen die Studierenden selbst als Feedbackquelle ins Zentrum rücken. Sie sollen an Hand geeigneter Instrumentarien dazu angeleitet werden, ihre Kompetenzen selbst einzuschätzen. Von dieser Selbsteinschätzung ausgehend, werden die eigenen Leistungsbewertungen mit den Einschätzungen aus anderen Feedbackquellen verglichen. Aus dieser Zusammenführung resultiert ein individueller Verarbeitungsprozess bei den Studierenden, indem unterschiedliche Komponenten in unterschiedlicher Intensität beteiligt sind (siehe Abb. 21).

Der nachfolgend dargestellte Prozess kann auf Grund der intensiven Auseinandersetzung und der daraus resultierenden Erkenntnisse als ausschlaggebend beim Kompetenzerwerb angesehen werden. Bei zukünftigen Änderungen von Vorgehensweisen in den "Schulpraktischen Studien" kann er daher als richtungsbestimmendes Moment miteinbezogen werden. Am Ende dieses Prozesses wird die erbrachte Leistung dokumentiert. Diese Dokumentation stellt die Ausgangsbasis für weitere Leistungsvergleiche bezüglich erforderlicher Kompetenzen dar.

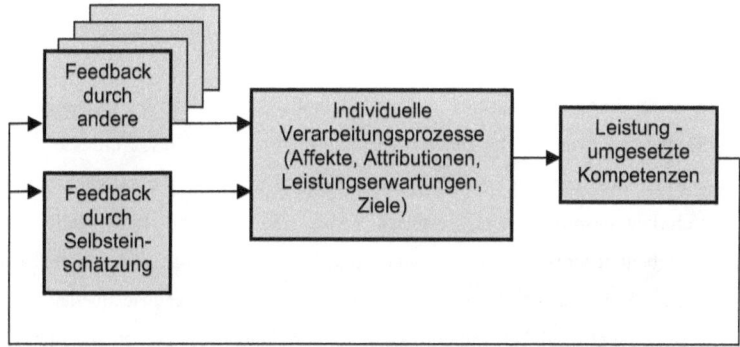

Abb. 21: Leistungsfeststellung bzw. Kompetenzerhebung mittels Feedback

AusbildungslehrerInnen und PraxisberaterInnen könnten so gesehen als bewährte, traditionelle Feedbackquellen angesehen werden, die Modellcharakter haben. Als neue und verstärkt zum Einsatz kommende Feedbackquelle zeigt sich aber auch die der Selbsteinschätzung der Studierenden. Dafür bedarf es jedoch der Beachtung zweier wesentlicher Faktoren:

- Die Bereitstellung geeigneter Instrumente und eine Anleitung und Einführung mit diesen umzugehen, muss gewährleistet sein. Für eine Weiterentwicklung in den "Schulpraktischen Studien" ist es daher notwendig, Kenntnisse dieser Art vor allem über die Schiene von AusbildungslehrerInnen und PraxisberaterInnen zu transportieren. Im konkreten Fall dieser Arbeit wurde mit den Studierenden an Hand von eigens dafür konzipierten Formblättern gearbeitet.
- Die Benützung von Instrumenten zur Einschätzung von Kompetenzen entbindet Lehrende aber nicht von der verantwortungsvollen Aufgabe des Beratens. Instrumente helfen nur mit, Kompetenzen sichtbar zu dokumentieren und damit vergleichbarer zu machen. Sie ergänzen qualitative Coachingprozesse durch quantitative Aufzeichnungen. Die persönliche Zuwendung, der dialogisch geführte Austausch und die beratende Begleitung sind dadurch nicht zu ersetzen.

Mögliche Implementierung eines kontinuierlichen Feedbacksystems im Kontext der „Schulpraktischen Studien" in der LehrerInnenbildung

Durch die Forschungstätigkeit stellte sich Feedback als gewichtiger Faktor in Lernprozessen heraus. Eine zukünftig verstärkte Auseinandersetzung und Einbeziehung beim Kompetenzerwerb empfiehlt sich auch aus Gründen, die in der relativ guten Veränderbarkeit dieses Faktors liegen.

Nach konstruktivistischer Auffassung laufen kognitive Prozesse autopoietisch ab. Sie werden zwar von der Umwelt beeinflusst, verarbeiten diese Einflüsse jedoch nach eigenen Gesetzen - autopoietisch. Das heißt auf den oben dargestellten individuellen Verarbeitungsprozess bei Feedback (Abb. 23) bezogen: Individuelle, kognitive Verarbeitungsprozesse können nicht direkt beeinflusst werden. Was direkt beeinflusst werden kann, ist die Gestaltung der vorher eingebauten Feedbackquellen. Bei diesen bestehen sehr wohl Konstruktionsmöglichkeiten. Diese aufzugreifen und zu gestalten ist Aufgabe hinkünftiger Entwicklungen. Bei einer veränderten Begleitung der Studierenden in den "Schulpraktischen Studien" könnten folgende Vorschläge bei der Installierung eines Feedbacksystems miteinbezogen werden:

- Die Bedeutung von Feedback, sowohl in fachlicher als auch in persönlicher Hinsicht, ist beim Kompetenzerwerb von Studierenden unumstritten. Die durch die empirischen Ergebnisse aufgezeigten Tendenzen weisen auf das Potential zur Selbsteinschätzung der schulpraktischen Leistungen bei Studierenden hin. Es wäre daher wünschenswert, diese angedeutete Möglichkeit bei weiteren Stichproben zu erkunden.
- Bei den Rückmeldungen von AusbildungslehrerInnen und PraxisberaterInnen ist vor allem die Art und Weise der Weitergabe dieses Feedbacks von Bedeutung (siehe Kapitel 5 und 6).
- Dass Studierende aber auch zu eigenen Einschätzungen ihrer Leistungen fähig sind und dadurch auch in ihren Lernprozessen profitieren können, wurde durch diese Arbeit bestätigt. Eine sehr individuelle Vorgehensweise kann samt Dokumentationsarten dem Kapitel 6 entnommen werden.
- Beide Arten des Feedbacks (siehe Abb. 21) werden für wesentlich erachtet. Die Rückmeldungen der langjährig in der Praxis Tätigen können wertvolle

Ergänzungen und Vergleichsmöglichkeiten für die Studierenden bieten. Die Rückmeldungen der Studierenden in Form von Selbsteinschätzungen an sich selbst, tragen zur eigenen - und im Berufsleben auch notwendigen - Reflexionsbereitschaft bei. Die Zusammenführung beider Rückmeldungsarten kann einen konstruktiven Beitrag auf dem Weg zum pädagogisch professionellen Handeln darstellen.

- Ein durch die statistische Befragung erarbeitetes Kompetenzprofil (6.7.2) wird als relativ einfach handhabbares Instrument bei der Zusammenführung von Rückmeldungen über Kompetenzen in der Praxis vorgeschlagen. Es erfasst die durch den Forschungsprozess erarbeiteten und für die Praxis am wesentlichsten erachteten Fähigkeiten und Fertigkeiten. Durch einen kontinuierlichen Einsatz dieses Instrumentes vom ersten bis zum sechsten Ausbildungssemester kann der laufende Kompetenzerwerb der Studierenden dokumentiert werden. Zusammen mit den beratenden Tätigkeiten der AusbildungslehrerInnen und PraxisberaterInnen kann es zu einer förderlichen Entwicklung der Selbsteinschätzung bei Studierenden beitragen.

Ein kontinuierlich mitlaufendes Feedbacksystem in der LehrerInnenbildung stellt nach Ansicht der Verfasserin eine bedeutende Basis für weitere, konstruktive Entwicklungen dar. Bei zukünftigen konkreten Umsetzungen sollte dabei aber vor allem eines nicht vergessen werden: *„Lehrer dürfen sich selber niemals als Mechaniker der Wissensvermittlung sehen, noch auch als solche betrachtet werden. Sie sollten sich vielmehr als intuitive Helfer verstehen und so handeln, dass sie, wie Sokrates sagte, bei der Geburt des Verstehens die Rolle der Hebamme spielen."* (Glasersfeld 1997, 164)

Literatur

Ach, Narziß: *Analyse des Willens*. In: Abderhalden, E. (Hg.): Handbuch der biologischen Arbeitsmethoden Abt. VI: Methoden der experimentellen Psychologie. Teil E. Berlin, Wien (Verlag Urban & Schwarzenberg) 1935.
Aebli, Hans: *Denken: das Ordnen des Tuns*. Band I. Kognitive Aspekte der Handlungstheorie. Stuttgart (J. G. Cotta'sche Buchhandlung Nachfolger GmbH) 1993.
Aebli, Hans: *Grundlagen des Lehrens. Eine Allgemeine Didaktik auf psychologischer Grundlage*. Stuttgart (Klett- Cotta) 1987.
Alt, Franz: *Das C. G. Jung Lesebuch. Ausgewählt von Franz Alt*. Ullstein-Sachbuch. Frankfurt/M; Berlin (Ullstein) 1990.
Altrichter, Herbert/Krainer, Konrad: *Wandel von Lehrerarbeit und Lehrerfortbildung*. In: Krainer, Konrad/Posch, Peter (Hg.): Lehrerfortbildung zwischen Prozessen und Produkten. Bad Heilbrunn (Klinkhardt) 1996, S. 33-51.
Altrichter, Herbert/Lobenwein, Waltraud/Welte, Heike: *PraktikerInnen als ForscherInnen. Forschung und Entwicklung durch Aktionsforschung*. In: Friebertshäuser, Barbara/ Prengel, Annedore (Hg.): Handbuch Qualitative Forschungsmethoden in der Erziehungswissenschaft. Weinheim; München (Juventa) 1997, S. 640-660.
Altrichter, Herbert/Posch, Peter: *Lehrer erforschen ihren Unterricht. Eine Einführung in die Methoden der Aktionsforschung*. Bad Heilbrunn/Obb. (Julius Klinkhardt) 1990.
Arnold, Karl-Heinz: *Qualitätskriterien für die standardisierte Messung von Schulleistungen. Kann eine (vergleichende) Messung von Schulleistungen objektiv, repräsentativ und fair sein?* In: Weinert, Franz (Hg.): Leistungsmessungen in Schulen. Weinheim; Basel (Beltz) 2002, S. 117-130.
Baer, Matthias: *Unterrichten lernen*. In: Beiträge zur Lehrerbildung 19 (2001) 1, S. 62-81.
Bandura, Albert: *Self-efficacy mechanism in Human Agency*. American Psychologist. 37. New York. (American Psychological Association) 1982, S. 122-147.
Beck, Erwin/Guldimann, Titus/Zutavern, Michael: *Eigenständig lernen*. UVK. St. Gallen (Fachverlag für Wissenschaft und Studium GmbH) 1995.
Beck, Erwin/Guldimann, Titus/Zutavern, Michael: *Eigenständige Lerner. Wissenschaftlicher Schlussbericht an den Schweizerischen Nationalfonds zur Förderung wissenschaftlicher Forschung*. Bern (Forschungsstelle PHS) 1992.
Beck, Klaus: *Die empirischen Grundlagen der Unterrichtsforschung*. Göttingen (Hogrefe) 1987.
Beck, Ulrich/Brater, Michael/Daheim, Hansjürgen: *Soziologie der Arbeit und der Berufe. Grundlagen, Problemfelder, Forschungsergebnisse*. Reinbek bei Hamburg (Rowohlt) 1980.
Becker, Georg E.: *Auswertung und Beurteilung von Unterricht. Handlungsorientierte Didaktik*. Weinheim; Basel (Beltz) 1991.
Becker, Helmut: *Zensuren. Lüge – Notwendigkeit – Alternativen*. In: Becker, Helmut/ Hentig, Hartmut von (Hg.): Zensuren. Lüge – Notwendigkeit – Alternativen. Stuttgart (Klett-Cotta) 1983, S. 11-32.
bm:bwk: *Aufgaben. Rechte. Pflichten. Leistungsbeurteilung in der Grundschule Punkt für Punkt*. Folder. Wien Bundesministerium für Bildung, Wissenschaft und Kultur, Abteilung I/1 (Volksschulabteilung) 2000.
BMUK GZ 17.158/Präs.A/3/98. Folder Zusatzstudium: „Qualifikation von AusbildungslehrerInnen". Erlass vom 22. 9.1998.

Bohl, Thorsten: *Theoretische Strukturierung-Begründung neuer Beurteilungsformen*. In: Grunder, Hans-Ulrich/Bohl, Thorsten (Hg.): Neue Formen der Leistungsbeurteilung. Baltmannsweiler (Schneider) 2001, S. 9-49.

Bommes, Michael: *Gutachten schulpraktischer Studien* (Publiziert im Internet http://www.zfl.uni-bielefeld.de./hwebers/spsfm.html). Bielefeld (J.W.Goethe-Universität, Zentrum für Lehrerbildung) 1995.

Brenn, Hubert/Buchberger, Friedrich (Hg.): *Schulpraxisbetreuung-Schulpraxisbeurteilung*. Bundesministerium für Unterricht, Kunst und Sport, Koordinationsstelle für Pädagogische Tatsachenforschung und Entwicklung der Lehrerbildung. Wien; Linz (Gutenberg) 1989.

Bromme, Rainer: Der Lehrer als Experte. Zur Psychologie des professionellen Wissens. Bern (Huber) 1992.

Combe, Arno: *Kritik der Lehrerrolle*. München (List) 1971.

Correll, Werner (Hg.): John Dewey. *Psychologische Grundfragen der Erziehung*. München; Basel (Ernst Reinhardt Verlag) 1974.

Cranach, Mario von: *Über die bewusste Repräsentation handlungsbezogener Kognitionen*. In: Montada, Leo (Hg.): Kognition und Handeln. Stuttgart (Klett-Cotta) 1983, S. 64-76.

Danner, Helmut: *Methoden geisteswissenschaftlicher Pädagogik*. München; Basel (Reinhardt) 1979.

Dewey, John/Handlin, Oscar/Correll, Werner: *Reform des Erziehungsdenkens*. Eine Einführung in John Deweys Gedanken zur Schulreform. Herausgegeben und übertragen von Werner Corell. Weinheim (Beltz) 1963.

Dewey, John: *Experience and education*. New York (Macmillan) 1938.

Dichanz, Horst/Eubel, Klaus Dieter/Schwittmann, Dieter: *Einführung in didaktisches Denken und Handeln*. Studienbrief 3050-3-01-S1. FernUniversität - Gesamthochschule in Hagen 1983.

Dreyfus, Hubert/Dreyfus Stuart: *Künstliche Intelligenz. Von den Grenzen der Denkmaschine und dem Wert der Intuition*. Reinbek bei Hamburg (Rowohlt) 1986.

Ekholm, Mats: *Evaluation als Bestandteil der Arbeitskultur von Schule*. In: Landesinstitut für Schule und Weiterbildung (Hg.): Schulentwicklung und Qualitätssicherung in Schweden. Soest (Verlag für Schule und Weiterbildung) 1995, S. 59-66.

Elliot, John: *Educational Action Research*. In: Nisbet, John (Hg.): World Yearbook of Education 1985. London (Kogan Page) 1985, S. 231-250.

Erez, Miriam: *Feedback: A necessary condition for the goal setting performance relationship*. Journal of Applied Psychology, 62. Lancaster (Verlag American Psychological Association) 1977, S. 624-627.

Fischer Walter: *Pädagogische Führung in Kindergärten und anderen pädagogischen und sozialen Einrichtungen*. Innsbruck; Wien; München; Bozen (Studien Verlag) 2001.

Flick, Uwe: *Geltung und Verallgemeinerung in den Sozialwissenschaften*. In: Hug, Theo (Hg.): Einführung in die Methodologie der Sozial- und Kulturwissenschaften. Band 3. Hohengehren (Schneider) 2001, S. 103-120.

Foerster, Heinz von/Glasersfeld, Ernst von: *Wie wir uns erfinden*. Eine Autobiographie des radikalen Konstruktivismus. Heidelberg (Carl-Auer-Systeme) 1999.

Foerster, Heinz von: *Wissen und Gewissen. Versuch einer Brücke*. Frankfurt/M. (Suhrkamp) 1993.

Förster, Heinz von/Pörksen, Bernhard: *Wahrheit ist die Erfindung eines Lügners. Gespräche für Skeptiker*. Heidelberg (Carl-Auer) 2001.

Franck, Norbert: *Fit fürs Studium. Erfolgreich reden, lesen, schreiben*. München (Deutscher Taschenbuchverlag) 1998.

Frey, Karl (Hg.): *Curriculum Handbuch*. Band 1. München (Piper) 1975.
Gardner, Howard: *Intelligenzen. Die Vielfalt des menschlichen Geistes*. Stuttgart (Klett-Cotta) 2002.
Gardner, Howard: *Kreative Intelligenz*. München (Piper) 2002a.
Glasersfeld, Ernst von: *Einführung in den radikalen Konstruktivismus*. In: Watzlawick, Paul (Hg.): Die erfundene Wirklichkeit. Wie wissen wir, was wir zu wissen glauben? München; Zürich (R. Piper & Co) 1981, S. 16-38.
Glasersfeld, Ernst von: *Wege des Wissens. Konstruktivistische Erkundungen durch unser Denken*. Heidelberg (Carl Auer Systeme) 1997.
Grunder, Hans-Ulrich/Bohl, Thorsten: *Neue Formen der Leistungsbeurteilung in den Sekundarstufen I und II*. Hohengehren (Schneider) 2001.
Guldimann, Titus: *Eigenständiger Lernen*. Bericht über ein Forschungsprojekt. In: Schweizerische Gesellschaft für kaufmännisches Bildungswesen. Nr.6. 1998, S.175-194.
Hacker, Winfried: *Arbeitspsychologie. Psychische Regulation von Arbeitstätigkeiten*. Berlin (VEB Deutscher Verlag der Wissenschaften) 1986.
Heckhausen, Heinz: *Hoffnung und Furcht in der Leistungsmotivation*. Meisenheim am Glan (Anton Hain) 1963.
Heckhausen, Heinz: *Motivation und Handeln*. 1. Auflage. Berlin; Heidelberg; New York (Springer) 1980.
Heckhausen, Heinz: *Motivation und Handeln*. 2. Auflage. Berlin; Heidelberg; New York (Springer) 1989.
Heinze, Thomas/Krambrock, Ursula: *Die Konstitution sozialer Wirklichkeit*. In: Hug, Theo (Hg.): Einführung in die Methodologie der Sozial- und Kulturwissenschaften. Band 3. Hohengehren (Schneider) 2001, S. 60-69.
Hentig, Hartmut von: *Bildung*. München; Wien (Carl Hanser) 1996.
Hentig, Hartmut von: *Meine Pädagogik. Eine lehrbare Praxis*. In: Gudjons, Herbert/Teske, Rita/Winkel, Rainer (Hg.): Erziehungswissenschaftliche Theorien. Hamburg (Bergmann & Helbig) 1994, S. 67-79.
Hofer, Manfred: *Zur impliziten Persönlichkeitstheorie von Lehrern*. In: Zeitschrift für Entwicklungspsychologie und pädagogische Psychologie 2 (1970) S. 197-209.
Hug, Theo (Hg.): *Viabilität und Bruchharsch. Ein Portrait des radikalen Konstruktivisten Ernst von Glasersfeld*. Video: Innsbruck Lectures on Constructivism. Innsbruck – Institut für Erziehungswissenschaften (HYPO Tirol) 2000.
Ingenkamp, Karlheinz: *Lehrbuch der pädagogischen Diagnostik*. Weinheim; Basel (Beltz) 1997.
Ingenkamp, Karlheinz: *Zur Problematik der Zensurengebung*. In: Schwarzer, Christine/Schwarzer, Ralf (Hg.): Diagnostik im Schulwesen. Braunschweig (Westermann) 1977, S. 15-36.
Jäger, Reinhold: *Der diagnostische Prozess*. Göttingen (Verlag für Psychologie) 1986.
Jäger, Reinhold: *Von der Beobachtung zur Notengebung. Ein Lehrbuch. Diagnostik und Benotung in der Aus-, Fort- und Weiterbildung*. Landau (Empirische Pädagogik) 2000.
James, William: *The principles of psychology*. London (Macmillan) 1890.
James, William: *Was ist Pragmatismus?* Aus dem Amerikanischen von W. Jerusalem. Reihe Albatros 29. Weinheim (Beltz-Athenäum Albatros) 1994.
Jürgens, Eiko: *Zeugnisse ohne Noten*. Ein Weg zur differenzierten Leistungserziehung. Braunschweig (Westermann) 1999.
Kerlinger, Fred: *Grundlagen der Sozialwissenschaft*. Band 2. Weinheim und Basel (Beltz) 1979.
Klafki, Wolfgang: *Neue Studien zur Bildungstheorie und Didaktik*. Weinheim; Basel (Beltz) 1993, S. 209-249.

Kleber, Eduard W.: *Diagnostik in pädagogischen Handlungsfeldern. Einführung in Bewertung, Beurteilung, Diagnose und Evaluation.* Weinheim; München (Juventa) 1992.
Kleinbeck, Uwe: *Arbeitsmotivation, -leistung und -zufriedenheit.* Studienbrief 4752-6-01-S1 FernUniversität Hagen 1993.
Kleinbeck, Uwe: *Arbeitspsychologische Beiträge zur motivationalen Beeinflussung von Bewegungsleistungen.* Düsseldorf (VDI-Verlag) 1985.
Kleinbeck, Uwe: *Die Wirkung von Zielsetzungen auf die Leistung.* In: Schuler, Heinz (Hg.): Beurteilung und Förderung beruflicher Leistung. Beiträge zur Organisationspsychologie. Band 4. Stuttgart (Verlag für angewandte Psychologie) 1991, S. 41-56.
Kleining, Gerhard: *Umriß zu einer Methodologie qualitativer Sozialforschung.* In: Kölner Zeitschrift für Soziologie und Sozialpsychologie 34 (1982) 2, S. 224-253.
Klement, Karl/Teml, Hubert: *Von der „Schulpraktischen Ausbildung" zu den „Schulpraktischen Studien".* In: Erziehung und Unterricht. Österreichische pädagogische Zeitschrift. Wien (öbv & hpt) 151 (2001) 3-4, S. 290-303.
Kluge, Friedrich: *Etymologisches Wörterbuch der deutschen Sprache.* Bearbeitet von Elmar Seebold. Berlin; New York (Walter de Gruyter GmbH & Co) 1999.
Knoop, Karl/Schwab, Martin: *Einführung in die Geschichte der Pädagogik.* 3. Auflage Heidelberg; Wiesbaden (Quelle und Meyer) 1994.
Köckeis-Stangl, Eva: *Methoden der Sozialforschung.* In: Hurrelmann, Klaus (Hg.): Handbuch der Sozialisationsforschung. Weinheim (Beltz) 1980, S. 321-370.
Konegen, Norbert/Sondergeld, Klaus: *Wissenschaftstheorie für Sozialwissenschaftler.* Opladen (Leske & Budrich) 1985.
Kramis, Jo: *Quellen des Wissens über guten Unterricht und deren Stärken und Schwächen.* In: Bildungsforschung und Bildungspraxis. Freiburg (Pädagogisches Institut Freiburg) 13 (1991) 1, S. 55-82.
Kroath, Franz: *Aktionsforschung. Ein Ansatz zur Qualitätsentwicklung in der LehrerInnenbildung.* In: Brunner, Hans/Mayr, Erich/Schratz, Michael/Wieser, Ilsedore (Hg.): Lehrerinnen- und Lehrerbildung braucht Qualität. Und wie!? Innsbruck (Studien Verlag) 2002, S. 80-94.
Kuhl, Julius: *Motivation und Handlungskontrolle: Ohne guten Willen geht es nicht.* In: Heckhausen, Heinz/Gollwitzer, Peter M./Weinert, Franz. E. (Hg.): Jenseits des Rubikon. Der Wille in den Humanwissenschaften Berlin (Springer) 1987, S. 101-120.
Kuhn, Thomas: *Die Struktur wissenschaflicher Revolutionen.* Frankfurt am Main (Suhrkamp) 1976.
Lamnek, Siegfried: *Qualitative Sozialforschung.* Band 1 Methodologie. München; Weinheim (Psychologie Verlags Union) 1988.
Lewin, Kurt: *Tat-Forschung und Minderheitenprobleme.* In: Lewin, Kurt: Die Lösung sozialer Konflikte. Bad Nauheim (Christian) 1953, S. 278-298.
Lienert, Gustav: *Testaufbau und Testanalyse.* Weinheim (Beltz) 1967.
Locke, Edwin A./Latham, Gary P.: *A Theory of Goal Setting &Task Performance.* Englewood Cliffs New Jersey 07632 (Prentice Hall) 1990.
Locke, Edwin/ Frederick Elizabeth/Lee, Cynthia/ Bobko, Philip: *Efect of self-efficacy, goals and task strategies on task performance.* Journal of Applied Psychology, 69, 2. (American Psychological Association) 1984, S. 241-251.
Locke, Edwin/Latham, Gary/Erez, Miriam: *The determinants of goal commitment.* Academy of Management Review, Briarcliff Manor, New York (Academy of Management) 1988, 13, S. 23-39.
Maier, Hans/Pfistner, Hans: *Die Grundlagen der Unterrichtstheorie und der Unterrichtspraxis.* 2. überarbeitete und erweiterte Auflage. Heidelberg (Quelle & Meyer) 1976.

Mandl, Heinz/Gruber, Hans/Renkl, Alexander:Situiertes *Lernen in multimedialen Lernumgebungen.* In: Issing, Ludwig/Klimsa, Paul (Hg.): Information und Lernen mit Multimedia und Internet. Weinheim (Beltz) 2002, S.139-148.

Maturana, Humberto/ Varela, Francisco: *Der Baum der Erkenntnis: die biologischen Wurzeln des menschlichen Erkennens.* Bern; Wien u.a. (Scherz) 1987.

Mayr, Johannes: *Sich Standards aneignen. Befunde zur Bedeutung der Lernwege und der Bearbeitungstiefe.* In: Altrichter, Herbert/Beck, Erwin/Fischer, Dietlind/Hascher, Tina/Horstkemper, Marianne/Huttel, Marianne/Mayr, Johannes/Schratz, Michael (Hg.): journal für lehrerInnenbildung. Innsbruck (Studienverlag) 2. Jahrgang. 1/2002.

Mayrhofer, Erich/Mayr, Johannes: *Studienzufriedenheit an Pädagogischen Akademien.* In: Mayr, Johannes (Hg.): Theorie & Praxis. Texte zur Lehrerbildung. Heft 8. Wien (BMUK) 1996, S. 30-43.

Mento, Anthony, Steel, R.P.& Karren: *A meta-analytic study of effects of goal setting on task performance*: 1966 – 1984. Organizational Behavior and Human Decision Processes, 39. (Verlag Acad. Pr.) 1987, S. 59-83.

Metz, Heinrich: *Unterrichtsbeurteilung. Eine empirische Untersuchung.* Frankfurt (Lang) 1983.

Meyer, Herbert/Kay Emanuel/French, John: *Split roles in performance appraisal.* Harvard Business Review, 43. Boston, Mass. (Graduate School of Business Administration, Harvard University) 1965, S 123-129.

Mietzel, Gerd: *Interpretation von Leistungen.* Opladen (Leske & Budrich) 1982.

Moser, Heinz: *Einführung in die Praxisforschung.* In: Hug, Theo (Hg.): Einführung in die Methodologie der Sozial- und Kulturwissenschaften. Band 3. Hohengehren (Schneider) 2001, S. 314-325.

Mutzeck, Wolfgang: *Kooperative Beratung in pädagogischen Handlungsfeldern.* Studienbrief 4062-1-01-S1 FernUniversität – Gesamthochschule in Hagen 1996.

Neuweg, Georg Hans: „Das Wissen und das Können – Jedes für sich und doch nicht alleine? Einleitungsstatement von Georg Hans Neuweg, Universität Linz. 1. Treffen der Sektion Lehrerbildungsforschung in der ÖFEB am 1. März 2002 an der Universität Wien. (handout) 2002 b, S.1-6.

Neuweg, Georg Hans: *Erfahrungslernen in der LehrerInnenbildung: Potenziale und Grenzen im Lichte des Dreyfus- Modells.* In: Erziehung und Unterricht. österreichische pädagogische Zeitschrift. Wien (öbv u. hpt). 5-6. 1999, S. 363-372.

Neuweg, Georg Hans: *Lehrerhandeln und Lehrerbildung im Lichte des Konzeptes des impliziten Wissens.* In: Zeitschrift für Pädagogik. Weinheim; Basel. Januar/Februar – Heft 1 (2002a), S. 10-29.

Neuweg, Georg Hans: *Lehrerwissen und Lehrerkönnen. Verhältnisbestimmungen und ihre didaktischen Implikationen.* Skriptum. Linz (Johannes Kepler Universität Linz) 2003

Neuweg, Georg Hans: *Pädagogische Könnerschaft. Zum Facettenreichtum einer lehrerbildungsdidaktischen Zielkategorie.* In: Heid, Helmut/Harteis, Christian (Hg.): Verwertbarkeit als Qualitätskriterium. Opladen (Leske und Budrich) In Druck - erscheint im Herbst 2003.

Neuweg, Georg Hans: *Schulische Leistungsbeurteilung. Rechtliche Grundlagen und pädagogische Hilfestellungen für die Schulpraxis.* Linz (Trauner) 2002.

Oelkers, Jürgen/Oser, Fritz: *Die Wirksamkeit der Lehrerbildungssysteme in der Schweiz.* In: Umsetzungsbericht. Nationales Forschungsprogramm 33. Bern und Aarau. Programmleitung NFP 33 in Zusammenarbeit mit der Schweizerischen Koordinationsstelle für für Bildungsforschung (SKBF) 2000.

Olivero, James/Brunner, Reinhard: *Micro-Teaching ein neues Verfahrern zum Training des Lehrverhaltens.* München; Basel (Ernst Reinhardt) 1973

Oser, Fritz.: *Standards in der Lehrerbildung.* Teil 1: Berufliche Kompetenzen, die hohen Qualitätsmerkmalen entsprechen. In: Beiträge zur Lehrerbildung 15 (1). 1997, S. 26-37.
Otto, Stephan: *Giambattista Vico. Grundzüge seiner Philosophie.* Stuttgart; Berlin; Köln (Kohlhammer) 1989.
Pawlik, Kurt: *Diagnose der Diagnostik.* Stuttgart (Klett-Cotta) 1976.
Piaget, Jean: *Der Aufbau der Wirklichkeit beim Kinde.* Stuttgart (Ernst Klett) 1975.
Popp, Reinhold: *Methodik der Handlungsforschung.* In: Hug, Theo (Hg.): Einführung in die Forschungsmethodik und Forschungspraxis Band 2. Hohengehren. (Schneider) 2001, S. 400-412.
Popper, Karl R.: *Auf der Suche nach einer besseren Welt. Vorträge und Aufsätze aus dreißig Jahren.* 9. Auflage. München (Piper) 1997a.
Popper, Karl R.: *Über Wissen und Nichtwissen.* In: Auf der Suche nach einer besseren Welt. Vorträge und Aufsätze aus dreißig Jahren. München Zürich (Piper Verlag GmbH) 1997, S. 41-54.
Prim, Rolf/Tillmann, Heribert: *Grundlagen einer kritisch-rationalen Sozialwissenschaft.* Heidelberg (Quelle & Meyer) 1973.
Rauer, Wulf: *Kompensatorische Erziehung, Schülerbeurteilung, Schulfähigkeit.* In: Enzyklopädie Erziehungswissenschaft. Band 7. Erziehung im Primarschulalter. Braunschweig (Westermann) 1985, S. 452-458.
Reich, Kersten: *Systemisch-konstruktivistische Pädagogik. Einführung in Grundlagen einer interaktionistisch-konstruktivistischen Pädagogik.* Berlin (Luchterhand) 1997.
Riedl, Johannes: *Leistungsbeurteilung konkret in der Schule der 10 bis 14jährigen.* Linz (OLV-Buchverlag) 1980.
Rogers, Carl R.: *Die nicht-direktive Beratung.* München (Kindler) 1972.
Rosenthal, Robert/Jacobson, Lenore: *Pygmalion im Unterricht.* Weinheim (Beltz) 1971.
Roth, Heinrich: *Erziehungswissenschaft zwischen Psychologie und Soziologie.* In: Zeitschrift für Pädagogik. 6. Beiheft (1966) S. 74-84.
Roth, Heinrich: *Schule als optimale Organisation von Lernprozessen.* In: Gewerkschaft Erziehung und Wissenschaft im DGB (Hg.): Die Deutsche Schule. Hannover (Schroedel) 61 (1969) 9, S. 519-536.
Sacher, Werner: *Prüfen-Beurteilen-Benoten. Theoretische Grundlagen und praktische Hilfestellungen für den Primar- und Sekundarbereich.* Bad Heilbrunn (Klinkhardt) 1994.
Schachl, Hans: *Was haben wir im Kopf? Die Grundlagen für gehirngerechtes Lernen.* Linz (Veritas) 1996.
Schäfer, Karl-Hermann: *Grundbegriffe der Pädagogik II. Interaktion, Kommunikation, Dialektik.* Studienbrief 3034-3-01-S1 FernUniversität - Gesamthochschule in Hagen 1985.
Scheiflinger, Werner/Petri, Gottfried: *Probleme der Lernerfolgsfeststellung. Wie kann Schulstress abgebaut, Lernfreude verstärkt und die Leistungsbeurteilung objektiviert werden?* Graz - Zentrum für Schulentwicklung, Abteilung II. Evaluation und Schulforschung, Forschungsbericht 28, BMUK (Dorrong) 1999.
Schlömerkemper, Jörg: *Leistungsmessung und die Professionalität des Lehrerberufs.* In: Weinert, Franz (Hg.): Leistungsmessungen in Schulen. Weinheim; Basel (Beltz) 2001, S. 311-321.
Schmidt, Klaus-Helmut: *Motivation, Handlungskontrolle und Leistung in einer Doppelaufgabenkonstellation.* Düsseldorf (VDI-Verlag) 1987.
Schneider, Klaus& Eckelt: *Die Wirkungen von Erfolg und Misserfolg auf die Leistung bei einer einfachen Vigilanzaufgabe.* Zeitschrift für experimentelle und Angewandte Psychologie, 22. Göttingen (Deutsche Gesellschaft für Psychologie) 1975, S. 263-289.

Schön, Donald A.: *The Reflective Practitioner*. New York (Basic Books) 1983.

Schönig, Wolfgang: *Notengebung in der Schule: Lebenslüge und Notwendigkeit?* In: Kunert, Kristian (Hg.): Schule im Kreuzfeuer. Auftrag-Aufgaben-Probleme. Hohengehren (Schneider) 1993, S. 109-128.

Schrader, Friedrich Wilhelm/Helmke, Andreas: *Alltägliche Leistungsbeurteilung durch Lehrer.* In: Weinert, Franz (Hg.): Leistungsmessungen in Schulen. Weinheim; Basel (Beltz) 2001, S. 45-71.

Schratz, Michael/ Wieser, Ilsedore: *Mit Unsicherheiten souverän umgehen lernen. Zielsetzungen und Realisierungsversuche einer professionalisierenden LehrerInnenbildung.* In: Brunner, Hans/Mayr, Erich/Schratz, Michael/Wieser, Ilsedore(Hg.): Lehrerinnen- und Lehrerbildung braucht Qualität. Und Wie!? Innsbruck (Studien Verlag) 2002, S. 13-43.

Schratz, Michael/Iby, Manfred/Radnitzky, Edwin: *Qualitätsentwicklung. Verfahren, Methoden, Instrumente.* Weinheim; Basel (Beltz) 2000.

Schratz, Michael: *Gemeinsam Schule lebendig gestalten. Anregungen zu Schulentwicklung und didaktischer Erneuerung.* Weinheim; Basel (Beltz) 1996.

Schratz, Michael: *Gut sein, besser werden - und verstehen warum: evaluieren.* In: Herz, Otto/Miller, Reinhold/Oelze, Horst/Posse, Norbert/Priebe, Botho/Ratzki, Anna/ Schratz, Michael (Hg.): Lernende Schule. Für die Praxis pädagogischer Schulentwicklung, Heft 5. Seelze (Erhard Friedrich) 1999, S 4-9.

Schratz, Michael: *Lehrerinnen- und Lehrerbildung in Österreich.* In: Altrichter et al. (Hg.): journal für lehrerInnenbildung. LehrerInnenbildung anfangen. Innsbruck (Studienverlag) 1 (2001) 1, S. 17-22.

Schratz, Michael: *Methoden der Schul- und Unterrichtsforschung.* In: Hug, Theo (Hg.): Einführung in die Forschungsmethodik und Forschungspraxis. Wie kommt Wissenschaft zu Wissen? Band 2. Hohengehren (Schneider) 2001a, S. 413-433.

Schuler, Heinz: *Beurteilung und Förderung beruflicher Leistung. Beiträge zur Organisationspsychologie.* Band 4. Stuttgart (Verlag für angewandte Psychologie) 1991.

Schulmeister, Rolf: *Grundlagen hypermedialer Lernsysteme. Theorie - Didaktik - Design.* München; Wien (Oldenburg) 2002.

Schwänke, Ulf: *Der Beruf des Lehrers. Professionalisierung und Autonomie im historischen Prozeß.* Weinheim; München (Juventa) 1988.

Schwark, Wolfgang: *Praxisnahe Unterrichtsanalyse.* Ravensburg (Maier) 1977.

Schwarzer, Christine: *Lehrerurteil und Schülerpersönlichkeit.* München (Kösel) 1976.

Shulman, Lee: *Those how understand. Knowledge growth in teaching.* In: Educational Researcher. Stanford (Stanford California Center for Educational Research) 15 (1986) 7, S. 4-14.

Siebert, Horst: *Über die Nutzlosigkeit von Belehrungen und Bekehrungen. Beiträge zur Konstruktivistischen Pädagogik.* Bönen (Verlag für Schule und Weiterbildung) 1996.

Solzbacher, Claudia: *Lernkompetenz als Kern schulischer Bildung.* In: Pädagogische Führung. Zeitschrift für Schulleitung und Schulberatung. 14. Jahrgang. Heft 2. Neuwied (Luchterhand) 2003, S. 64-66.

Sprenger, Reinhard K.: *Mythos Motivation. Wege aus einer Sackgasse.* Frankfurt (Campus) 1992.

Stenhouse, Lawrence: *An introduction to curriculum research and development.* London (Heinemann) 1975.

Stern, Thomas: *Lernzielreflexion und Selbstbeurteilung. Eine Fallstudie.* In: Schule und gesellschaftliches Lernen (Hg.): Reihe „Pädagogik und Fachdidaktik". PFL-Naturwissenschaften 28 Klagenfurt-Wien (IFF) 1996, S 1-20.

Suhr, Martin: *John Dewey zur Einführung.* Hamburg (Junius) 1994.

Teml. Hubert: *Von der „Schulpraktischen Ausbildung" zu den „Schulpraktischen Studien"* In: Klement, Karl/Lobendanz, Alois/Teml, Hubert (Hg.): Schulpraktische Studien. Innsbruck (Studienverlag) 2002, S. 9-32.

Terhart, Ewald: *Entwicklungen und Situation des qualitativen Forschungsansatzes in der Erziehungswissenschaft.* In: Friebertshäuser, Barbara/Prengel, Annedore (Hg.): Handbuch Qualitativer Forschungsmethoden in der Erziehungswissenschaft. Weinheim; München (Juventa) 1997, S. 27-42.

Tillmann, Klaus-Jürgen: *Sozialisationstheorien.* Reinbek (Rowohlt) 1989.

Tubbs, Mark: *Goal setting: A meta-analytic examination of the empirical evidence.* Journal of Applied Psychology, 71,3. Lancaster (American Psychological Association) 1986, 474-483.

Ulich, Eberhard: *Arbeitspsychologie.* Zürich (Verlag der Fachvereine) 1991.

Varela, Francisco/Thompson, Evan/Rosch Eleanor: *Der Mittlere Weg der Erkenntnis. Die Beziehung von Ich und Welt in der Kognitionswissenschaft - der Brückenschlag zwischen wissenschaftlicher Theorie und menschlicher Erfahrung.* Bern, München; Wien (Scherz) 1992.

Vierlinger, Rupert: *Leistung spricht für sich selbst.* Heinsberg (Dieck) 1999.

Volmerg, Ute: *Validität im interpretativen Paradigma. Dargestellt an der Konstruktion qualitativer Erhebungsverfahren.* In: Zedler, Peter/Moser, Heinz (Hg.): Aspekte qualitativer Sozialforschung. Opladen (Leske & Budrich) 1983, S. 124-143.

Vroom, Victor.: *Work an motivation.* New York (Wiley) 1964.

Wahl, Diethelm/Weinert, Franz/Huber, Günter: *Psychologie für die Schulpraxis. Ein handlungsorientiertes Lehrbuch für Lehrer.* München (Kösel) 1984.

Walter, Jochen: *Prüfungen und Beurteilungen in der beruflichen Bildung.* Europäische Hochschulschriften: Reihe 11, Pädagogik, Band 688. Frankfurt/M. (Peter Lang) 1996.

Weinert, Franz: *Perspektiven der Schulleistungsmessung – mehrperspektivisch betrachtet.* In: Weinert, Franz (Hg.): Leistungsmessungen in Schulen. Weinheim; Basel (Beltz) 2002, S. 353-365.

Weinert, Franz: *Vergleichende Leistungsmessungen in Schulen – eine umstrittene Selbstverständlichkeit.* In: Weinert, Franz (Hg.): Leistungsmessungen in Schulen. Weinheim; Basel (Beltz) 2002, S. 17-31.

Weiss, Rudolf: *Leistungsbeurteilung in den Schulen – Notwendigkeit oder Übel? Problemanalysen und Verbesserungsvorschläge.* Wien; München (Jugend und Volk) 1989.

Weizsäcker, Carl Friedrich von: *Der Garten des Menschlichen. Beiträge zur geschichtlichen Antropologie.* 7. Auflage. München (Hanser) 1980.

Wiendieck, Gerd: *Einführung in die Arbeits- und Organisationspsychologie.* Studienbrief-4751-7-01-S 1 FernUniversität–Gesamthochschule in Hagen 1993.

Wilsdorf, Dieter: *Schlüsselqualifikationen. Die Entwicklung selbständigen Lernens und Handelns in der industriellen gewerblichen Berufsausbildung.* München (Lexika) 1991.

Wilson, Thomas P.: *Qualitative „oder" quantitative Methoden in der Sozialforschung.* In: Kölner Zeitschrift für Soziologie und Sozialpsychologie 34 (1982) 3, S. 487-508.

Wiswede, Günter: *Einführung in die Wirtschaftspsychologie.* München; Basel (Reinhardt) 1991.

Wood, Robert/Mento, Anthony/Locke, Edwin: *Task complexity as a moderator of goal effects: A meta-analysis.* Ohio Journal of Applied Psychology, 72. (Ohio Univ. Press) 1987, S. 416-425.

Ziegenspeck, Jörg: *Handbuch Zensur und Zeugnis in der Schule.* Bad Heilbrunn (Klinkhardt) 1999.

Zimbardo, Philip.G.: *Psychologie.* 4. Auflage, Berlin; Heidelberg (Springer) 1983.

Abbildungsverzeichnis

Abbildung	1:	Differenzierte Forschungspositionen in der institutionellen Gesamtstruktur	17
Abbildung	2:	Prozessorientierte Beurteilungsarbeit	46
Abbildung	3:	Lernspirale von der Vorstellung zur Reflexion	49
Abbildung	4:	Einflussfaktoren beim Beurteilen	55
Abbildung	5:	Einflusskomponenten beim Kompetenzerwerb	68
Abbildung	6:	Beratungsarten	71
Abbildung	7:	Ausrichtungen bei Praxisberatung	74
Abbildung	8:	Situatives Handeln	79
Abbildung	9:	Einfluss von Wertungen auf das Anspruchsniveau (modifiziert nach Hacker 1986, 214)	118
Abbildung	10:	Wechselbeziehung: Anspruchsniveau - Leistungsniveau	118
Abbildung	11:	Modifizierte schematische Darstellung der vier Handlungsphasen des Rubikon-Modells	120
Abbildung	12:	Eine variable Größe - die Fiat-Tendenz (modifiziert nach dem Modell von Kleinbeck 1993, 49)	122
Abbildung	13:	Wirkgrößen bei der Zielsetzung (modifiziert nach Locke/Latham 1990, 253)	124
Abbildung	14:	Modifizierte Bestimmungsfaktoren der Zielbindung (nach Kleinbeck 1991, 49)	131
Abbildung	15:	Der Forschungsprozess der vorliegenden Arbeit im Überblick	133
Abbildung	16:	Bearbeitung der Themen in den acht Arbeitsgruppen, nach Prioritäten gereiht	135
Abbildung	17:	Handlungsidee und beabsichtigte Umkehrung	136
Abbildung	18:	Aktionsforschungszyklus	143
Abbildung	19:	Beurteilungsrahmen	145
Abbildung	20:	Prozessablauf zur Festlegung eines Kriteriums	152
Abbildung	21:	Leistungsfeststellung bzw. Kompetenzerhebung mittels Feedback	193

Anhangsverzeichnis

Anhang Nr. 1:	Studienordnung (PADL)	206
Anhang Nr. 2:	Formblatt für Studierende	207
Anhang Nr. 3:	Formblatt für AusbildungslehrerInnen	208
Anhang Nr. 4:	Formblatt für Studierende und AusbildungslehrerInnen	209
Anhang Nr. 5:	Stundentafel	210
Anhang Nr. 6:	Schriftliche Befragung zur Kompetenzthematik	211
Anhang Nr. 7:	Formblatt für Studierende - Beispiel 1	212
Anhang Nr. 8:	Formblatt für AusbildungslehrerInnen - Beispiel 1	213
Anhang Nr. 9:	Formblatt für Studierende und AusbildungslehrerInnen - Beispiel 1	214
Anhang Nr. 10:	Formblatt für Studierende - Beispiel 2	215
Anhang Nr. 11:	Formblatt für AusbildungslehrerInnen - Beispiel 2	216
Anhang Nr. 12:	Formblatt für Studierende und AusbildungslehrerInnen - Beispiel 2	217
Anhang Nr. 13:	Schulpraktischer Studienbegleitbrief	218
Anhang Nr. 14:	Rückmeldeblatt - Studierende - Beispiel 1	219
Anhang Nr. 15:	Rückmeldeblatt - Studierende - Beispiel 2	220
Anhang Nr. 16:	Rückmeldeblatt - Studierende - Beispiel 3	221
Anhang Nr. 17:	Rückmeldeblatt - AusbildungslehrerInnen - Beispiel 1	222
Anhang Nr. 18:	Rückmeldeblatt - AusbildungslehrerInnen - Beispiel 2	223
Anhang Nr. 19:	Rückmeldeblatt - AusbildungslehrerInnen - Beispiel 3	224
Anhang Nr. 20:	Begleitbrief zum Fragebogen	225
Anhang Nr. 21:	Fragebogen	226
Anhang Nr. 22:	Statistische Ergebnisse	230
Anhang Nr. 23:	Individualbericht Ausbildungslehrerin 1	242
Anhang Nr. 24:	Individualbericht Ausbildungslehrerin 2	244
Anhang Nr. 25:	Individualbericht Ausbildungslehrerin 3	246

www.ingramcontent.com/pod-product-compliance
Lightning Source LLC
Chambersburg PA
CBHW020109020526
44112CB00033B/1113